제3판

입체표현

영유아 창작공예

김혜금

창지사

머리말

영유아 창작공예는 일상 속에서 영유아가 가장 쉽게 시작할 수 있는 놀이이자 감성적 능력을 발달시키는 예술 활동이다. 감성이란 어떠한 자극이나 변화를 민감하게 감지하고 느끼는 것으로 감성이 섬세하고 풍부한 영유아는 자신을 둘러싼 주변 환경을 잘 이해하며 타인에게 공감하고 자기 자신을 존중하게 된다. 또한 어떤 문제를 해결할 때 창의적으로 해결하게 된다. 한편으로 영유아 창작공예 활동은 보고 만지고 만들면서 자신의 감정을 느낀 그대로 표현하는 언어 활동이기도 하다. 무엇보다 창작공예 활동이 영유아에게 주는 가장 큰 행복은 '자유'이다. 마음껏 상상하고 표현하는 자유, 교사는 이 '자유'를 잘 지키고 가꾸어나가도록 도와주어야 한다.

영유아는 자신이 생각하고 느끼는 것을 언어적으로 표현하는 데 어려움을 갖지만 미술도구를 사용하여 자신의생각과 느낌을 표현하는 데는 그리 어려움을 느끼지 않으며 창작공예 활동과정에서 다양한 능력이 신장된다.

특히 입체작품을 만드는 과정에서 영유아는 자신이 가지고 있는 모든 자원을 활용하여 문제해결을 해 나가면서 인지발달과 더불어 정서적 · 사회적으로 발달되어 간다. 즉, 영유아는 창작공예 활동을 하는 과정에서 무엇을 만들지, 어떤 재료를 사용할지, 그리고 어떤 순서로 만들어나갈지 등 다양한 문제에 직면하여 자신의 아이디어로 문제를 해결해 나가며 이러한 과정 속에서 논리적으로 사고하게 되고 도구와 재료를 활용하는 과정에서 자신감을 갖게 되며 공동작업을 하면서 사회성이 발달된다.

교사는 영유아의 창작공예 활동을 지도하면서 영유아 스스로 자신의 생각을 자유롭게 표현할 수 있도록 풍부한 미술환경을 제공해 주고 영유아가 표현한 것에 대해 아낌없는 격려와 칭찬을 보여주어야 한다. 교사의 자상하고 친절한 태도는 영유아로 하여금 창작공예 활동을 즐겁고 유쾌한 활동으로 인식하게 하고 더욱 창의적인 생각과 태도를 지니면서 무엇인가 표현하는 것을 즐기도록 한다. 또한 창작공예 활동과정에서 교사는 개별활동과 집단활동 등의 다양한 활동을 영유아에게 제공하여 영유아가 자신과 타인을 이해하게 하고, 전통문화를 접하게 함으로써 영유아가 자신이 속한 사회와 문화적 전통에 관심을 갖고 자긍심을 느끼도록 해야 한다.

창작공예 교재를 집필하면서 가장 염두에 둔 것은 영유아를 지도하는 예비 교사 및 현장의 교사들이 영유아의 발달에 필요한 다양한 미적 자극을 제공하고 동기유발을 하면서 영유아의 창작능력을 신장시키도록 하는 것이다. 이를 위해 본 교재는 이론편과 활동편으로 구분하였는데, 이론편은 총 8개 장으로 구성하였다. 1장에서는 영유아와 창작공예를 주제로 하여 영유아에게 창작공예가 어떠한 의미를 지니는지에 대해 알아보고, 2장에서는 영유아의 입체표현 발달에 대해 살펴보았다. 그리고 3장에서는 유아교육기관에서 창작공예 활동을 제공할 때 기초가 되는 교육/보육 과정에 대해, 4장에서는 영유아 창작공예의 학습내용에 대해, 5장에서는 영유아 창작공예 활동의 교수-학습 방법에 대해, 6장에서는 영유아 창작공예 활동의 평가 및 작품 전시에 대해, 7장에서는 영유아 창작공예 감상교육에 대해 알아보았다. 그리고 이론편의 마지막 장인 8장에서는 영유아 창작공예 활동을 위한 환경에 대해 살펴보았다. 활동편에서는 영유아들의 발달수준에 맞추어 인형과 가면, 직조, 콜라주, 조소, 구성, 모빌, 환경구성, 종이접기, 감상 등의 활동을 제시하였다. 이들 기법들은 영유아의 소근육 발달과 더불어 창의적으로 자신의 생각을 표현할 수 있는 다양한 활동으로 소개하였다.

2002년도 초판의 부족한 면을 보완해서 내용적으로 더욱 알차고 흥미 있는 제3판이 되기를 바라며 수정작업을 마쳤으나 미흡한 부분이 적지 않으리라 생각한다. 하지만 유아 교육현장에서 영유아를 지도하는 교사와 예비교사들이 영유아와 즐겁고 재미있는 창작공예 활동을 하는 데 도움이 될 것으로 기대한다. 끝으로 을미년 청양의 해 2015년에 제3판이 출간될 수 있도록 독려해주시고 수고해주신 창지사 김기섭 사장님, 편집부 이윤미 차장님 이하 창지사 관계자 여러분께 심심한 감사의 말씀을 드린다.

2015. 1

저자

차례

Part 1 이론편

Part 2 활동편

Part 1
이론편

1. 영유아와 창작공예

1) 영유아 창작공예의 개념과 의미

영유아들은 매일 보고, 느끼고, 이용하고 있는 모든 자연환경과 인위적 환경 속에서 의식적, 무의식적으로 미적 경험을 하고 있으며, 이를 통해 자신과 주변 세계를 알아간다. 즉, 영유아는 생활 속에서 창작공예를 접하고 경험하는 것이다.

일반적으로 창작공예 활동은 자르기, 붙이기, 접기, 꾸미기, 구성하기, 찍기, 짜기, 염색하기, 점토 빚기 등의 입체표현 활동을 의미하며 영유아 창작공예는 영유아가 사물과 사람에 대한 개념과 느낌 그리고 창작적인 능력을 어떤 형상이나 형태로 나타내는 모든 입체표현을 의미한다.

인간은 본능적으로 자신을 표현하고 싶어하며 아름답게 꾸미고자 하는 욕구를 지니며 이러한 욕구는 무엇인가를 만들어내는 공예활동으로 이끈다. 인간을 호모 파베르(Homo Faber)라고 명명하는 것은 물건을 만들 수 있는 존재로서의 인간, 즉 공작인(工作人)으로서의 인간의 특성을 표현한다. 물건을 만들기 위해서는 수공기술만으로는 불충분하며 생각하고 계획하고 창의적으로 표현할 수 있는 인지능력이 요구되며 인간의 소근육 및 손 기능의 발달은 인지발달과 더불어 정교해진다. 영유아는 출생 직후에는 물건을 쥐며 쥔 물건을 놓지 않는 파악반사를 보이며, 생후 6개월경에는 눈으로 보고 손을 펴고 쥐며, 생후 10개월 경에는 두 손가락으로 물건을 잡을 수 있고, 생후 12개월에는 쌓아올리기 놀이를 할 수 있다. 만 1세가 되면 크레용이나 연필 등으로 선을 그릴 수 있으며, 만 3세경에는 주변의 용구에 관심을 보이고 서투르나마 사용하고자 노력하는 태도가 나타난다. 만 4세경에는 가위로 모양을 자르고 끈을 묶을 수 있으며, 만 7세 정도가 되면 창칼이나 톱으로 간단히 깎거나 자를 수 있다. 물건을 만들 때는 이상과 같은 손 기능에 여러 가지 복잡한 지적 능력이 작용해야 하므로 입체적인 만들기 능력은 섬세한 손의 운동기능과 인지능력의 통합적 발달로 이루어진다고 볼 수 있다.

피아제(J. Piaget)는 물건을 만드는 데 필요한 공간이나 사물에 대한 개념의 기초는 구체적 조작기에 형성된다고 보았다. 구체적 조작기는 구체물을 통한 논리적 사고가 가능하게 되는 시기로 가위나 톱 등 간단한 용구를 적절하게 사용할 수 있는 능력이 생기는 시기와 일치하며 초등학교 저학년 시기에 해당한다.

취학 전이나 초등학교 저학년 시기는 재료를 직접 손으로 만지고 가지고 놀면서 입체표현을 하지만 9~10세 쯤에는 먼저 구상을 하고 계획적으로 작업을 해서 만드는 계획적인 창작으로 변해간다. 그런데 연령이 같은 영유아들 간에도 작품을 만드는 능력에 있어서 개인차가 크다. 이러한 개인차가 유전적인 소질에서 연유한 것인지 후천적인 환경에서의 학습경험에서 기인된 것인지는 확실히 알려지지 않았다. 그러나 만들기 기술은 학습이나 경험에 의해 일정 수준으로 향상시킬 수 있다. 예를 들어, 손가락 하나하나를 정교하게 움직이게 하는 활동을 많이 하게 되면 눈과 손의 협응력과 운동기능이 향상되어 손가락의 움직임이 섬세해진다. 손의 기능을 충분히 발휘시키기 위해서는 손의 크기에 맞는 용구와 손의 근력에 적절한 재료와 용구를 제공하는 것이 중요하다.

영유아는 손에 무엇을 잡을 수 있는 파악능력이 생기면서 크레파스, 점토, 수수깡 등 여러 가지 미술재료에 관심을 나타내며 이러한 미술재료와 용구를 다루어봄으로써 만족감과 즐거움을 느낀다. 또한 영유아는 관찰을 통해 일상생활의 평범함 속에서 아름다움을 찾으며 여러 가지 다양한 매체와 재료를 통하여 그리고, 색칠하고, 만들면서 자신의 생각과 감정을 자유롭게 표현한다. 이러한 자기창조의 표현활동을 통해 영유아는 창의성이 증진되고 생활이 풍부해지며 무엇인가를 성취해봄으로써 기쁨과 자신감과 만족감을 느낀다. 또한 영유아는 타인의 작품과 소중한 문화유산을 감상함으로써 타인에 대한 이해를 넓히고 인간의 가치와 존엄성을 깨닫게 되며 문화유산에 대한 자긍심과 보존의식을 갖게 된다.

그러므로 창작공예 활동은 영유아에게 자유롭게 자신의 내면이나 표현주제를 어떤 형식에 구애받지 않고 그들의 개념, 상상, 생각, 관찰, 느낌 등을 제한없이 반영할 수 있는 기회를 제공하고, 하나의 매체나 장르에 얽매이기보다는 자신이 표현하고자 하는 바에 가장 적절한 재료와 기법을 찾아 자유롭게 표현하는 현대 미술의 다양한 양상들을 경험시킨다고 할 수 있다. 또한 창작공예 활동은 영유아의 미적 감각과 EQ, 창의성 등을 높일 수 있는 기회를 제공하며 삶의 질에 대한 관심을 이끌어 냄으로써 삶의 활력을 불어넣어 준다. 영유아가 즐겨 그리는 그림이나 주물러 만드는 점토 공작, 종이구성, 직조 등은 영유아의 성장발달 과정에서 신체적 · 정신적 발달을 돕는 필수적인 요소라고 할 수 있다(Feeney & Moravcik, 1987).

영유아 창작공예의 의미를 정리하면 다음과 같다.

- 영유아 창작공예는 영유아의 경험을 확장시킨다. 영유아는 자신의 경험과 느낌을 그림과 작품으로 나타내면서 완전한 인간으로 성장되어 간다.
- 영유아 창작공예는 영유아가 자신과 또래 그리고 자기 자신을 주위환경과 연관지어 이해하게 하며 자신의 생각을 표현하고 타인을 수용하게 하는 매개물로써의 역할을 한다.
- 영유아 창작공예는 영유아의 언어, 인지, 사회성, 정서, 신체 발달 등 전인적인 발달을 도우며, 부적응 영유아와 라포르(rapport)를 형성하게 하여 치료적인 관계를 형성하는 수단이 되며, 영유아에 관한 정보를 제공해 주는 보충적인 자료가 된다.
- 영유아 창작공예는 영유아의 자아존중감을 높인다. 영유아가 성공적인 경험을 되풀이할 때 영유아는 자기 자신의 능력을 신뢰하게 되고 자신에 대한 개념을 더욱 긍정적으로 발달시키게 된다.
- 영유아 창작공예는 물체와 환경에 대한 이해와 견문을 넓힐 뿐만 아니라 문제를 해결하는 합리적 방법을 익히게 하고 논리적이고 객관적인 사고를 갖게 한다.
- 영유아 창작공예는 영유아의 생활이며 삶이다. 영유아는 창작공예 활동을 통해 사회의 구성원으로서의 소속감을 느끼고 생활인으로서의 미적 생산자

와 소비자가 될 수 있다.

2) 영유아 창작공예의 교육적 의의

영유아 창작공예 활동은 영유아가 주변 세계에 대한 느낌이나 생각을 표현하고(Schirrmacher, 2009), 자신이 가지고 있는 개념을 구체화하고 관련 지식을 통합할 수 있도록 함으로써 영유아의 신체적, 사회 · 정서적, 인지적 발달에 매우 중요한 영향을 미친다(정유선, 2003; Koster, 2001). 창작공예 활동을 통한 표현은 영유아의 능력을 자연스럽게 드러낼 수 있는 방법이며 창작공예 활동을 하는 동안 영유아는 자신감, 탐색능력, 창의적으로 완성하려는 성취의욕, 영유아의 주변에서 일어나는 여러 가지 현상이나 사실들을 깊이 탐색하는 능력이 길러진다(Kellogg, 1992). 영유아 창작공예의 교육적 의의에 대해 살펴보면 다음과 같다.

① 대 · 소근육 및 신체 발달을 돕는다.

창작공예 활동을 통해 영유아의 눈과 손의 협응력이 발달한다. 영유아는 눈으로 본 것을 손으로 만져서 확인하고 또한 재현해 보고자 시도한다. 즉, 만져 보고, 굽혀 보고, 밀어 보고, 당겨 보고, 감촉을 느끼면서 확인한다. 본 것을 손으로 만져 보고 손을 움직여 체험하는 것이 창작공예 활동의 기초이다. 영유아는 여러 가지 재료를 오리고 붙이면서, 점토를 주물러 물건을 만들면서, 몸 전체를 움직여 그림을 그리고 색을 칠하는 과정에서 눈과 손의 협응력은 물론 대 · 소근육과 신체 발달이 촉진된다.

② 시 · 공간 지각 발달을 돕는다.

시각적 사고력은 일명 영상화(imagery)라고도 하는데, 마음속에서 화면을 그리는 과정이라고 할 수 있다. 영유아는 무엇을 만들기에 앞서 또는 만드는 과정에서 자기가 만들려는 물건의 색깔, 구조, 기능, 조형, 크기 등을 미분화적이기는 하지만 머릿속에서 윤곽을 그리면서 여러 가지 아이디어를 내고 구상을 세운다. 이것이 시각적 사고이고 영상화이다. 이 같은 시각적 사고는 영유아의 창작공예 활동에 있어서 창의적 구상에 중요한 영향을 미친다. 영유아는 창작공예 활동을 하면서 마음속에 형성된 이미지를 저마다의 상상력에 따라 변형시키고 재구성하여 새로운 이미지를 만들어낸다. 여기에는 영유아의 지각뿐만 아니라 인상, 감정, 욕망, 태도 등도 포함된다.

창작공예 활동은 지각하기(perceiving)와 생각하기(thinking)가 분리될 수 없는 일종의 사고활동이고 추리(reasoning)활동이다. 인지의 여러 기능 중에서도 생산적인 사고는 심상의 영역에서 이루어지며 시각은 인간의 인지 중에서 가장 효율적인 감각이다(Arnheim, 김정오 역, 1995). 생각은 이미지를 요구하며 이미지들은 사고를 포함하는데, 모든 창작공예 작품은 시각적 사고와의 상호작용을 통해 이루어진다. 형태와 색채의 표현은 조화와 균형, 변화, 통일의 추구이고 구현이며, 의도하고자 하는 주제를 균형이 잡힌 통일된 형으로 분명하고 조화롭게 표현하고자 하는 노력으로써 의도하건 그렇지 않건 간에 어떤 의미의 전달이다.

시 · 지각을 통해서 얻은 경험을 사물과 세상에 대한 의식과 개념을 형성시켜 주기 때문에 시 · 지각 발달은 그림을 결정짓는 가장 중요한 요소가 된다(김춘일 · 김성구, 1998). 따라서 영유아에게는 '눈'의 교육을 통해 시지각과 미적 안목을 길러 환경에서 시각적 관계를 바로 보고 느끼는 일이 필요하다(한국미술교육학회, 1997).

3 창의성 및 상상력을 발달시킨다.

창의성은 융통성, 독창성, 정교함, 다양성, 응용성 등과 서로 깊은 관계가 있으며(Torrance, 1996), 다양한 생각을 하면 할수록 독창적인 생각을 해 낼 가능성은 더욱 커지게 된다. 독창성은 창의성의 중요한 양상으로 전통적이고 고정화된 방법들을 초월해서 생각할 수 있는 능력을 의미한다.

영유아는 창작공예 활동을 통해 새로운 상징과 생각을 창조해 내고 또한 과거의 체계나 상황에 새로운 정보를 받아들여서 새롭게 조직하고 사물을 탐색하고 조작해봄으로써 창의적 표현능력이 발달하게 된다. 영유아는 외부의 환경조건만 갖추어지면 그들 스스로 상상할 수 있는 잠재적 능력을 갖고 있다. 창작공예 활동은 영유아의 강력한 잠재적 본성인 상상력을 자극시킬 수 있는 중요한 활동으로 창의력의 기초가 되는 발상력과 상상력을 향상시킨다. 발상력은 소재에 대한 조형적인 특징에 관심을 가지고 나타나는 작용으로써 착상, 발상, 구상 세 단계로 나눌 수 있다. 착상은 어떤 문제를 해결하기 위한 방법을 모색하는 단계라고 한다면, 발상은 많은 아이디어를 내어 대안을 세우는 단계이고, 구상은 그것을 선택하고 정리하는 단계라고 볼 수 있다. 영유아도 무의식적이기는 하지만 이와 같은 단계를 거친다.

일반적으로 창작공예 활동에 있어서 발상을 잘 표현하는 영유아와 그렇지 못한 영유아 간에는 태도의 차이가 나타난다. 대체적으로 발상을 잘 하는 영유아는 모험을 좋아하고, 자신감이 있고, 독창적이며, 변화를 좋아하고, 성취의욕이 강한 반면 발상표현 능력이 미숙한 영유아는 새로운 것을 시도하려 하지 않고, 자신감이 결여되어 있으며, 성취의욕이 낮은 편이다.

창의성은 어릴 때부터 생활 속에서 의도적으로 교육을 해 나가야 효과를 거둘 수 있으며, 그런 기초가 있어야 나중에 어른이 되었을 때도 창의적인 사고와 태도로 일상생활을 해 나갈 수 있다. 영유아는 창작공예 활동을 통해 새로운 상징과 생각을 창조해 내고 또한 기존의 체계나 상황에 새로운 사고를 도입하고 사물을 탐색하고 조작해 나가는 과정에서 창의적 표현능력이 발달하게 된다.

④ 자아개념을 증진시키고 사회성을 발달시킨다.

영유아는 만들기, 꾸미기, 붙이기, 접기 등 다양한 창작공예 활동을 통해서 자신의 생각을 표현하는 즐거움을 느끼게 되고 기쁨을 맛보게 되며 성공적인 작품을 통해 긍정적인 자아개념과 성취감을 갖게 된다. 성공적인 경험이 되풀이될 때, 자신이 만든 작품이 존중받고 받아들여질 때, 영유아는 자신이 남과 다른 독특한 존재임을 알게 되고 자신이 누구인가에 대한 인식이 형성되며 아울러 타인의 존재와 가치를 인정하게 된다.

또한 영유아는 유아교육기관에 다니면서 처음으로 집단생활을 하게 되는데, 창작공예 활동 시 영유아는 혼자가 아닌 3~4명, 5~6명, 많이는 10명씩 하는 공동작업을 통해 서로의 아이디어를 교환하며 재료와 용구를 공동으로 사용하고, 혼자서 완성할 수 없는 큰 작품을 협동하여 완성시킴으로써 또래 의식과 연대감을 갖게 된다. 즉, 공동작업에서 단체생활에 필요한 예절을 배우게 되고 협동의 중요성을 깨닫게 되며 작품을 완성하고 자신이 사용한 용구를 정리정돈함으로써 자율성과 책임감을 기를 수 있다.

⑤ 재료 및 도구의 탐색을 통한 문제해결력과 인지발달을 도모한다.

다양한 재료 및 용구에 대한 충분한 설명을 듣고 자신이 표현하고자 하는 것의 사용 방법 및 기술을 탐색함으로써 영유아는 자신감을 갖고 작품제작에 들어갈 수 있다. 영유아는 창작공예 활동에서 주제, 재료, 기법 등과 같은 것을 결정하는 과정에서 물체와 환경에 대한 이해와 지식을 넓힐 뿐만 아니라 문제를 해결하는 방법도 익히게 된다.

영유아가 창작공예 활동에서 직면하게 되는 문제들은 그 인생 속에 있는 사건과 유사하므로 그것들과 마주치고 해결함으로써 문제해결력이 생기고 성숙한 인간으로 성장해 가게 된다. 영유아는 창작공예 활동을 통해 자신과 자신을 둘러싼 세계에 대하여 관심을 갖고 관찰하며, 미술의 요소인 점 · 선 · 면 · 형태 · 구성 · 공간 · 균형 · 질감에 대한 이해를 통해 미적 감수성을 기르고 이를 활용함으로써 인지적 능력이 증진된다.

또한 창작공예 활동은 영유아의 주의집중력을 신장시킨다. 주의집중력은 학습성취도의 중요한 변인이자 작업의 성패를 좌우하는 중요한 변수이다. 중요한 일에 얼마만큼 주의를 집중해서 전념하느냐에 의해 모든 일의 성패가 좌우된다. 영유아가 창작공예 활동을 하면서 '무엇을 어떻게 만든다'는 목표를 가지고 생각하고, 대화하고, 탐색하고, 그리고, 꾸미고, 만들고, 다시 고치는 일련의 제작과정을 거치면서 영유아는 지속적인 주의집중력과 인내심, 지구력 등의 태도가 몸에 배게 되며 자율적으로 작업을 진행하고 마무리를 지으면서 책임감과 인내심을 갖게 된다.

⑥ 정서 및 미적 감각을 발달시킨다.

영유아의 언어표현은 제한되어 있으므로 표출되지 못한 욕구불만이나 갈등 등의 내적인 긴장이 창작공예 활동을 통해 정화되어질 수 있다. 창작공예 활동에서 다루게 되는 재료들을 만지고, 찢고, 붙이고, 오리면서 영유아는 수용할 수 없는 감정을 배출하며 부정적인 감정을 완화하고 긍정적인 사고를 하게 되며 자신이 보고, 느끼고, 생각한 것을 시각적으로 표현하게 된다. 부모와의 갈등, 형제 또는 또래와의 의견충돌, 소외감, 외로움 등 일상생활에서 해소되지 못한 욕구 불만이나 갈등 등이 종이를 찢으면서, 점토를 주무르면서, 나무에 망치질을 하면서 작업하는 과정을 통해 자연스럽게 해소된다.

창작공예 활동의 경험을 통하여 영유아는 일상생활에서의 긴장을 해소시키며, 영유아 내부의 여러 갈등을 정화시켜 심리적 안정을 얻게 된다. 또한 작업과정에서 주제를 정하고 필요한 용구와 재료를 선택하고 사용함으로써 자신의 선택과 판단에 대하여 스스로 책임질 기회를 갖게 되며, 이를 통하여 자립심과 책임감 · 근면성 등의 바람직한 습관을 형성시킬 수 있다. 창작공예는 기본적으로 아름다움을 창출하는 과정이고 작품을 만들고 감상하면서 아름다움을 경험하도록 해주기 때문에 영유아의 정서를 안정시키고 순화시키며 좀더 아름다운 것을 추구하는 태도와 감정을 길러준다.

7 언어발달을 촉진한다.

영유아는 성인과 달리 자신의 생각과 느낌을 언어로 표현하는 데 어려움을 느낀다. 창작공예 활동은 언어표현력이 미숙한 영유아에게 자신의 느낌과 생각을 표현할 수 있는 통로를 제공한다. 영유아가 자신의 창작물에 의미를 부여하여 창작물에 대해 설명할 때 교사는 관심을 갖고 영유아의 말을 잘 들어주고, 영유아의 설명을 글로 기록해 주면서 영유아의 표현능력을 격려해 주어야 한다.

창작공예 활동은 영유아에게 다양한 재료를 접하게 하고 의사소통 경험을 제공하여 다양한 어휘를 소개한다. 또한 눈과 손의 협응력, 대 · 소 근육의 조절능력, 시각 변별능력, 집중력 등을 향상시키며 이것은 학습의 선행조건인 읽기와 쓰기 활동의 준비학습이 된다. 영유아는 창작공예 활동을 하면서 주제, 재료, 기법 등과 같은 것을 결정하고, 언어적으로 미성숙한 영유아기에 미술은 자기표현과 의사소통의 수단이 되어 영유아가 자기표현에 대한 내적 욕구를 충족할 수 있으며, 언어적 표현의 한계를 넘어서서 자신의 생각과 느낌을 효과적으로 표현할 수 있다(박춘희, 2002; Judy & Toyce, 1996).

영유아에게 자신과 그들을 둘러싼 세계에 대해 표현할 기회를 제공하고 새로운 환경에 노출시킬수록 영유아의 표현능력은 향상되며 다양한 어휘력과 섬세한 언어표현력을 지니게 되어 언어발달이 촉진된다. 또래들 간 그리고 성인과의 언어적 대화는 창작공예 활동을 풍부하게 하고 확장시킨다. 영유아가 자신의 반응을 위해 잠시 멈추어서 생각을 하는 동안 학습활동은 심화되며 성인의 민감한 반응과 자극은 영유아의 활동을 지지한다. 창작공예 활동에서의 영유아의 질문과 이야기하기는 작품의 특성에 대해 그리고 영유아의 생활과 관련된 말할 수 있는 기회를 제공하고 이러한 기회는 영유아의 능동적인 참여, 더 높은 수준의 사고, 창의적 사고, 그리고 정서표현을 격려하며 언어 유창성과 자부심을 증진시킨다(Mulcahey, 2002).

⑧ 다른 활동의 학습효과를 증진시켜 준다.

영유아들의 창작공예 활동은 다른 여러 활동과 밀접한 관련이 있으므로 수·과학, 언어, 음악 등의 활동과 통합함으로써 학습효과가 증진될 수 있다.

영유아는 창작공예 활동을 통해 보고·느낀 것에 대하여 반응하며 다양한 재료를 통하여 창조하는 경험을 하게 되고 자기를 표현할 수 있게 된다. 영유아의 생활 속에서는 만들고 싶어하고 무엇인가 표현하려는 활동들이 매일 끊임없이 일어나고 있으며 이 과정에서 영유아는 기쁨과 즐거움, 만족감과 성취감, 행복감 등을 갖게 된다. 교육의 목적이 인간의 잠재능력을 최대한 발휘시키는 데 있다면 창작공예 활동은 영유아의 내재된 잠재능력, 특히 창조·조형 능력이 발휘될 수 있도록 도와주어야 할 것이다.

2. 영유아의 입체표현 발달

1) 영유아의 입체표현 발달에 대한 견해

영유아 미술표현의 발달과정을 연구한 학자들 중에서 입체표현을 연구한 사람은 극히 드물다. 평면활동에 대한 연구는 많은 학자들에 의해 활발하게 이루어져 단계별로 발달 단계와 특징이 자세히 밝혀져 있어서 지도하는 데 많은 도움을 주고 있으나 입체활동에 대한 연구는 활발히 이루어지지 못하고 있는 실정이다. 그 이유로는 회화는 수집과 보관이 쉬우며 분석하기에도 어려움이 덜 하지만 입체작품의 경우는 오래 보관되지 못하여 수집에 애로점이 있고 재료와 용구가 다양하고 만드는 과정이 회화보다 어렵기 때문이다. 그러나 평면활동과 입체활동의 발달에는 차이가 있으며 영유아는 세워 놓을 수 있고 부피감이 있는 입체활동을 매우 좋아한다. 따라서 평면활동뿐 아니라 입체활동의 발달에 대한 정확한 이해가 있어야 유아들의 창작공예에 대한 바른 지도가 가능하다.

입체표현의 발달을 연구한 몇몇 학자들의 견해에서 영유아에 해당하는 부분을 간략하게 살펴보기로 한다.

(1) 로웬펠드의 견해

로웬펠드(Lowenfeld)는 점토의 특징으로 만지는 대로 형태가 변하는 가소성과 작업 도중 계속 변화시킬 수 있는 성질을 들고, 점토를 영유아들이 쉽게 접근할 수 있는 3차원의 중요한 재료로 여겼다. 그의 미술발달 단계에 대한 견해는 아동화를 분석한 결과이면서도 다른 재료에 의한 작품도 소홀히 다루지 않았다. 여기서는 영유아의 입체표현만을 골라 로웬펠드의 견해를 살펴보기로 한다

(Lowenfeld & Brittain, 서울교육대학교 미술교육연구회 역, 1995).

① 난화기 (The Scribbling Stage, 2~4세)

난화기의 영유아는 목적 없이 마구 끼적거리는 무질서한 난화기(disordered scribbling)와 손의 근육을 조절하여 일정한 반복을 나타내는 조절된 난화기(controlled scribbling), 난화에 이름을 붙이기 시작하는 명명하는 난화기(naming scribbling)를 거친다. 점토도 마찬가지인데 어떤 시각적인 목적 없이 점토를 두드리고 마구 치는 행위는 무질서한 난화기와 비슷한 단계이며, 어떤 특별한 목적을 추구하지 않은 막대와 둥근 모양의 형태는 조절된 난화기와 비슷한 단계이다. 그리고 어느 시점에서 영유아는 점토 덩어리를 가지고 비행기 소리를 내면서 그것을 비행기라 부르거나 "이것은 자동차다."라고 말하는데, 이런 현상은 심리학적으로 자신의 난화에 이름을 붙이고 명명하는 단계와 동일한 변화이다. 또한 영유아는 이런 과정을 통해 자신의 운동지각적 사고(kinesthetic thinking)를 상상적 사고(imaginative thinking)로 변화시킨다. 이 시기에 3차원의 재료를 취급하는 것은 영유아가 손가락과 근육을 여러 방법으로 이용하는 기회를 갖게 한다.

② 전도식기 (The Preschematic Stage, 4~7세)

이 시기 유아들의 그림에서 형태에 대한 개념의 변화를 발견할 수 있는 것처럼 입체표현에서도 점토로 형태를 표현하면서 끊임없이 표현양식을 변화시키는 것을 볼 수 있다. 형태를 만들기 위해 점토 덩어리의 부분을 긁어내거나 덧붙이는 것을 관찰할 수 있다. 즉, 세부적인 데에서 시작하여 다른 부분들을 첨가시켜 그것들을 서로 연결시킴으로써 작품을 만든다. 또한 점토의 전체 덩어리에서 시작하여 작품을 만드는 유아도 있는데 대부분 세부적인 표현으로 들어가지 않는다.

(2) 이길동의 견해

이길종은 소조의 발달 단계를 여섯 단계로 분류하였는데, 여기서는 취학전 단계만 소개한다(이길종, 1981).

① 맹목적 조형기 (The Unintentionally Modeling Stage, 3~5세)

3~5세 유아에게 점토를 주면 어깨와 팔의 운동과 손의 움직임에 따라 자신도 예상하지 못한 형체를 만들어낸다. 점토를 주무르거나 목적 의식이 없는 행위에서 손 끝에 닿는 점토의 촉감을 즐긴다. 이 과정에서 자기가 어떤 형태를 만들었다는 사실만으로 본능적인 쾌감을 느끼며 자신이 만든 것에 이름을 붙이거나 설명하려 한다.

② 경단기 (The Mud-Ball Stage, 5~7세)

5~7세의 유아는 점차 이름을 붙이는 의식이 더욱 발달하고 점토를 다루는 능력이 제법 커진다. 점토나 기타 재료를 가지고 손과 손 사이에 놓고 굴리거나 쌓는 과정이 시작되면서 유아는 공 모양의 경단을 만들고 경단에 이름을 붙여 자기가 만든 것에 만족감을 갖는다. 이 시기에는 남자와 여자의 표현에 차이가 나기 시작한다.

(3) 골롬브의 견해

골롬브(Golomb)는 영유아의 점토작품을 자세히 분석하여 그 발달 단계를 세 단계로 나누고 있다(김춘일, 1985).

① 탐색기 (2~4세)

점토를 가지고 탐색하거나 실제 놀이에 이용하면서 납작한 떡 모양이나 뱀 모양, 공 모양의 것들을 만들기 시작한다. 인물표현은 하나의 둥근 덩어리에서 조잡하고 대칭적인 구조들을 만들어내는 것에서 시작하여 수직 모양의 점토 기둥, 공 모양이나 원반 모양의 얼굴표현, 주로 얼굴과 팔 · 다리를 포함하는 요소들로 이루어지는 신체부분들의 배치형태로 발전한다. 대표적인 인물표현은 둥근 점토 덩어리를 잡아늘여서 길게 표현하는 것이다.

② 분화기 (4~5세)

이 시기 유아의 점토작품은 그리기에서와 마찬가지로 두족인 표현이 지배적으로 나타난다. 즉, 올챙이식 인물, 여러 내적 요소들을 가지는 한 단위의 인물,

회화적으로 납작하게 표현한 인물 등 3가지로 나타난다. 두족인의 3차원적 변형들은 큰 원반이나 구형에 다리를 붙여 연장한 형태에서부터 작은 원반에 아주 긴 다리를 붙인 형태까지 다양하게 나타난다. 대체로 손가락, 발가락, 머리카락, 귀 등은 그리 많이 나타나지 않고 자연적인 비례를 거의 무시하며 어떤 대상의 표현도 앞 모습에 집중되어 있다. 유아들이 세부에 좀더 많은 관심을 기울이기 시작하면서 인물표현은 형태를 하나하나 갖추어 가기 시작한다.

③ 완성기 (6세 이후)

이 시기는 몸의 주요한 골격부분들이 균형 있게 형성되고 그 위에 좀더 상세한 부분들이 표현된다. 평면적인 점토표현 양식도 매우 조잡하고 미분화된 것에서부터 섬세하고 복잡한 표현에 이르기까지 매우 다양하며 대상의 크기나 비례에 대한 인식이 시작되어 비례대로 표현하려고 노력한다. 또 인체의 전체적인 모양과 세부에 신경을 쓰기 시작한다. 직립 형태가 아닌 평면에 누운 형태로 표현하는데, 이는 3차원과 2차원의 성격을 절충하는 표현이며 좀더 기교 있고 대칭적인 구도로 다양하게 표현을 한다. 과장표현이 나타나고 표현이 잘 되지 않을 때는 말로 보충하기도 한다.

(4) 염태진의 견해

염태진은 영유아 입체표현 발달 단계를 3단계로 구분하였다(염태진, 1989).

① 무의미한 단계 (만 2~3세)

뚜렷한 목적 없이 무의식적으로 재료와 더불어 장난하는 근육운동 단계라고 할 수 있다. 이 단계는 회화발달 단계의 '착화 단계'에 해당되며 연령적으로 볼 때 그리기의 '착화 단계'보다 1년쯤 뒤늦게 나타나는 것이 보통이다. 이 단계의 영유아는 종이를 구기거나 찢거나 구멍을 뚫고, 점토를 주무르거나 두드리거나 떼어냈다 붙였다 하고, 빈 상자나 나무토막을 쌓아올리거나 무너뜨리며 즐거워하는데 이와 같은 무의미한 활동들은 다분히 기능적 쾌락이라고 볼 수 있다. 그러므로 놀이를 통해서 만들어진 것은 우연성이 짙게 나타나기 마련이고 영유아는 만든 작품의 결과에 대해서 별로 큰 관심을 가지지 않는 것이 보통이다. 이 단계 영유아의 만들기 활동은 성인의 입장에서 볼 때는 아무런 의도도 없는 장난으로 밖에는 생각되지 않지만 영유아의 입장에서 볼 때는 영유아의 성장발달 과정에서 반드시 거쳐야 할 중요한 활동이다. 이러한 활동을 통해 영유아는 재료의 특성을 알게 되며 재료에 대한 흥미와 관심을 갖게 된다. 재료와의 경험은 만들기 활동의 시작이며 앞으로 의도적인 만들기 활동으로 발전하는 중요한 바탕이 된다. 재료경험을 다양하게 한 영유아와 그렇지 않은 영유아는 창조능력과 만드는 능력에서 차이가 난다. 영유아는 재료를 만지고 노는 동안에 재료가 변형되어 가는 그 자체에 흥미를 갖게 되며 찢거나, 두드리거나, 부수는 등 무의미한 활동을 하기도 한다.

이 단계의 지도방법은 다음과 같다. 첫째, 영유아의 무의식적인 만들기 활동을 이해해 주어야 하며 둘째, 영유아의 무의식적인 만들기 활동을 칭찬하고 격려해 줌으로써 만들고 싶은 의욕을 갖도록 도와주어야 한다. 셋째, 영유아가 다양한 재료를 가지고 마음껏 즐길 수 있도록 도와주어야 하며 이러한 영유아의 탐색활동을 가치 있게 여겨야 한다.

② 상징의 단계 (만 3~4세)

이 단계는 회화발달 단계의 '상징의 단계' 와 같은 단계로써 회화발달 단계보다 반년쯤 뒤에 나타난다. 무엇을 만들려고 계획적으로 만드는 것이 아니라 만들어 놓은 것에 이름을 붙이는 '명명(命名)의 단계' 라고 할 수 있다. 어른의 입장에서 볼 때 무엇을 만들었는지 알아볼 수 없음에도 불구하고 유아는 자기가 만든 작품에 이름을 붙인다. 이 단계의 초기에는 만들어진 것이 어떠한 형체로 보이든지 그때그때 머리에 떠오르는 이름을 갖다 붙이고 유아는 즐거워한다. 또 만든 작품에 대한 이름이 상황에 따라 달라지는데 '토끼' 라고 이름 붙였던 것을 다시 물어보면 '돼지' 라고 대답하기도 한다. 우연히 만들어진 형체에 대한 유아의 이와 같은 발상은 점차 다음 단계인 '창조의 단계' 로 발전되어 가는 바탕이 된다.

이 단계의 후기에는 점토를 주물럭거리거나 떼어내는 흙장난만으로는 만족하지 않게 되며 나무토막을 무의식적으로 쌓아올리던 행동이 점차 의식적으로 쌓아올리는 행동으로 발전된다. 종이를 접거나, 꺾거나, 포개는 등의 조형능력이 나타나고 간단한 형체를 조립하거나 만들 수 있도록 발전된다. 또 같은 모양의 의자나 책상을 늘어놓거나 쌓아올리거나 하며 집을 짓고 논다. 물건을 늘어놓거나 쌓아올리는 놀이는 장차 물건을 조립하거나 구성하는 활동으로 발전한다. 이렇게 해서 만들어진 것은 성인의 입장에서 보면 아직도 이해할 수 없는 것이지만 앞의 단계인 무의미 단계의 만들기 행동과는 달리 이미 의식적인 만들기로 발전되고 있음을 보여주며 다음 단계인 '창조활동의 단계'로 연결된다.

이 단계의 지도방법은 다음과 같다.

첫째, 교사는 유아의 작품에 대해 "무엇을 만들었니?", "어떻게 만들었니?"라고 물어보기도 하고 대화를 하여 유아의 만들기에 대한 이해와 관심을 가지도록 한다. 둘째, 유아에게 칭찬과 격려를 해줌으로써 만들기에 흥미와 관심을 가지게 하고 자신의 창작능력에 자신감을 갖도록 한다.

3 창조의 단계 (만 4~5세)

이 단계는 회화발달 단계의 '전도식 단계'에 해당되며 회화발달 단계보다 약 1년쯤 늦게 나타나고, 유아가 무엇을 만들었는지 알아볼 수 있을 정도로 만드는 능력이 발전된 단계이다. 관심이 있거나 흥미가 있는 것은 크게 과장해서 만들고, 관심이 없거나 흥미가 없는 것은 작게 만들거나 생략하는 표현을 한다.

이 단계는 인간의 일생 중에서 공상력, 상상력이 가장 많이 발달하기 시작하는 시기이며 표현의욕도 왕성한 단계로써 유아는 한 개의 나무토막이 비행기가 되어 하늘을 날기도 하고 자동차가 되어 고속도로를 달리기도 하는 상상을 한다. 또한, 자기가 만든 날아다니는 비행기처럼 자신도 날 수 있다는 상상과 공상을 하기도 한다. 유아는 자기가 만든 작품이 자연의 형체와 닮지 않았더라도 상상력을 통해 동일하게 바라볼 수 있으며, 점차 '만들기'에 자신감을 갖게 되고 기술이 늘어남에 따라 자신이 계획한 작품을 완성하기도 한다. 유아의 상상력은 무한하며 이러한 공상과 상상을 표현하기 위하여 유아 나름대로 노력한다. 이제는 무엇을 만들 때 용구가 필요하다는 것을 알게 되고 어떠한 용구를 사용하여 만드느냐에 흥미를 가지기 시작한다. 종이를 자르거나 오릴 때는 손으로 찢는 것보다 가위나 칼을 이용하려고 하지만 가위나 칼을 조작하는 기능은 아직은 미숙하다. 유아가 용구를 사용하여 만들고자 하는 의욕을 가지게 되는 것은 강요나 모방에 의해서가 아니라 유아의 자발적인 욕구에 의해서이다.

창조 단계의 지도방법은 상징 단계에서의 지도방법을 발전적으로 적용하면서 다음의 지도방법을 추가해야 한다. 첫째, 유아가 상상력을 마음껏 펼칠 수 있도록 자유로운 분위기를 만들어준다. 둘째, 유아의 개성과 자주성을 인정해 주며, 무엇을 어떻게 만들 것인가, 즉 주제 선정에서부터 재료의 선택, 재료를 다루는 방법, 제작기법, 작품의 구성 등을 유아 스스로의 힘으로 완성시키도록 한다. 셋째, 성공의 즐거움과 함께 실패의 괴로움도 유아의 제작능력 발달에 필요하다는 것을 인식하고 유아 스스로 문제를 해결할 수 있도록 격려한다. 넷째, 작품의 결과를 중시하기보다는 제작과정에 가치를 둔다. 제작과정에서 얼마나 열심히 참여했는지 그리고 자신의 경험을 표현하기 위해 얼마나 노력했는지의 태도를 중요시한다. 다섯째, 교사의 요구나 지시에 무조건 순종하도록 강요하거나 교사에게 의존하게 해서는 안 된다. 여섯째, 유아에게 큰 위험이 따르지 않는다면 될 수 있는 대로 여러 가지 재료와 용구를 제공하여 유아 스스로 사용법을 터득하고 각각의 재료에 알맞은 적절한 용구를 선택하는 능력을 길러준다. 일곱째, 교사는 유아의 만들기의 특징을 이해하고 유아의 입장에 서서 배려하며 마음껏 자기표현을 할 수 있는 작업환경을 준비한다.

(5) 슈마허의 견해

슈마허(Schirrmacher, 2009)는 영유아의 입체적인 작업활동 중 점토활동의 발달 단계를 다음의 네 단계로 제시하였다.

1 탐색 단계

2세 정도의 영아는 오감각을 활용하여 점토를 탐색한다. 즉, 영아는 점토 자체에 관심을 갖고 오감각을 동원하여 점토를 만지고, 던지고, 튕겨 보고, 두드리는 등의 물리적 활동을 한다.

② 궁리 단계

탐색 단계에서 바로 전이가 이루어지는 단계이다. 3세 정도의 유아는 좀 더 체계적으로 점토를 다루게 되고 이 과정에서 점토의 물리적 성격을 알게 된다. 이 시기에는 의도는 없지만 우연하게 간단한 모양들(공, 케이크, 뱀)을 만들며 이러한 활동을 반복하면서 다양한 작품을 만든다.

③ 제작 단계

4세 정도의 유아는 무엇인가를 만들어내며 자기가 만든 것을 보여주고 싶어 한다.

④ 기획제작 단계

5세 정도의 유아는 무엇을 만들지 미리 계획한 다음 제작에 들어간다. 이 시기의 유아는 점토가 자기가 만들려고 하는 재료임을 알고 다양한 용구를 사용하여 제작에 들어간다.

2) 영유아의 일반적인 입체표현 발달

영유아의 입체표현 발달과정은 계속적인 변화의 과정이기 때문에 단계화하는 데는 무리가 따른다고 할 수 있다. 하지만 모든 교육은 단계를 지어 체계적으로 이루어져야 한다. 영유아의 입체표현의 발달과정 또한 어느 정도 단계화할 수 있는 의미 있는 변화들이 나타난다. 영유아 입체표현에서의 첫 번째 변화는 점토와 같은 입체재료를 가지고 만듦에도 불구하고 평면적으로 '그림을 그리듯이' 표현한다는 점이다. 두 번째 변화는 놀이적 표현에서 상징적 표현으로 표현 양식이 변화한다는 점이다. 이런 영유아기 입체표현의 특징은 입체재료를 가지고 즐기면서 평면적으로 구체적 형상을 탐색하는 단계인 탐색적 유희기(0~4세)와 입체재료를 평면적으로 표현하면서 모든 대상을 상징적으로 나타내는 단계인 평면적 상징기(4~8세)로 나누어 살펴볼 수 있다.

(1) 탐색적 유희기 (0~4세)

탐색적 유희기는 입체재료를 가지고 놀고 즐기면서 평면적으로 구체적 형상을 탐색하는 단계로써 입체재료를 가지고 즐기면서 노는 과정과 3세 후반기부터 나타나는 초기 인물 형태를 탐색하는 과정으로 크게 나눌 수 있다.

① 유희기

영아가 미술적 행위라고 할 수 있는 행동을 하기까지는 상당한 기간이 필요하다. 영아에게 입체재료를 주었을 때 그들에게 그것은 단지 먹거나 자기가 가지고 놀 수 있는 하나의 놀이기구일 뿐이다. 영아에게 점토를 주면 자기가 힘을 주는 대로 형태가 변하고 주물럭거리는 촉감이 좋아서 가지고 논다. 어떤 의도 없이 두 손으로 꾹 누르기도 하고 비비기도 하며 탁탁 때리기도 하면서 감촉을 즐기는 것이다. 이것은 평면적인 표현활동의 난화기에 해당하며 입체표현에서는 이 시기를 '무의도적인 유희기' 라고 이름 붙일 수 있다.

이러한 '무의도적인 유희기' 를 지나 3세 정도가 되면 점토로 동일한 형태를 만들기 시작하는데, 주로 뱀 모양의 긴 형태나 공 모양의 둥근 형태들이다. 뱀 모양의 긴 형태는 손으로 비비면 되기 때문에 비교적 쉽게 만들며 공 모양은 그 이후에 만든다. 이 시기는 평면적인 표현활동을 반복하는 난화기에 해당하는데, 이는 자신이 근육을 어느 정도 통제할 수 있어서 유사한 형태들을 규칙적으로 만들 수 있음을 의미하며, 입체적인 표현활동에서는 이 시기를 '반복하는 유희기' 라 부를 수 있다.

3~4세 유아들은 자신이 만든 점토 형태에 사물의 구체적인 이름을 붙이고 가지고 놀면서 자신이 만든 형태와 이야기를 한다. 뱀 모양의 형태나 공 모양의 형태, 눌러진 둥근 형태, 비틀고 주물럭거린 형태들을 뱀이나 물고기, 엄마, 아빠 등의 이름을 붙이며 혼자 연극을 하듯이 중얼거린다. 이 시기는 평면적인 표현활동의 이름을 붙이는 난화기에 해당하는데, 개념과 언어능력이 발달하면서 점토를 놀이도구로 가지고 놀게 되고 자신의 이런 능력을 자연스럽게 표출하는 '이름을 붙이는 유희기' 이다.

유희기의 영유아에게는 독성이 없는 밀가루 점토를 제공하는 것이 좋다. 밀가루 반죽에 식용색소를 넣어 만드는 밀가루 점토는 영유아들이 자유롭게 주무르고, 만지고, 때리고, 떼고 하는 활동을 할 수 있는 좋은 재료이다. 이렇게 점토를 때리고 치는 행동은 꽉찬 에너지와 긴장을 발산시킬 수 있는 기회가 될 뿐 아니라 물체를 납작하게 만드는 방법을 배우는 계기가 된다. 어린 유아에게 점토를 주면 먼저 이름을 붙이고 의미를 부여하기도 한다. 점토로 만든 물체는 3차원이므로 실물과 연결시켜 생각하기 쉽기 때문이다. 실제로 밀가루 점토나 색깔 점토로 지렁이처럼 길게 만들어 놓고는 '뱀' 이라고 부르는 경우가 많다.

② 초기 인물 형태의 탐색기

이 시기 어린 유아의 입체표현에서는 다음에 어떤 형태로든 변화해 가는 초기 표현이 등장하는데, 이를 켈로그(Kellogg)는 입체표현에서의 만다라(mandala)라고 하였다. 이런 초기 형태들은 납작하고 둥근 형태에 손가락으로 눌러 만들거나, 몇 개의 짧은 막대 모양을 그 위에 놓거나, 둥근 형태와 긴 형태를 결합한 것들이다. 이것들이 가장 먼저 구체성을 띠는 형태로 나타나는 것이 보통 인물이다. 물론 유아가 물고기나 개 등과 같은 특정 대상에 관심이 많을 때는 그런 대상이 첫 표현 소재가 되기도 하지만 일반적으로는 사람이 입체표현에서 먼저 나타나는 구체적 표현소재이다.

이렇게 초기의 인물 형태는 주로 세 유형으로 나타난다. 하나는 퉁퉁한 막대 모양의 입체 형태로 둥근 점토 덩어리를 위 · 아래로 잡아 늘여서 허공에 들고 보여 주거나 책상 위에 꾹꾹 눌러 세워서 보여주는 형태이다. 수직 기둥 형태에서 팔 · 다리를 의미하는 표시로써 중앙과 아랫부분에 약간의 점토 덩어리를 붙여 주거나 빚어 주기도 하고 눈 · 코 · 입을 손가락으로 눌러 표시하기도 한다. 그러면서 유아는 "이건 눈이고 이건 코, 이건 입이야"와 같은 말로 자신의 표현을 보충한다. 말의 보충이 많을수록 유아는 그 형태가 충분하지 않다고 느끼는 것이며 언어를 통해 자신의 표현의도를 전달하려 하는 것이다.

두 번째 초기 인물 형태는 공 모양의 점토 두세 개를 붙이거나 납작하게 빚은 입체 형태로 다른 표현 없이 그대로 세우거나, 눈 · 코 · 입을 손가락으로 깊게 눌러 표시하거나, 밑에 다른 공 모양의 점토 덩어리를 붙이거나, 또는 짧게 약간의 점토를 붙여 다리를 표시하는 것을 통하여 인물의 뚜렷한 특징을 표현한다. 어린 유아들에게 얼굴은 사람을 대신하는 가장 특징 있는 것으로 지각되므로 얼굴표현만으로 사람 전체가 표현된 것으로 여기는 경향이 있다.

세번째는 인물의 부분 부분들을 평면적으로 배치하는 것이다. 얼굴을 둥근 테두리로 두르고 그 안에 눈 · 코 · 입을 배치한다든지, 작은 점토 덩어리 세 개를 위에 두 개, 아래에 한 개를 배열하여 눈과 입을 나타낸다든지, 또는 팔과 다리 모양을 옆에 붙여 눕혀 놓는다든지 하는 표현들이다. 이것은 입체재료로 그림을 그리는 것처럼 표현하는 양식이다. 평면에 그림을 그리는 행위는 유아에게 비교적 익숙하기 때문에 그런 활동을 입체재료로 표현하는 것이다. 점토 덩어리를 손으로 쳐서 펑펑하게 한 다음, 작은 점토 덩어리를 서너 개 떼어 그 큰 점토판 위에 놓으면서, "이 작은 점토를 여기에 놓으면 눈 · 코 · 입이 되는거야, 그리고 이 사람은 우리 엄마야"라고 말한다. 이는 유아가 얼굴 형태의 점토표현을 어머니 전체와 동일시하는 것이다. 얼굴표현에 자주 나타나는 작품은 얼굴 바로 밑에 팔이나 다리를 배치하는 두족인의 형태이다. 어린 유아들은 다른 동물의 형상을 만들 때도 둥글고 납작한 점토판에 눈 · 코 · 입을 붙여 얼굴 부분을 사람과 거의 유사한 형태로 만든다. 이것은 유아에게 사물에 대한 개념이 일반성을 띠고 있다가 성장함에 따라 사람과 사물에 대한 개념이 다양해지고 분화되어감을 나타내는 것이다.

초기 인물의 표현과정에서 나타나는 공통적 현상은 유아들이 표현의 부족한 면을 언어로 보충하려 한다는 것이다. 그리고 만들어진 점토 덩어리의 생김새에 따라 소재나 표현 대상이 결정되기도 한다. 처음부터 의도 없이 만지작거렸거나 자신이 표현하고자 하는 바가 뜻대로 되지 않았을 때 만들어진 형태에 따라 적절한 이름을 붙이는 것이다. 유아들은 구체적으로 무엇을 만들려고 계획한 것이 아니라 촉감자극을 즐기면서 빚어 놓은 우연한 결과물에 대해 어른이나 다른 사람으로부터 의미 부여를 요청받았을 때 구체적인 대상과 연결시키는 수도 있다. 이와 같이 의도 없이 만든 형태에 언어로 보충 설명하는 경우가 초기에 나타난다. 그런데 유아가 대상을 자세하게 나타내고 싶은 욕구에서 언어로 설명하는 것은 대상 간의 관계를 따져 이름을 붙인다는 점에서 앞에서 말한 언어의 보충과는 차이가 있다. 이것은 표현 대상의 상호 관계와 위치를 보고 이름을 붙이는 것으로 윗부분을 머리로, 가운데 부분을 몸통으로, 밑부분은 다리와 같이 상대적 위치에 따라 명명하는 것이므로 상당히 발달된 수준이라고 볼 수 있다.

입체표현은 평면표현과 많은 유사성을 띠고 있다. 둥근 형태나 두족인의 표현, 초기 표현의 세 단계 등은 매우 유사한 발달을 보여준다. 그러나 입체표현은 입체재료에 의해 작업하는 기회가 그다지 많지 않기 때문에 입체재료를 다루는 기능이 미흡할 수 있으며(Eisner, 서울교육대학교 미술교육연구회 역, 1995), 평면표현에서는 손의 움직임에 따라 쉽게 자신의 의도를 나타낼 수 있었으나 입체에서는 표현이 용이하지 않고 의도한 대로 되지 않을 때도 있기 때문에 언어의 보충이 보다 많아진다. 평면표현에서는 단추나 구두, 바지 등의 표현이 그렇게 어렵지 않으나 그런 세부 묘사가 입체에서는 어려워지는 것이다. 하지만 평면에서 힘든 표현을 입체표현을 통해 쉽게 익히는 경우도 있다. 예를 들어 뒷모습이나 옆모습 등의 표현을 들 수 있는데, 이것은 입체공간과 덩어리(mass)감, 볼륨(volume)감이 있는 입체표현을 통해 쉽게 접근할 수 있는 것이다.

(2) 평면적 상징기 (4~8세)

평면적 상징기는 입체재료를 평면적으로 표현하면서 대상을 상징적 · 도식적으로 나타내는 단계이다. 평면적으로 표현한다는 것은 입체재료로 마치 그림을 그리듯이 표현하는 것으로 바닥에 눕혀 입체표현을 하는 것이다. 이것은 누워 있는 표현과는 다르다. 누워 있는 표현은 유아가 누워 있는 사람을 만들겠다는 의도를 가지고 만든 것이고 평면적인 표현은 유아는 서 있는 것으로 생각하면서 만들지만 실제로는 눕혀져 표현된 것이다. 평면적 표현은 평면적 상징기나 탐색적 유희기의 유아들이 만드는 두께가 얇고 상징적이며 비교적 미숙한 표현이고, 누워 있는 표현은 입체적 탐색기 이후의 유아들이 만드는 것으로 두께가 두껍고 사실적이며 입체적인 작품이다.

4~5세 정도의 유아들은 사람을 표현하려고 노력하며 초기의 인물 형태에서 좀 더 발달한 인물 형태가 만들어진다. 이즈음에 많이 나타나는 표현은 두족인(head-feet figure)의 인물 형태로써 머리와 두 다리만으로 표현된 것이다. 이런 표현 중에서 가장 흔한 것이 둥글고 납작한 얼굴 형태에 눈 · 코 · 입이 붙어 있거나 손가락으로 눌러 표현되어 있고, 얼굴 밑부분에 약간 긴 편인 다리가 붙어 있는 것이다. 긴 다리는 유아에게 몸통의 역할까지 하는 것으로 받아들여지며 두 다리 사이의 공간을 배로 간주하기도 한다. 머리 양 옆으로 팔이 붙어 있기도 한다. 두족인의 인물표현에는 둥글고 납작한 형태에 눈 · 코 · 입을 붙이거나 표시하고 머리카락을 약간 윗부분에 붙이며 밑부분에 작은 다리를 붙이는 것도 있고, 구형의 머리 모양 밑에 작은 점토 덩어리를 두 개 정도 붙여 직립시킨 형태도 있다. 여기서 머리 모양은 구형으로 손바닥으로 굴려 만들거나 그렇게 만들어진 것을 눌러 납작하게 하는 것이 보통이고, 다리는 손 사이에 점토를 넣고 비벼서 뱀 모양으로 만들어 머리 모양 밑에 놓거나 눌러 붙여준다. 약간이나마 직립 형태를 갖는 인물 형태는 머리와 다리가 두껍고 구형으로 입체적일 뿐 두족

인 표현의 일종이다. 이런 인물 형태에는 세 개의 점토 덩어리를 따로 만들어 결합하기도 하고, 먼저 밑부분을 만든 후에 머리를 빚어 그 위에 올려놓고 나서 눈 · 코 · 입을 작게 떼어 붙이기도 한다.

평면적 상징기에 나타나는 반입체표현은 바닥을 화면으로 생각하고 그 위에 점토로 그림을 그리듯이 작은 점토 덩어리나 긴 줄 모양의 점토를 배치하는 것이다. 즉, 눈 · 코 · 입을 따로따로 작고 둥글게 만들어 배치를 하고 둥근 테두리를 그 주위에 두른 다음, 다리 모양을 그 밑부분에 놓아 표현하는 것이다. 머리와 다리로 인물을 만든 후 어느 정도 지나면 유아들이 배로 표현하는 몸통이 나타난다. 이것은 머리와 다리를 연결해 주는 것으로 등장하며 처음에는 머리와 다리보다 짧고 가늘고 얇지만 점차 길어지고 통통해진다. 가끔 손가락이나 목 · 머리카락을 표현하는 경우도 있으나 매우 드문 경우이다. 유아들은 자신이 표현한 것보다는 훨씬 많은 것을 알고 있기 때문에 유아들에게 목이나 손가락 · 머리카락 등이 왜 없느냐고 물어보면 점토 덩어리를 작게 떼어 붙이거나 다른 도구로 새겨 표시한다

3. 영유아 창작공예와 교육/보육 과정

1) 교육/보육 과정의 개념

유아창작공예 교육에서 무엇을 가르칠 것인가에 대한 논의는 아직도 계속되고 있지만 합의된 의견은 없다. 유아의 성장과 발달에 중요한 영향을 미치는 창작공예교육의 목표, 내용, 교수방법, 평가에 대한 내용 선정 및 조직은 아주 중요한 문제라고 할 수 있으므로 유아창작공예 활동의 교육과정과 관련된 연구가 절실히 요청된다.

유아창작공예 교육과정에서 무엇을 어떻게 가르쳐야 하는지에 대해 살펴보기 전에 교육/보육과정의 개념이 무엇인지 먼저 살펴보기로 한다.

교육/보육과정이란 용어를 간단하게 정의하기는 어렵다. 학자마다 문헌마다 약간씩 그 의미를 다르게 사용하고 있기 때문이다. 그러나 교육/보육과정의 의미를 어떻게 규정짓든 학습자의 성장발달에 도움을 주며 전인적인 인간형성 과정에 도움을 주는 모든 종류의 교수학습 경험이라고 할 수 있다. 일반적으로 교육/보육과정은 교육/보육목적을 달성하기 위하여 계획하고 지도하는 모든 교육/보육활동을 말한다. 즉, 교육/보육목적을 달성하기 위하여 활동내용을 선정하고 그 학습활동을 전개할 때 언제, 어디서, 어떻게 행해져야 할 것인가를 종합적으로 한데 묶은 전체 교육/보육의 계획이다.

유아교육/보육과정의 개념 역시 학자마다 다양하게 표현되고 있다. 유아교육/보육과정이란 유아교육기관에서 유아들에게 학습의 기회를 제공하기 위해 계획한 조직화된 경험의 총체 내지는 유아들에게 일어나는 모든 경험 및 생활이라고 정의하는가 하면 교수요목, 즉 어떤 목적을 위해 서술된 일련의 활동의 총체 등으로 표현되고 있다. 또한 교육/보육과정을 교육/보육프로그램과 같은 개념으로 하고 프로그램을 교육기관 안에서뿐만 아니라 가정과 지역사회에까지 연장될 수 있는 교육적/보육적 경험이라고 규정짓기도 한다.

슈바르츠(Schwarts)와 로비슨(Robison)은 유아교육/보육과정을 다음의 다섯 가지로 분류하였다(김정규, 1995).

- 우연히 일어난 것으로서의 교육과정
- 유아가 학교에서 갖게 되는 모든 경험으로서의 교육과정
- 교수계획으로서의 교육과정
- 교수요목으로서의 교육과정
- 프로그램으로서의 교육과정

보건복지부와 교육과학기술부는 그동안 이원화되어 있던 유치원교육과정과 표준보육과정을 통합하여 유치원과 어린이집 공통 보육 · 교육과정인 '만 3~5세 연령별 누리과정'을 2012년 고시하고 2013년 3월부터 어린이집과 유치원 어디에 다니든지 만 3~5세 유아는 국가수준 공통과정으로서 '만 3~5세 연령별 누리과정'을 동일하게 제공받도록 하였다. 따라서 2013년에 고시된 '제3차 어린이집 표준보육과정'은 0~1세 보육과정, 2세 보육과정, 3~5세 보육과정(누리과정 포함)으로 구성되어 있다. 0~1세 보육과정, 2세 보육과정, 만 3~5세 보육과정(누리과정)의 '예술경험영역'에 창작공예 활동과 관련된 내용을 담고 있다. 3차 어린이집 표준보육과정의 예술경험영역을 구체적으로 살펴보면 다음과 같다.

2) 제3차 어린이집 표준보육과정의 예술경험영역

어린이집 표준보육과정(이하, '표준보육과정'이라 함)은 어린이집의 만 0~5세 영 · 유아들에게 국가수준에서 제공하는 보편적이고 공통적인 보육의 목표와 내용을 제시한 것이다. 어린이집 표준보육과정은 0~1세 보육과정, 2세 보육과정, 3~5세 보육과정(누리과정 포함)으로 구성한다. 예술경험영역은 '아름다움

찾아보기', '예술적 표현하기', '예술 감상하기' 3가지 내용범주로 구성되어 있다. 3차 어린이집 표준보육과정의 예술경험영역을 연령별로 살펴보면 다음과 같다.

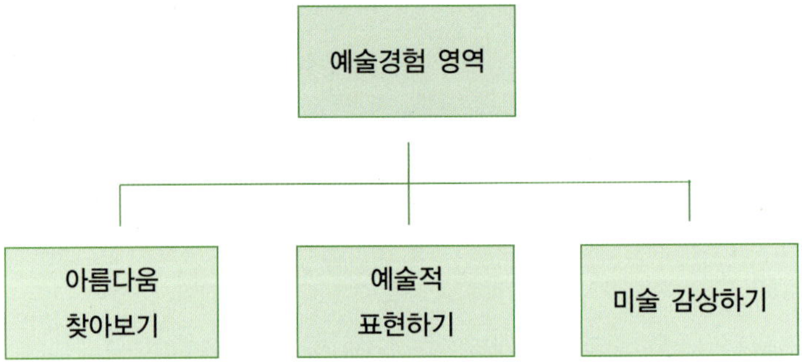

[그림] 표준보육과정의 예술경험영역의 내용범주

(1) 0-1세 보육과정의 예술경험영역

① 목 표

아름다움에 관심을 가진다.

1. 자신의 신체와 주변의 감각 자극에 호기심을 가지고 반응한다.
2. 소리와 움직임으로 반응하고, 단순한 미술을 경험하며, 모방 행동을 즐긴다.
3. 친근한 소리나 노래를 즐겨 듣고, 자연물, 사물, 주변 환경에 관심을 가진다.

② 내 용

1 아름다움 찾아보기

내용범주	내용	1수준	2수준	3수준	4수준
아름다움 찾아보기	예술적 요소에 호기심 가지기	주변의 소리와 움직임에 호기심을 가진다.			
		주변 환경에서 색, 모양에 호기심을 가진다.			

- 아름다움 찾아보기〉 예술적 요소에 호기심 가지기〉 주변 환경에서 색, 모양에 호기심을 가진다 - 영아가 주변 환경에서 색과 모양을 통한 시각적 자극을 통해 아름다움을 인식하도록 한다. 모빌의 다양한 모양을 보여주고

"여기에 동그라미 모양이 있네. 빙글빙글 돌아가네." 하고 이야기해주거나 "빨간 사과가 있어요."라고 하면서 일상생활에서 주변의 다양한 색깔을 소개해주어 아름다움에 관심을 갖도록 한다.

② 예술적 표현하기

내용범주	내용	1수준	2수준	3수준	4수준
예술적 표현하기	리듬 있는 소리로 반응하기	리듬 있는 소리에 관심을 가진다.		노래를 부분적으로 따라 부른다.	
		리듬과 노래에 소리로 반응한다.		리듬과 음높이에 맞추어 소리를 낸다.	
	움직임으로 반응하기	손발 흔들기와 몸 움직임으로 반응한다.			
				간단한 도구를 활용하여 움직인다.	
	단순한 미술 경험하기			감각적으로 단순한 미술경험을 한다.	
	모방행동 즐기기	소리나 얼굴 표정, 몸 움직임 등을 모방한다.		단순한 모방 행동을 놀이처럼 즐긴다.	

- 아름다움 찾아보기〉 단순한 미술경험하기〉 감각적으로 단순한 미술경험을 한다 – 영아가 감각을 통해 단순한 미술표현을 경험하도록 하는 것이다. 밀가루 풀로 핑거페인팅을 해보거나 얇은 휴지를 찢어보면서 단순한 미술경험을 해보도록 한다.

0세

1세

③ 예술 감상하기

내용범주	내용	1수준	2수준	3수준	4수준
예술 감상하기	아름다움 경험하기	일상생활에서 반복되는 소리와 노래에 관심을 가진다.		일상생활에서 리듬 있는 소리와 노래를 즐겨 듣는다.	
		일상생활에서 자연이나 사물의 아름다움을 경험한다.			

● 예술 감상하기〉 아름다움 경험하기〉 일상생활에서 자연이나 사물의 아름다움을 경험한다 – 영아가 일상생활에서 자연과 사물의 아름다움을 경험하도록 한다. 바깥에서 산책할 때 "하늘이 파랗구나. 참 아름답다." 라고 이야기해 주거나, 물컵을 보여주면서 "여기 빨간색 물컵이 있네. 참 예쁘다." 라고 이야기해주어 영아가 주변의 아름다움에 관심을 갖도록 한다.

③ 0-1세 활동의 예

가. 0세 활동의 예

활동명	까꿍인형
영역 및 활동연령	감각 · 탐색 (0세)
주제 / 소주제	놀이는 재미있어요! / 굴러가는 놀잇감
활동목표	1. 까꿍인형의 움직임과 생김새에 호기심을 갖는다. 예술경험 〉 아름다움 찾아보기 〉 예술적 요소에 호기심 가지기 〉 주변의 소리와 움직임에 호기심을 가진다. 2. 인형이 사라지고 나타나는 것을 지각한다. 자연탐구 〉 수학적 탐구하기 〉 수량 지각하기 〉 있고 없는 상황을 지각한다.
활동자료	까꿍인형
활동방법	1. 영아에게 까꿍인형을 보여주고 자유롭게 탐색해보도록 한다. - 이것이 무엇일까? - 컵이 있네. 이 속에 무엇이 있을까? - (막대를 올리며) 까꿍! 누가 나왔니?

활동명	까꿍인형
영역 및 활동연령	감각 · 탐색 (0세)
주제 / 소주제	놀이는 재미있어요 I / 굴러가는 놀잇감
활동방법	2. 영아와 교사가 까꿍인형을 올리고 내리며 까꿍놀이를 한다. - (교사가 컵 안에 있는 인형을 올려) 까꿍! 인형이 ○○가 반갑다고 인사하네. - ○○이도 안녕해보자. - (인형을 컵 곡으로 내리며) 까꿍인형이 사라졌네. 어디 갔지?
참고사항	막대인형의 종류를 다양하게 제시하면 영아가 더욱 흥미로워한다.

출처 : 보건복지부(2013). 어린이집 표준보육과정에 기초한 영아보육프로그램 0세. p.116-117

나. 1세 활동의 예

활동명	나의 변기를 꾸며요
영역 및 활동연령	감각 · 탐색 (1세)
주제 / 소주제	좋아하는 놀이가 있어요 / 쉬, 응가놀이가 좋아요
활동목표	1. 그리기, 붙이기의 미술활동을 시도한다. 예술경험 〉 예술적 표현하기 〉 단순한 미술 경험하기 〉 감각적으로 단순한 미술경험을 한다. 2. 변기 모양을 탐색한다. 자연탐구 〉 수학적 탐구하기 〉 주변 공간 탐색하기 〉 주변 사물의 모양을 지각한다.
활동자료	변기 모양 도안, 영아들의 얼굴 사진, 스티커, 여러 가지 대변 모양 시트지 스티커, 크레용
활동방법	1. 색종이로 만든 변기를 제공하고 변기마다 영아들의 사진을 붙여주어 자신의 얼굴이 붙어 있는 변기를 찾아본다. - 변기가 많이 있어요. ○○의 변기는 어디 있을까요? - ○○이도 같이 찾아보자. - ○○이가 변기에 앉아 웃고 있네요.

활동명		나의 변기를 꾸며요
영역 및 활동연령		감각 · 탐색 (1세)
주제 / 소주제		좋아하는 놀이가 있어요 / 쉬, 응가놀이가 좋아요
활동방법	2. 변기에 크레용을 사용하여 끼적거리거나 대변 모양의 스티커 붙이기를 한다. - ○○의 변기를 예쁘게 꾸며 볼까요? 무엇으로 해 볼까요? - ○○이 변기에는 동그란 스티커가 붙었네요. - 멋지게 그려도 봤구나. - 변기에 응가를 많이 했네요.	
참고사항	1. 영아의 얼굴 사진 외에 몸도 같이 제작하여 변기에 앉아있는 것처럼 만들어 제공해주면 더욱 흥미롭게 활동할 수 있다. 2. 벽면에 변기를 붙여주는 것이 어려울 경우 개별 변기모양 종이를 제공해주어도 좋다. 3. 배변 훈련을 위해 대변 모양의 갈색 시트지를 붙이고 아기 인형으로 배변놀이로 확장해도 좋다.	

출처 : 보건복지부(2013). 어린이집 표준보육과정에 기초한 영아보육프로그램 1세. p.232-233

(2) 2세 표준보육과정의 예술경험영역

① 목 표

아름다움에 관심을 가지고 예술경험을 즐긴다.

1. 주변 생활에서 예술적 요소를 발견하고 흥미롭게 탐색한다.
2. 간단한 리듬이나 노래, 움직임, 자발적인 미술활동을 자유롭게 시도하고 모방이나 상상놀이로 표현한다.
3. 주변의 환경과 자연 및 다양한 표현에서 예술적 요소를 관심 있게 보고 즐긴다.

② 내 용

1 아름다움 찾아보기

내용범주	내용	1수준	2수준
아름다움 찾아보기	예술적 요소 탐색하기	주변 환경에서 나는 다양한 소리와 움직임을 탐색한다.	
		주변 환경에서 색, 모양을 탐색한다.	

● 아름다움 찾아보기〉 예술적 요소 탐색하기〉 주변 환경에서 색, 모양을 탐색한다 -영아가 이전보다 적극적으로 다양한 색과 모양을 탐색해볼 수 있도록 한다. 산책을 하면서 "여기 빨간 꽃이 있네. 노란 꽃은 어디에 있니?" 하면서 꽃의 색에 관심을 갖게 하면서 찾아보게 하거나, 간식 시간에 "동그란 모양의 그릇에 간식이 담겨 있네."라고 이야기해주어 주변 사물의 모양에 관심을 가지고 탐색해보게 한다.

2 예술적 표현하기

내용범주	내용	1수준	2수준
예술적 표현하기	리듬 있는 소리와 노래로 표현하기	친근한 노래를 따라 부른다.	
		신체, 사물, 리듬악기 등을 이용하여 간단한 리듬과 소리를 만든다.	
	움직임으로 표현하기	노래나 리듬에 맞춰 몸으로 표현한다.	
		간단한 도구를 활용하여 몸으로 표현한다.	
	자발적으로 미술활동하기	자발적으로 그리기, 만들기를 한다.	
		간단한 도구와 미술재료를 다룬다.	
	모방과 상상놀이하기	모방행동을 놀이처럼 즐긴다.	일상생활 경험을 상상놀이로 즐긴다.

- 예술적 표현하기〉 자발적으로 미술활동하기〉 자발적으로 그리기, 만들기를 한다 - 영아가 의도를 가지고 표현을 시도하는 시기이다. 또한 2세아는 소근육의 협응력도 이전 0-1세 시기보다 발달하여 그리고, 색칠하고, 찢고, 붙이는 행동이 미숙하나마 가능하다. 스스로 표현하고자 하는 시도를 격려해주도록 한다.
- 예술적 표현하기〉 자발적으로 미술활동하기〉 간단한 도구와 미술재료를 다룬다 - 간단한 도구와 미술재료를 활용하여 표현하는 즐거움을 느끼고 소근육 조절력을 기르도록 한다. 종이에 풀칠을 해보거나, 찍기틀을 이용하여 밀가루반죽에 찍어보는 활동 등은 영아의 소근육 발달을 도울 뿐 아니라 다양한 표현방법을 경험하도록 한다.

2세

2세

③ 예술 감상하기

내용범주	내용	1수준	2수준
예술 감상하기	아름다움 즐기기	자연이나 생활의 소리나, 움직임, 친근한 음악과 춤을 관심 있게 듣거나 본다.	
		일상생활에서 자연과 사물의 아름다움에 관심을 가지고 즐긴다.	
			자신과 또래가 표현한 노래, 춤, 미술품 등에 관심을 가지고 즐긴다.

- 예술 감상하기〉 아름다움 즐기기〉 일상생활에서 자연과 사물의 아름다움에 관심을 가지고 즐긴다 - 실외놀이나 견학 등 일상생활에서 영아가 자연

과 사물의 아름다움에 관심을 가지고 즐기도록 한다. 여름에 그늘진 곳에 돗자리를 깔고 누워서 하늘을 쳐다보게 하거나 매미 소리를 들어보게 하는 등의 시도는 자연의 아름다움을 느끼도록 하는 데 도움이 된다. 또한 영아가 하루 종일 생활하는 보육실을 아름답게 꾸며주는 것도 영아가 아름다움을 느끼게 하는 데 도움이 된다.

- 예술 감상하기〉 아름다움 즐기기〉 자신과 또래가 표현한 노래, 춤, 미술품 등에 관심을 가지고 즐긴다 – 영아가 무엇을 표현했는지 물어보고 교사가 적어주면 자신의 표현물에 자부심과 성취감을 갖게 된다. 또한 전시된 자신과 또래 작품을 보고 자신과 타인의 작품을 소중하게 여기게 되며 자신을 긍정적으로 인식할 뿐 아니라 타인을 존중하는 태도를 기르게 된다.

③ 2세 활동의 예

<table>
<tr><th colspan="2">활동명</th><td>상자그림</td></tr>
<tr><th colspan="2">영역 및 활동연령</th><td>미술 (2세)</td></tr>
<tr><th colspan="2">주제 / 소주제</th><td>나는 가족이 있어요 /
우리 가족을 소개해요2</td></tr>
<tr><td colspan="3"></td></tr>
<tr><th>활동목표</th><td colspan="2">1. 새로운 재료를 이용하여 자유롭게 그림을 그려본다.
예술경험〉 예술적 표현하기〉 자발적으로 미술활동 하기〉 자발적으로 그리기, 만들기를 한다.
2. 친구들과 함께 활동하는 경험을 갖는다.
사회관계〉 더불어 생활하기〉 또래와 관계하기〉 또래가 있는 곳에서 놀이를 한다.</td></tr>
<tr><th>활동자료</th><td colspan="2">수성매직, 수성매직을 담는 통 2개, 큰 상자, 전지</td></tr>
<tr><th>활동방법</th><td colspan="2">1. 영아가 상자에 관심을 가지면 탐색한다.
– 이것이 무엇일까요?
– 큰 상자구나. 이런 상자를 본 적이 있니?
– ○○이는 택배 올 때 봤구나.
– ○○이는 장난감 들어 있는 상자를 보았구나.
– 여기에 있는 상자는 매우 크구나.</td></tr>
</table>

활동명	상자그림
영역 및 활동연령	미술 (2세)
주제 / 소주제	나는 가족이 있어요 / 우리 가족을 소개해요2
활동방법	2. 상자에 그림을 그려본다. - 여기 펜이 있네. - 상자에 어떻게 하고 싶니? - 매직으로 그림을 그릴 수도 있구나. 매직으로 색칠을 할 수 있구나. - ◯◯이는 파란색으로 색칠하고, △△는 초록색으로 색칠하고 있구나. 3. 영아들이 함께 참여할 수 있도록 격려한다. - ○○이도 함께 그려보아요. - 우리반 친구들이 상자에 함께 그림을 그리니 기분이 어떠니?
참고사항	1. 영아들이 그림을 그릴 수 있도록 상자의 겉면에 전지를 붙인다. 상자는 영아들이 그림을 그릴 때 움직이지 않도록 바닥에 고정해준다. 2. 영아들이 상자에 그림을 그리면 그림 밑에 영아의 이름을 적어준다.
확장활동	1. 상자 안에 들어가서 그림을 그리거나 색칠을 해볼 수 있다. 수성매직 대신 물감을 이용하여 그림을 그리거나 색칠을 해볼 수 있다. 2. 작은 상자를 준비하여 개별적으로 그림을 그려볼 수 있다.

출처 : 보건복지부(2013). 어린이집 표준보육과정에 기초한 영 아보육프로그램 2세. p.206-207

(3) 만 3-5세 연령별 누리과정 예술경험영역

① 목 표

아름다움에 관심을 가지고 예술 경험을 즐기며, 창의적으로 표현하는 능력을 기른다.

1. 자연과 주변 환경에서 발견한 아름다움과 예술적 요소에 관심을 갖고 탐색한다.
2. 자신의 생각과 느낌을 음악, 움직임과 춤, 미술, 극놀이를 통해 창의적으로 표현하는 것을 즐긴다.
3. 자연과 다양한 예술 작품을 감상하며, 풍부한 감성과 심미적 태도를 기른다.

② 내 용

1 아름다움 찾아보기

내용 범주	내용	3세 세부 내용	4세 세부 내용	5세 세부 내용
아름다움 찾아보기	음악적 요소 탐색하기	다양한 소리, 음악의 셈 여림, 빠르기, 리듬 등에 관심을 갖는다.	다양한 소리, 음악의 셈 여림, 빠르기, 리듬 등에 관심을 갖는다.	다양한 소리, 악기 등으로 음악의 셈 여림, 빠르기, 리듬 등을 탐색한다.
	움직임과 춤 요소 탐색하기	움직임과 춤의 모양, 힘, 빠르기 등에 관심을 갖는다.	움직임과 춤의 모양, 힘, 빠르기 등에 관심을 갖는다.	움직임과 춤의 모양, 힘, 빠르기, 흐름 등을 탐색한다.
	미술적 요소 탐색하기	자연과 사물의 색, 모양, 질감 등에 관심을 갖는다.	자연과 사물의 색, 모양, 질감 등에 관심을 갖는다.	자연과 사물에서 색, 모양, 질감, 공간 등을 탐색한다.

- 아름다움 찾아보기〉 미술적 요소 탐색하기〉 자연과 사물의 색, 모양, 질감 등에 관심을 가진다 – 만 3, 4세 유아는 꽃과 열매를 보면서 색에 관심을 갖고 색의 이름을 알게 되고, 나뭇잎과 같은 자연물에서 다양한 모양을 발견하고, 또한 자연과 사물을 손으로 만져보면서 부드러운, 까끌까끌한, 울퉁불퉁한, 뾰족뾰족한, 미끌미끌한 등의 다양한 질감을 느낄 수 있다(보건복지부, 2013). 유아가 오감을 이용하여 자연과 주변환경에서 다양한 색, 모양, 질감을 경험할 수 있는 기회를 제공하도록 한다.
- 아름다움 찾아보기〉 미술적 요소 탐색하기〉 자연과 사물에서 색, 모양, 질감, 공간 등을 탐색한다 – 만 5세 유아는 자연과 사물에서 다양한 색을 발견하고 차이점을 이야기할 수 있으며, 나뭇잎과 같은 자연과 일상생활 용품에서 다양한 모양을 발견하고 그 차이를 구별할 수 있다. 또한 자연과 사물의 질감의 차이를 구별하고 상하, 좌우, 앞뒤 공간이 만들어내는 아름다움의 차이를 구별하고 동양화의 여백이 만들어주는 아름다움을 이해하게 된다.

② 예술적 표현하기

<table>
<tr><th>내용 범주</th><th>내용</th><th>3세 세부 내용</th><th>4세 세부 내용</th><th>5세 세부 내용</th></tr>
<tr><td rowspan="14">예술적 표현하기</td><td rowspan="4">음악으로 표현하기</td><td>간단한 노래를 듣고 따라 부른다.</td><td>노래로 자신의 생각과 느낌을 표현한다.</td><td>노래로 자신의 생각과 느낌을 표현한다.</td></tr>
<tr><td colspan="3">전래동요를 즐겨 부른다.</td></tr>
<tr><td>리듬악기로 간단한 리듬을 표현해 본다.</td><td colspan="2">리듬악기를 연주해 본다.</td></tr>
<tr><td colspan="2">간단한 리듬과 노래를 즉흥적으로 만들어 본다.</td><td>리듬과 노래 등을 즉흥적으로 만들어 본다.</td></tr>
<tr><td rowspan="3">움직임과 춤으로 표현하기</td><td colspan="2">신체를 이용하여 주변의 움직임을 자유롭게 표현한다.</td><td>신체를 이용하여 주변의 움직임을 다양하게 표현하며 즐긴다.</td></tr>
<tr><td colspan="3">움직임과 춤으로 자신의 생각과 느낌을 표현한다.</td></tr>
<tr><td colspan="2">도구를 활용하여 다양한 움직임으로 표현한다.</td><td>다양한 도구를 활용하여 창의적으로 움직인다.</td></tr>
<tr><td rowspan="3">미술 활동으로 표현하기</td><td>다양한 미술활동을 경험해 본다.</td><td colspan="2">다양한 미술활동으로 자신의 생각과 느낌을 표현한다.</td></tr>
<tr><td rowspan="2">미술활동에 필요한 재료와 도구에 관심을 가지고 사용한다.</td><td>협동적인 미술활동에 참여한다.</td><td>협동적인 미술활동에 참여한다.</td></tr>
<tr><td colspan="2">미술활동에 필요한 재료와 도구를 다양하게 사용한다.</td></tr>
<tr><td rowspan="2">극놀이로 표현하기</td><td>일상생활의 경험을 극놀이로 표현한다.</td><td>일상생활의 경험이나 간단한 이야기를 극놀이로 표현한다.</td><td>경험이나 이야기를 극놀이로 표현한다.</td></tr>
<tr><td></td><td colspan="2">소품, 배경, 의상 등을 사용하여 협동적으로 극놀이를 한다.</td></tr>
<tr><td rowspan="2">통합적으로 표현하기</td><td></td><td colspan="2">음악, 움직임과 춤, 미술, 극놀이 등을 통합하여 표현한다.</td></tr>
<tr><td colspan="2">예술 활동에 참여하여 표현과정을 즐긴다.</td><td>예술 활동에 참여하여 창의적으로 표현하는 과정을 즐긴다.</td></tr>
</table>

출처 : 보건복지부(2012). 5세 누리과정에 기초한 어린이집 프로그램 2. p.15

- 예술적 표현하기〉 미술활동으로 표현하기〉 다양한 미술활동을 경험해본다-만 3세 유아는 직선, 곡선, 지그재그 등 다양한 선들과 원, 삼각형, 사각형 등의 기본 도형을 그릴 수 있으나 상징을 통한 미술표현에 제한적이다(보건복지부, 2013). 만 3세 유아는 호기심을 가지고 감각과 신체를 통한 다양한 미술활동을 통해 즐거움을 경험하고 다양한 형태와 재질의 종이 위해 평면활동을 해 보는 것이 좋다. 그리고 다양한 질감을 느끼고 비교하는 콜라주와 점토도 적절한 미술활동이며 결과보다는 과정을 중시해야 한다.
- 예술적 표현하기〉 미술활동으로 표현하기〉 다양한 미술활동으로 자신의 생각과 느낌을 표현한다 - 만 4세가 되면 특정 대상을 상징화하여 표현할 수 있으며 만 5세가 되면 자신의 생각과 느낌을 연결하여 미술로 표현하고 그리기가 의사소통의 매개가 될 수 있다(보건복지부, 2013). 만 4, 5세 유아는 평면과 입체 미술활동 모두를 즐기며 다양한 재료를 가지고 창의적인 미술활동을 하면서 만족감과 성취감을 갖는다. 만 4, 5세 유아는 자신이 본 것, 아는 것, 느낀 것을 바탕으로 미술로 표현하므로 다양한 체험 기회를 제공하고 상상하기, 자신의 느낌 명료화하기 등의 다양한 경험을 제공하는 것이 바람직하다.
- 예술적 표현하기〉 미술활동으로 표현하기〉 협동적인 미술활동에 참여한다 - 만 4세 유아는 또래들과 같이 협동할 수 있으나 역할을 나누어 공동작업을 하는 것은 어렵다. 협동적인 미술활동 과정에 적극적으로 참여하도록 하여 다른 사람과 함께 하는 작업의 즐거움을 깨닫고 자신과 다른 사람과의 차이를 이해하고 존중하도록 해야 한다.
- 예술적 표현하기〉 미술활동으로 표현하기〉 협동적인 미술활동에 참여하여 즐긴다 - 만 5세 유아는 만 4세보다 자기통제력과 사회적 기술이 발달하여 협동적인 미술활동에 참여하여 공동 미술 작품을 환성할 수 있다. 자신과 또래의 생각의 차이를 이해하고 의사소통을 통해 작업을 공동으로 완성해가며 다른 사람의 미술표현을 인정하고 존중하게 된다.

4세

5세

- 예술적 표현하기〉 미술활동으로 표현하기〉 미술활동에 필요한 재료와 도구에 관심을 가지고 사용한다 - 만 3세 유아는 가위질을 할 수 있으나 모양에 따라 완벽하게 자를 수 없다. 그러나 다양한 재료와 도구에 관심을 가지며 미숙하나마 다양한 재료와 도구를 이용하여 창의적으로 표현하는 것을 좋아한다. 크레용, 붓, 마커, 물감, 점토 등의 다양한 재료와 도구를 제공하는 것이 좋다.
- 예술적 표현하기〉 미술활동으로 표현하기〉 미술활동에 필요한 재료와 도구를 다양하게 사용한다 - 만 4, 5세 유아는 만 3세보다 소근육과 눈과 손의 협응력이 발달되어 다양한 쟈료와 도구를 이용하여 미술표현이 가능하다. 유아가 재료와 도구를 자신만의 방법으로 탐색하고 사용해볼 수 있도록 한다. 만 4, 5세 유아가 생활주변의 모든 사물들이 미술활동의 재료가 될 수 있음을 알 수 있도록 하여 창의적으로 표현해보는 것을 격려해야 한다.
- 예술적 표현하기〉 통합적으로 표현하기〉 예술활동에 참여하여 표현과정을 즐긴다 - 만 3, 4세 유아는 자발적으로 예술활동에 참여하여 생각이나 감정을 다양한 방법으로 표현하는 과정에서 성취감과 만족감을 가지고 즐기게 된다.

- 예술적 표현하기〉 통합적으로 표현하기〉 예술활동에 참여하여 창의적으로 표현하는 것을 즐긴다 - 만 5세 유아는 호기심과 상상력이 풍부하고 창의적으로 표현하기를 즐긴다. 창의성은 상상력을 전제로 하여 음악, 움직임과 춤, 미술, 극놀이 등의 통합적 표현 활동을 통해 길러지므로 유아가 다양한 예술활동을 스스로 선택하여 새로운 표현방법을 발견하고 시도하도록 격려해야 한다.
- 예술적 표현하기〉 통합적으로 표현하기〉 음악, 움직임과 춤, 미술, 극놀이 등을 통합하여 표현한다 - 만 4, 5세 유아는 음악, 움직임과 춤, 미술, 극놀이 등의 각 예술영역의 특징을 더 잘 이해하고 아름답고 세련된 표현이 가능해진다. 또한 모든 예술활동에 즐겁게 참여하여 적극적으로 자기표현을 하게 된다. 만, 4, 5세 유아가 각각의 예술 표현활동이 의미 있게 통합하고 연계하여 표현하도록 격려해야 한다.

③ 예술 감상하기

내용 범주	내용	3세 세부 내용	4세 세부 내용	5세 세부 내용
예술 감상하기	다양한 예술 감상하기	다양한 음악, 춤, 미술작품, 극놀이 등을 듣거나 본다.		
		나와 다른 사람의 예술 표현을 소중히 여긴다.		
	전통예술 감상하기	우리나라의 전통예술에 관심을 갖는다.		우리나라의 전통예술에 관심을 갖고 친숙해진다.

- 예술적 감상하기〉 다양한 예술 감상하기〉 다양한 음악, 춤, 미술작품, 극놀이 등을 듣거나 본다 - 만 3세 유아는 주변에 있는 자연을 접하는 가운데에서 아름다움의 요소를 보고 듣고 느낄 수 있다. 또한 만 3세 유아는 인간이 만들어내는 음악, 미술, 움직임과 춤, 극놀이 등과 같은 예술작품을 보고 듣고 느낄 수 있을 뿐 아니라 자연을 접할 때 경험하는 예술적 요소의 차이를 느낄 수 있다. 자신과 또래 작품, 그리고 다양한 음악, 춤, 미술작품, 극놀이를 접할 수 있는 경험을 제공해야 한다.

- 예술적 감상하기〉 다양한 예술 감상하기〉 다양한 음악, 춤, 미술작품, 극놀이 등을 듣거나 보고 즐긴다 - 만 4, 5세 유아는 다양한 예술활동을 통해 자신의 감정, 느낌, 생각을 표현할 수 있고 다른 사람의 예술작품을 보고 들으면서 이해하고 즐기게 된다. 또래의 춤, 그림, 동극 등을 감상하고 지역사회의 다양한 예술공연에 참여하여 감상할 수 있는 기회를 제공하는 것이 필요하다.
- 예술적 감상하기〉 다양한 예술 감상하기〉 나와 다른 사람의 예술 표현을 소중히 여긴다 - 나와 또래의 작품을 감상하면서 다른 사람의 작품을 존중하는 태도를 기르도록 한다. 다른 사람의 작품을 존중하는 태도는 다른 사람을 배려하고 존중하는 민주시민의 자질을 기르도록 한다.
- 예술적 감상하기〉전통예술 감상하기〉 우리나라의 전통예술에 관심을 갖는다 - 만 3, 4세 유아는 일상생활과 관련한 전통예술을 구체적으로 경험해 보게 하여 우리나라의 전통예술에 관심을 갖도록 한다.
- 예술적 감상하기〉 전통예술 감상하기〉 우리나라의 전통예술에 관심을 갖고 친숙해진다 - 만 5세 유아는 자아정체감과 민족적 자긍심 형성을 위한 기초가 마련되는 시기로 다양한 분야의 전통예술을 경험하고 체험해봄으로써 우리나라 전통예술에 관심을 가지고 친숙해질 수 있는 기회를 제공하는 것이 중요하다. 박물관, 고궁, 공연무대 등을 방문하여 우리의 고유 전통예술과 접하게 하고 견학 후에는 보고 느낀 것을 토의하는 경험을 갖도록 한다.

③ 3-5세 활동의 예

가. 3세 활동의 예

활동명	한지 콜라주
영역 및 활동연령	미술 (3세)
주제 / 소주제	우리나라 / 우리나라 사람들의 생활
활동목표	1. 한지의 질감을 느끼고 다양한 색으로 꾸미는 경험을 한다. 예술경험〉 예술적 표현하기〉 미술활동으로 표현하기〉 다양한 미술활동으로 자신의 생각과 느낌을 표현한다. 2. 소근육 발달을 돕는다. 신체운동 · 건강〉 신체조절과 기본 운동하기〉 신체 조절하기〉 손과 눈을 협응하여 소근육을 조절해본다.
활동자료	다양한 질감과 색깔의 한지, OHP 필름 혹은 코팅한 코팅지, 검정색 도화지, 종이노끈
활동방법	1. 미술영역에 다양한 질감과 색의 한지를 두어 탐색해 보도록 한다. 2. 빛이 투과하는 한지를 이용한 공예품 사진을 함께 보며 느낌이 어떤지 이야기 나눈다. - 이 작품은 무엇으로 만들었을까요? - 한지의 느낌이 어떤가요? 도화지와 한지의 느낌이 어떻게 다른가요? 3. 유아들과 한지 콜라주를 만들어 보기로 한다. - 여기에 여러 가지 색깔과 느낌의 한지, 투명종이가 있는데 이것을 가지고 무엇을 만들 수 있을까요? * 활동방법 ① OHP 필름 위에 여러 가지 색깔의 한지를 자유롭게 찢어 풀로 붙인다. ② 모든 면이 다 채워지면 다른 OHP 필름을 덮는다(글루건으로 가장자리를 고정시킨다). ③ 검정도화지를 2cm 너비로 오려 반으로 접어 OHP 가장자리에 테두리를 만든다. ④ 종이 재질의 노끈으로 걸이를 만든다. 3. 유아들의 작품을 창문에 전시하여 빛이 투과하도록 한 후 느낌을 이야기나눈다.
참고사항	1. 유아들이 여러 가지 색과 모양을 만들 수 있도록 지도한다. 2. 검정 테두리를 스팡클 등의 다른 재료로 꾸며볼 수 있다.

출처 : 보건복지부(2013). 3세 누리과정에 기초한 어린이집 프로그램. p.153

나. 4세 활동의 예

활동명	명화 속 여름
영역 및 활동연령	미술 (4세)
주제 / 소주제	여름 / 여름 풍경
활동목표	1. 명화를 감상하며 아름다움을 느낀다. 예술경험〉 예술 감상하기〉 다양한 예술 감상하기〉 다양한 음악, 춤, 미술작품, 극놀이 등을 듣거나 보고 즐긴다. 2. 자신의 느낌, 생각을 말로 표현한다. 의사소통〉 말하기〉 느낌, 생각, 경험 말하기〉 이야기를 지어 말한다.
활동자료	명화 '해변에서 노는 아이들'(메리 커셋), 파도소리를 녹음한 CD
활동방법	1. 바다의 파도 소리를 들어본다. - 오늘 날씨가 무척 덥죠? - 선생님이 들으면 시원해지는 소리를 들려줄게요. - 무슨 소리 같나요? - 맞아요. 바다의 파도 소리에요. 2. 여름철 바다에서 볼 수 있는 풍경을 그린 명화를 감상한다. - 지금 바다에 갈 수는 없지만 바다 풍경을 감상해보아요. - 사람들이 무엇을 하고 있나요? - 아기가 뭐라고 말하고 있을까요? - 바다에 간 상상을 해 보세요(파도소리, 갈매기 소리를 들려준다). '해변에서 노는 아이들'(메리 커셋) 3. '바다에 가면' 동시를 만들어 본다. - 바다에서 무엇을 하며 놀고 싶나요? - 친구들의 이야기를 적어 동시로 만들어 보아요. - 바다에 가면~(뒷부분은 유아가 지어 말하도록 한다.)
참고사항	유아들과 함께 만든 동시를 적어 제시하고 함께 읽어본다.

출처 : 보건복지부(2013). 4세 누리과정에 기초한 어린이집 프로그램. p.130-131

다. 5세 활동의 예

활동명	우리 동네에서 본 건물을 찰흙으로 만들어요
영역 및 활동연령	미술 (5세)
주제 / 소주제	우리 동네 / 우리 동네 모습
활동목표	1. 찰흙으로 다양한 모양과 크기의 건물을 구성할 수 있다. 예술경험〉 예술적 표현하기〉 미술활동으로 표현하기〉 미술활동에 필요한 재료와 도구를 다양하게 사용한다. 2. 건물의 다양한 모양과 크기에 대하여 구성해본다. 자연탐구〉 수학적 탐구하기〉 공간과 도형의 기초개념 형성하기〉 기본도형을 사용하여 여러 가지 모양을 구성해본다.
활동자료	찰흙, 셀로판용지(빨간색, 파란색, 노란색 등), 나무젓가락, 몰, 와이어 줄, 이쑤시개, 찰흙 구성물을 올려놓을 전시대용 폼보드 전지 등
활동방법	1. 다양한 재료를 미술영역에 제공한다. - 오늘 미술영역에 어떤 재료들이 있는지 살펴볼까요? 2. 우리 동네에는 어떤 모양의 건물들이 있는지 이야기한다. - 우리 어린이집 옆에는 어떤 건물이 있나요? - 산책하면서 보았던 건물은 어떤 모양이었나요? 3. 다양한 재료를 활용하여 건물을 구성한다. - 높은 건물을 세우려면 어떻게 할 수 있을까요? - 넓은 공원을 만들려면 어떤 재료가 필요할까요? - 유리 건물을 만든다면 어떻게 표현할 수 있을까요? 4. 각자 구상한 건물을 만든다. - 얼마나 높은 건물을 세울 수 있을까요? - 건물에 장식을 한다면 어떻게 하면 좋을까요? 5. 유아들이 만든 찰흙 구성물을 전시용 폼보드 위에 배치하고 감상한다. - 찰흙으로 만든 건물을 전시대에 올려보세요. 어디에 건물을 세워 놓을까요? - 건물들 사이에 길을 연결해 볼까요?
참고사항	1. 가능한 재료를 다양하고 풍부하게 제공한다. 2. 우리 동네 사진을 전시해두어 유아들이 건물의 모양과 형태에 익숙하도록 한다.
확장활동	1. 전지에 그린 우리 동네 그림과 함께 전시하여 이전 미술활동과 연계한다. 2. 동생반에 초청장을 보내어 작은 전시회를 연다.

출처 : 보건복지부(2012). 5세 누리과정에 기초한 어린이집 프로그램 2. p.15

4. 영유아 창작공예의 학습내용

1) 영유아 창작공예 내용선정 기준

영유아는 그리고, 칠하고, 만들고, 구성해 보면서 자신의 생각과 아이디어 및 경험을 표현하며 그러한 과징 속에서 기쁨과 만족감을 느낀다. 모든 영유아는 자신이 사용하는 것이 무엇이든간에 탐색하고, 실험하고, 꾸민다. 해리스(Harris)와 굳이너프(Goodenough)는 낙서와 그리기의 경험이 영유아의 인지적 발달에 반드시 필요한 경험이며 지적 성숙의 표현이라고 주장하였다. 유아교육에 있어 창작공예 활동의 목적은 영유아가 시각적 관계를 보고 느낄 수 있으며, 자신의 작품과 다른 사람의 작품에 대해서 이야기할 수 있게 하는 것이다. 영유아 창작공예 활동은 다른 발달영역과 밀접하게 관련되어 있으므로 작업활동을 통하여 여러 영역을 통합할 수 있는 기회를 제공해 줄 수 있다.

창작공예 활동의 내용은 목표로부터 추출되고 선정되어야 한다. 2007년 개정 유치원교육과정과 표준보육과정의 창작공예 활동과 관련한 영역의 목표를 종합해 볼 때 영유아 창작공예 활동은 자연과 사물의 예술적 요소에 대한 호기심, 창의적 표현능력, 심미감을 기르고 정서적 안정감을 갖게 하는 측면에서 내용이 선정되어야 하며 이러한 내용이 반영될 때 영유아의 미적 감각을 기르고, 정서를 순화하고 안정시키며, 창의성과 조형능력을 길러줄 수 있다. 또한 영유아의 정서를 표출시키는 것은 생활 전반에 걸쳐 이루어지는 것이지만, 아름다운 것을 감상하고 심미감을 발달시키며 창의적인 표현활동을 하는 것은 정서발달에 중요한 영향을 미치며 자연물의 색이나 모양 · 선 등은 영유아의 풍부한 감수성과 감각능력을 기르는 무한한 자원이 된다. 그러므로 내용선정에 있어서 자연이나 주위 환경에서의 색 · 형태 · 질감 · 선 등을 접해 보는 경험을 먼저 제공한 뒤 점차 다양한 조형작품을 즐기고 감상하는 활동으로 연결되도록 해야 한다.

2) 영유아 창작공예 활동의 내용

영유아 창작공예 활동의 구체적인 내용으로는 영유아의 일상 환경에서 많이 접하게 되는 다양한 재활용품을 활용한 인형과 가면, 직조, 콜라주, 조소, 구성, 색종이접기, 감상 등을 중심으로 연간교육계획안의 주제와 맞추어 활동을 제시하면서 다양한 기법을 익히도록 하는 것이 바람직하다. 이들 기법에 대해 구체적으로 소개하면 다음과 같다.

(1) 인형과 가면

영유아는 인형이나 가면 만드는 것을 즐거워하며 인형을 만드는 과정에서 자신이 가지고 있는 상상력을 최대한 발휘한다. 영유아가 손쉽게 만들 수 있는 인형의 종류로는 막대인형, 손인형, 손가락 인형, 종이 접시인형, 채소인형 등 매우 다양하다. 일상생활 주변에서 쉽게 구할 수 있는 재료나 폐품을 활용해서 영유아 각자의 독창적인 인형과 가면을 만들어보도록 지도한다. 인형과 가면 만들기는 소근육 발달과 더불어 창의력 및 상상력, 긍정적인 자아개념의 발달을 촉진하며 만들어진 인형과 가면을 가지고 극 놀이를 하게 되면 치료적 효과도 제공하며 영유아의 정서발달을 도와준다.

1 인형과 가면 종류

가. 막대인형

가장 단순한 인형으로 인형 속에 막대를 끼워넣거나 인형 뒤에 막대를 부착시키는 것이다. 자, 나무젓가락, 나무주걱, 플라스틱 수저, 먼지떨이, 부채, 테니스채, 배트민턴 채, 탁구 채, 대나무 등을 막대로 이용할 수 있으며 얼굴 부분은 원형 마분지, 종이봉투, 종이컵, 화장지, 요구르트병, 골판지, 큰 스펀지, 셀로판지, 마분지, 색상지, 채소, 과일 등의 재미있는 인형 얼굴을 만들고 기타 부직포나 구슬, 색종이, 털실 등으로 장식하거나 색칠도구로 칠해서 완성한다. 예를 들면, 플라스틱 숟가락에 얼굴을 그리고 뒷면에 머리를 붙인 다음 천을 숟가락의 손잡이 쪽 끝부분에서부터 밀어넣어 숟가락의 오목한 부분까지 당긴 다음 천 주변을 고무밴드로 감아서 완성하거나, 마분지에 얼굴을 그려서 오려낸 다음 아이스크림 막대나 나무젓가락으로 붙여서 완성하거나, 나무젓가락의 끝부분에 무나 당근, 감자와 같은 채소를 알맞게 잘라서 끼운 다음 눈, 코, 입을 붙이고 옷을 입혀서 만들 수도 있다.

나. 손가락 인형

손가락에 끼울 수 있는 간단한 인형으로 종이봉투, 장갑, 양말, 편지봉투, 스티로폼, 작은 상자, 점토, 부직포, 달걀, 풍선, 종이접기, 요구르트통, 우유갑, 골무 등을 이용하여 만든다. 여기에다 털실, 리본, 테이프, 천, 종이, 실, 색종이 등의 장식물을 붙이거나 색칠한다. 예를 들면, 점토로 손가락에 끼울 수 있는 인형을 만든 다음 말랐을 때 물감으로 색칠하거나 털실, 천, 종이 등의 다른 재료를 붙여서 완성할 수 있다. 또는 종이나 고무공, 탁구공, 둥근 스티로폼, 작은 상자나 여러 가지 재질의 골무를 이용하여 만들 수 있다. 인형을 직접 손가락에 끼거나 부직포나 종이로 고리를 만들어서 인형 뒤에 붙인 다음 손가락을 끼운다. 손가락 인형에 옷을 입히기 위해서는 천에 주름을 잡아서 손가락 끝을 인형의 머릿속에 집어넣은 다음 천이 손가락의 둘레에 걸쳐지도록 한다.

다. 종이접시인형

종이 접시의 볼록한 뒷면이나 평평한 앞면은 인형의 머리부분을 만들기에 아주 적합한 재료이며, 은박접시나 스티로폼 접시, 플라스틱의 납작한 병뚜껑 등도 접시인형을 만드는 좋은 재료가 될 수 있다. 색상지나 색종이, 부직포 등의 다른 재료로 귀나 코, 손잡이 등을 만들어 세부묘사를 해도 되며 나무주걱이나 납작한 작은 막대 등을 붙여 몸통을 만들 수 있다.

튼튼한 막대를 만들기 위해서는 접시에 편편한 주머니를 만들거나 신문지를 말아서 만든 막대를 붙여준다. 접시에 붙이는 주머니는 같은 크기의 또 다른 접시를 반으로 잘라서 바탕접시의 뒷면에 모양을 맞추어 고정시킨다.

종이 막대는 신문지를 두겹 혹은 세겹 대각선으로 말아 접시의 뒷면에 대고 위와 아래 두 곳을 고정시켜 준다. 나무막대는 종이 봉지로 만든 인형에 사용하면 좋다.

종이 봉지를 신문지로 채워넣은 다음, 나무막대를 끼워넣고 봉지의 주둥이 부분을 고무밴드나 실로 묶어 고정시킨다. 원한다면 인형을 보다 생생하게 만들기 위해서 종이나 모루를 이용한 흔들거리는 팔과 다리를 붙여준다.

라. 기타 물건을 이용한 인형

이상의 여러 가지 인형에 기존의 재료가 많이 사용되었던 것과 같이 기존의 물건을 조립하면 다양한 인형을 만들 수 있다. 예를 들면, 헌 양말, 종이 가방, 종이상자, 스티로폼 조각, 코르크, 면봉, 플라스틱 식기, 구슬, 병뚜껑, 요구르트통, 성냥갑, 대나무, 종이 봉지, 계란껍질, 나무토막, 레코드판, 단단한 채소류, 크고 작은 공 종류, 나무토막 등도 서로 조립하고 꾸며서 인형으로 만들 수 있다.

마. 가면 꾸미기

종이 접시, 은박지, 마분지, 종이 봉투, 점토 등의 재료를 이용하여 얼굴 모양을 만들고 털실, 부직포, 수수깡, 병뚜껑, 색종이, 솜, 리본, 테이프, 깃털 등으로 장식하거나 색칠하여 재미있는 형태를 나타낸다.

영유아가 손쉽게 만들 수 있는 가면에는 접시 가면, 봉지 가면, 종이 가면, 지점토 가면 등이 있다. 가면은 영유아의 역할놀이 및 극 놀이를 보다 효과적으로 이끌 수 있는 매력적인 매체이다. 영유아의 가면은 인형보다 좀 더 크게 만들어서 착용하도록 하면 된다.

종이 가면은 접시인형을 만드는 것과 같은 방법으로 만들 수 있는데 다만 눈과 입을 오려내는 점이 다를 뿐이다. 또한 종이 점토로 가면을 만들고 물감이나 색종이, 털실, 깃털 등의 재료를 사용하여 꾸밀 수 있으며, 그 외에 종이가방을 이용하여 머리에 뒤집어 쓸 수 있는 가면을 만들거나 색켄트지를 고깔형태로 만들어 여러 가지 재료로 꾸며도 재미있는 가면이 된다. 압축 스티로폼 역시 물에 씻을 수도 있고 가볍고 부드러워 영유아가 가면을 만들 때 알맞은 재료이다.

2 지도방법

① 성취감을 느끼도록 하기 위해 자기가 만든 인형을 가지고 인형극을 하게 하거나 완성된 가면을 쓰고 극 놀이를 하게 한다.

② 복잡한 인형이나 가면은 영유아 혼자서 만들기가 벅차므로 친구들끼리 공동작업을 통해 완성하도록 한다.

③ 인형의 얼굴이나 가면을 손쉽게 만들 수 있는 종이 접시나 우유갑, 종이컵 등의 재료를 이용한다.

④ 예쁘게 만들도록 하기보다는 영유아 나름대로 재미있고 특징적인 표현을 하도록 격려한다.

(2) 직조

직조는 날실과 씨실이 연속적으로 교차된 조직의 천을 짜는 것이다. 인류가 직조를 시작한 것은 매우 오래 전부터인 고대 이집트의 미이라를 쌌던 마포가 시초라고 한다. 중국에서도 고대로부터 직조가 사용되었고 우리나라도 삼국시대 이전부터 직조가 행해졌다고 한다.

영유아는 노끈, 털실, 종이, 음료수 빨대 등을 엮거나 바느질하거나 꿰는 등의 직조 대용의 유사한 활동을 함으로써 눈과 손의 협응능력 및 소근육이 발달되고 실을 엮어 천을 만드는 원리를 익힐 수 있다.

영유아에게 직조를 소개할 때는 철사로 된 석쇠나 헌상자 등과 같은 간이직조기(철사 옷걸이, 나뭇가지, 구두 상자, 종이 접시)를 활용하여 끈이나 종이띠로 엮어나가게 하고, 다음에 털실로 꿰기, 스티로폼 접시나 천에 바느질하기, 색종이 엮기, 종이 접시 엮기, 자연물 엮기 등 손쉽게 할 수 있는 다양한 직조활동을 접하게 하는 것이 좋다.

1 직조의 종류

가. 종이 직조

직조를 처음으로 하게 되는 경우에는 두꺼운 마분지로 만든 종이 직조기를 가지고 시작하는 것이 좋다. 종이 직조기를 준비하기 위해서는 30×25cm 정도의 종이에 4cm 정도의 간격으로 다섯 개의 틈새를 만든다. 틈새를 쉽게 만들려면 종이를 반으로 접어서 접은 쪽에서부터 가장자리 쪽으로 4cm씩 잘라나가면 된다.

씨실과 날실 둘 다 신문지로 만든 넓은 띠를 사용할 수 있는 간이 직조기는 4~5세 유아들이 다루기에 알맞다. 신문지를 날실로 이용하기 위해서는 5cm 넓이로 길게 접어 띠를 만들고 양쪽에 마분지로 만든 띠를 놓고 그 위에 고정시킨다. 또 다른 신문지의 띠를 씨실로 하여 교차시켜가면서 짠다. 작업이 끝나면 마분지의 띠를 제거하고 양 끝 부분은 뒷면에 고정시킨다. 신문지로 만든 직조는 유아들의 깔개로도 좋다. 니스나 에나멜을 뿌려주면 더욱 견고하게 사용할 수 있다.

나. 원형 직조

종이 접시의 가장자리를 따라 틈새를 잘라서 만든다. 틈새의 수는 홀수로 한다. 접시의 앞면과 뒷면으로 돌려가면서 털실을 열십자 방식으로 고정시켜 건다. 마지막 틈새에서는 뒷면의 중앙에 털실을 단단히 고정시킨다. 태피스트리 바늘을 사용하여 원형 직조기의 중앙에서부터 짜기 시작한다. 태피스트리 바늘은 아이스크림의 납작한 막대의 한쪽 끝에 송곳으로 구멍을 뚫어 대체할 수 있다. 7~8세 아동은 원형 직조를 충분히 시도할 수 있다. 완성된 직조는 뒷면의 가운데에서 실을 끊어 직조기에서 떼어낸 후 끝부분은 매듭을 지어 마무리하고 날실의 각 끝부분에는 접착제를 칠해서 붙여준다. 종이 접시가 없을 때는 마분지를 원형으로 잘라서 만들 수 있다.

다. 상자 직조

상자 직조는 쉽게 할 수 있기 때문에 흔히 사용되는데, 여러 유아들이 한 번에 몇 가닥의 실을 돌려 짜면서 사용할 수 있다. 날실을 걸기 위해 양쪽의 좁은 끝에 틈새를 만들어 실을 고정시킨다. 씨실을 꿰기 위한 바늘은 금속 머리핀이나 아이스크림 막대로 만든 바늘을 대체 자료로 활용할 수도 있다.

라. 간이 직조

Y자 모양의 나뭇가지나 철사 옷걸이를 펴서 다이아몬드 형으로 만들고 방모사로 날실을 걸면 훌륭한 직조기가 된다. 또 종이를 반으로 접어서 끝 부분을 남

긴 채 일정한 간격으로 자른 다음 펴면 고정된 날실을 얻을 수도 있다. 여기에서 색지로 된 띠를 넣어 짜면 간편한 직조를 할 수 있다.

② 재료

천 : 무명천, T셔츠, 손수건, 면직, 마직, 양말, 장갑, 담요, 의복 등
종이 : 창호지, 신문지, 흰종이, 냅킨, 종이타월, 종이 접시
끈 : 리본테이프, 포장끈, 노끈, 천으로 만든 끈 등
실 : 털실, 스킬용 실, 방모사
기타 : 나무젓가락, 실, 그물망, 면봉, 빨대, 지푸라기, 마카로니 조각 등

③ 지도방법

① 직조기 양편에 날실을 고정시킬 때 뒷면에 묶거나 테이프로 고정시켜 매듭이 풀리지 않도록 꼼꼼히 매준다.

② 실은 50~60cm 길이로 사용하기 전에 미리 끊어두는 것이 좋다.

③ 직조 바늘은 끝이 무딘 것을 사용해야 하며 금속머리 핀이나 아이스크림의 납작한 막대의 한쪽 끝에 구멍을 뚫어 대체할 수 있다.

④ 날실과 씨실이 서로 엮이어 짜여지는 데 의의가 있으므로 자유롭게 짜도록 한다.

⑤ 날실과 씨실로 사용될 재료는 서로 구분되는 것을 사용하여 엉키는 것을 막는다.

(3) 콜라주

콜라주(collage)는 원래 물건을 붙이는 '풀'을 뜻하는 프랑스어 콜(coole)에서 유래된 말로, 평면 위에 옷감이나 종이 · 인쇄물 · 나뭇조각 · 모래 · 나뭇잎 · 쇠붙이 등 여러 가지 재료를 붙여서 구성하는 방법을 말한다.

조개껍질 콜라주, 옷감 콜라주, 벽화 콜라주, 잡지책 콜라주, 폐품을 이용한 콜라주 등과 같이 화면에 질이 다른 여러 가지 재료를 붙여서 완성한다.

콜라주는 영유아가 특히 좋아하는 활동으로써 생활 주변의 다양한 소재를 오감각을 활용하여 탐색하고 표현해봄으로써 눈과 손의 협응력이 생기며, 부정적인 감정을 해소시킬 수 있으며, 폐품을 활용함으로써 자원절약과 환경보존에 대한 의식을 길러줄 수 있다.

2세 정도면 콜라주가 가능하다. 콜라주에 사용되는 재료는 가정, 어린이집이나 유치원, 동네나 지역사회에서 수집하여 종류, 형태, 크기에 따라 분류해 두면 사용하기 편리하다. 교사는 수집된 재료의 특성, 무게, 크기, 질감, 색깔, 형태를 영유아로 하여금 충분히 탐색해 보게 하고 주변의 하찮은 물건이라도 관심을 갖고 창의적으로 표현할 수 있도록 지도해야 한다.

콜라주 작업에서는 다양한 형태, 질감, 색깔을 표현하기 위해 여러 가지 다양한 재료가 사용되는데 다음과 같은 재료가 사용될 수 있다.

① 재료

종이류 : 휴지, 신문지, 골판지, 포장지, 컴퓨터용지, 한지, 창호지, 색티슈, 마분지, 종이접시, 종이컵, 종이 봉투, 색종이, 도화지, 아세테이트지, 셀로판지, 은박지, 모래종이

폐품류 : 빨대, 벽지조각, 우유갑, 각종 상자, 광고 전단지, 전화번호부 책, 신문지, 헌 달력, 헌 엽서, 헌 카드, 종이 봉투, 쇼핑백, 우표, 종이지관, 실패, 각종 병뚜껑, 알루미늄 캔, 요구르트 통, 고무호스, 운동화 끈, 빨래집개, 플라스틱 용기, 일회용컵, 페트병, 아이스크림 막대, 나무젓가락, 요플레통

헝　겊 : T셔츠, 손수건, 레이스, 각종 천 조각

자연물 : 찰흙, 모래, 달걀껍질, 곡물, 도토리, 솔방울, 톱밥, 나뭇잎, 나뭇가지, 나무껍질, 조개껍데기, 각종 씨앗, 조약돌, 돌멩이, 깃털, 밀짚, 마른 꽃

접착제 : 흰 풀, 콜라주 반죽풀, 회반죽, 각종 테이프, 본드류

기　타 : 스펀지, 고무줄, 그물, 장판 조각, 은박지, 로프, 솜, 단추, 빨대, 성냥개비, 바둑돌, 이쑤시개, 모루, 노끈, 리본테이프, 각종 털실, 스티로폼, 부직포, 달걀판, 구슬, 스팽글, 철사, 비닐

2 지도방법

① 콜라주 자료는 가능한 한 폐품을 활용하도록 한다.

② 여러 가지 재료의 특성과 다루는 방법을 간단히 알려준다.

③ 접착제는 인체에 해롭지 않은 무독성 제품을 사용한다.

④ 가위, 칼 등 자르기 활동에 사용되는 용구는 끝이 뭉뚝한 것을 사용한다.

⑤ 작품을 완성한 뒤 여러 가지 재료를 다루면서 발견한 점이나 느낀 점을 발표하는 기회를 준다.

(4) 조소

조소란 입체적인 조형물을 나무나 돌, 금속, 석고, 기타 여러 가지 재료(밀가루 점토, 지점토, 곡물가루 점토, 톱밥 점토, 모래 점토, 비누 점토)로 빚어 만드는 것을 말하는데 이것은 다시 조각과 소조로 크게 나누어진다. 조각은 나무나 돌, 금속, 상아 등을 재료로 하여 불필요한 부분을 파내고 다듬어서 만들며, 소조는 점토재료로 속에서부터 겉으로 붙여 나오면서 만든다.

조소를 재료에 의해 분류하면 돌로 만든 석조, 나무로 만든 목조, 찰흙으로 만든 소조, 구리로 만든 동상, 찰흙으로 빚어 구운 테라코타로 나눌 수 있고, 기법에 의해 분류하면 사방으로 돌아가면서 감상할 수 있는 환조, 한 면만 감상하도록 된 부조, 부조의 방법으로 하되 여백의 부분을 파내어 구멍을 낸 투조, 평면을 높은 곳으로 하고 이보다 깊게 조각한 선조 등으로 나눈다.

소조와 조각을 부조와 환조로 구분하여 만드는 과정을 살펴보면 다음과 같다.

부조

① 여러 가지 점토를 준비한다.

② 무엇을 만들지 구상한다.

③ 두꺼운 하드보드지나 플라스틱 쟁반 또는 나무판 위에 두께 1.5cm 정도의 점토판을 굴려 만든다.

④ 점토판에 나무젓가락이나 주걱 등을 사용하여 만들고 싶은 작품을 그린다.

⑤ 밑그림에 따라 점토를 얇게 또는 두껍게 붙여가면서 자세히 나타내가고 다듬어서 완성한다.

환조

① 여러 가지 점토를 준비한다.

② 무엇을 만들지 구상한다.

③ 빈병이나 깡통 또는 철사를 이용하여 뼈대를 만든다.

④ 뼈대 모양대로 노끈을 감는다.

⑤ 점토를 붙여 대강의 모양을 만든다.

⑥ 세부적인 특징을 표현하여 완성한다.

1 점토의 종류별 사용법

점토의 종류별 사용법은 다음과 같다.

가. 지점토

점토판, 점토 주걱, 가위 등이 용구로 필요하며 특징은 착색이 간단하며 병, 플라스틱 등 가까운 주변의 소재를 심재로 사용할 수 있다. 건조시킨 후, 수채물감, 포스터컬러 등으로 착색할 수 있으며 니스나 투명래커를 칠해서 완성시키면 더욱 좋다. 또한 기름 물감 등 다른 종류의 안료로도 착색이 가능하며 염료로도 착색이 가능하다. 손가락 끝으로 물을 묻혀 조금 녹이는 듯이 하면 접착이 되고 이쑤시개를 찔러넣고 접착시킬 때에도 접착면에 물을 묻히면 붙는다. 꺾어지거나 망가진 것은 풀이나 목공용 접착제를 사용하여 붙인다. 기본적으로 풀이나 목공용 접착제를 사용하여 접착할 수 있는 것은 모두 보조재료로 쓰일 수 있다. 지점토는 종이 섬유가 주원료이므로 두꺼운 종이, 마분지 등 종이 종류는 보조재료로써 적당하다. 심재는 지점토가 건조되었을 때 같은 수축률을 지닌 것이 적당하다. 예를 들어, 병, 종이상자, 철사 등을 심재로 할 때 종이, 노끈, 털실 등을 감으면 말라서 작아지더라도 괜찮다. 그런데 지점토는 1시간에서 수시간이 지나면 표면이 건조해지면서 딱딱해진다. 단기간 보관할 때는 젖은 수건으로 싸

놓으면 되고 장기간 사용하지 않는 경우는 비닐자루에 넣고 밀폐해서 바깥 공기에 닿지 않도록 해둔다. 딱딱하게 굳은 것은 물에 적신 헝겊으로 싸서 찐 후에 반죽하거나 비닐에 물을 넣어서 담가놓아도 어느 정도 재생할 수 있다.

나. 찰흙 점토

점토판(목재, 보오드판), 점토 주걱, 점토 자르는 실 등이 용구로써 필요하고, 특징은 건조시킨 작품은 부숴지기 쉬우며 도자기로 구워낼 때만 실제로 사용될 수 있는 장식품이나 수예품 등 실용적인 작품을 만들 수 있다. 수채물감, 포스터 컬러로 착색이 가능하며 니스로 끝마무리하는 방법도 있다. 만들고 있을 때의 접착에는 찰흙 점토를 물에 개어 끈적끈적하게 해서 접착제 대신 사용하면 되지만 마른 다음 갈라진 것은 수정이 곤란하다. 돌 · 나뭇조각 · 두꺼운 종이 · 자연물 등 여러 가지 보조재료를 사용할 수 있다. 찰흙 점토는 즉시 굳어지므로 비닐이나 폴리에틸렌 자루에 넣어 보관한다. 건조한 찰흙 점토는 물속에 담가 재생시킬 수 있고 굳어진 것은 부순 다음에 물을 넣고 반죽한다. 이때 찰흙 점토 속에 공기가 들어가지 않도록 주의한다. 비닐에 물을 넣고 찰흙 점토를 담가놓고서 반죽을 해도 좋다.

다. 밀가루 점토

소금 $1\frac{1}{2}$C, 밀가루 4C, 물 $1\frac{1}{2}$C, 백반 1tsp이 필요한데 먼저 소금 $1\frac{1}{2}$C, 밀가루 4C, 백반 1tsp을 반죽할 그릇 속에 넣고 혼합한 다음 물을 천천히 넣어가면서 숟가락으로 반죽한다. 숟가락 주위에 공 형태로 엉길 정도가 되었을 때 반죽은 잘 된 상태이며 너무 빽빽하면 물을 조금 더 넣는다. 반죽하는 물에 식용색소를 타면 아주 고운 빛깔의 색점토를 얻을 수 있는데, 2~3가지 빛깔을 반죽해서 준비해 두면 서로 혼합해서 중간색을 더 만들어낼 수도 있다. 이 밀가루 점토는 오븐에 구울 수도 있다. 또다른 밀가루 점토는 위의 재료에서 물 2C 중 1C을 식용유로 대체해 주면 굳지 않은 밀가루 점토를 얻을 수 있다. 작품을 만든 다음 다시 색깔별로 뭉쳐서 폴리에틸렌 자루에 넣어서 냉장고에 보관하면 다음에 또 사용할 수 있다.

라. 전분 점토

물 1C, 소금 3C, 전분 1C이 필요한데 소금과 물을 섞어 두꺼운 냄비에 넣고 중불에서 달군 다음 서서히 전분을 넣으면서 열을 가하여 덩어리로 엉길 때까지 섞는다. 반죽하기 전에 은박지나 비닐 종이 위에 꺼내어 식힌다. 비닐 주머니에 전분 점토를 넣고 점토 1C당 2~3 방울의 식용색소나 2tsp 정도의 템페라 물감을 넣고 묶은 다음 주물러서 물감이 고루 배이게 한다.

마. 종이 점토

신문지나 티슈페이퍼, 화장지를 잘게 찢어서 물통에 넣어 손이나 막대기로 잘 휘저어 섞는다. 종이가 곤죽이 되면 물기를 짜내고 풀이나 접착제에 넣어 말랑말랑하게 반죽한다.

바. 톱밥 점토

체에서 걸러낸 톱밥 1C에 $\frac{1}{2}$C의 밀가루 풀과 $\frac{1}{2}$C의 물을 섞는다. 석고가루와 흰 아교를 1tsp씩 넣어서 서로 잘 붙도록 한다. 손쉽게 다룰 수 있도록 만들려면 물이나 풀을 서서히 섞는다. 종이 점토나 톱밥 점토를 가지고 독특한 만들기를 하려면 재료에 물기가 있는 동안 표정 등을 나타내는 재료나 물건을 붙이면 된다. 예를 들면, 인형의 머리부분을 만들기 위해 종이로 대롱을 만들고 그 대롱의 윗부분에 종이 점토나 톱밥 점토를 붙여주면 종이 대롱은 인형의 목 부분이 된다. 이 두 점토는 마르는 데 여러 날이 걸리므로 그 동안 작업을 수정할 수도 있다. 마른 톱밥 점토는 포스터컬러로 채색한 뒤에 투명래커나 니스를 칠해 주면 더 견고해진다.

사. 빵점토

식빵의 딱딱한 부분은 떼어내고 손으로 빵을 잘게 찢는다. 빵과 같은 양의 접착제에 잘게 찢은 식빵을 넣어 섞은 다음 반죽한다.

아. 유점토

점토판(플라스틱판), 점토 주걱 등이 용구로써 필요하며, 자유롭게 형태를 만들 수 있고 몇 번이든지 되풀이해서 사용할 수 있지만 값이 비싼 편이며 장기 보존이 어렵다. 보통의 유점토는 착색이 안 되나 수채물감, 포스터컬러로 착색할 수 있는 유점토도 있다. 유점토는 점토와 점토를 합쳐 세게 누르기만 해도 붙으며 이쑤시개 또는 막대기를 찔러넣어 접착시킬 수도 있다.

유점토는 잘 굳지 않고 누르기만 해도 고정시킬 수 있기 때문에 여러 가지 종이, 나무막대기, 철사, 돌, 조개껍데기, 나뭇잎 등 무엇이든지 보조재료로 사용할 수 있다. 또한 나뭇조각, 마분지, 철사, 유리, 플라스틱 등 보조재료로 쓰일 수 있는 것은 무엇이든 심재가 될 수 있다. 철사처럼 휠 수 있는 것은 형태의 변화를 가져오게 하는 데에 좋고 나무젓가락을 심재로 하면 작품의 폭이 넓어진다.

유점토는 물에 약하므로 습도가 높을 때나 장마철에는 물이 스며들지 않도록 주의해야 하며 점토 케이스에 넣어 보관한다. 다음에 사용할 때는 표면이 변색되었거나 진득진득 달라붙는 것은 신문지 위에 놓고 잘 반죽하면 좋아지고 물이 스며들어서 진득진득해진 것은 신문지 위에서 더 반죽하면 된다. 유점토는 인공점토 또는 조형 점토라고도 불리우며 문방구에서 구입할 수 있다.

② 점토작업 시 필요한 일반적인 재료와 용구

점토판 : 20cm×27cm×1cm 정도의 합판이 좋으며, 없을 때는 책받침, 비닐 장판 등으로 대용한다.

점토 주걱 : 과도나 젓가락, 숟가락 등으로 대용한다.

헝겊 : 손수건 크기의 면직물 헝겊으로 점토의 건조를 막기 위해 덮어놓을 때나 손에 묻은 점토를 닦아낼 때 사용한다.

작업복

책상이나 마룻바닥을 덮을 수 있는 신문지나 비닐, 비닐 장판

완성된 작품을 넣을 수 있는 빈 상자나 바구니

표면을 문지르는 데 사용할 스펀지

여러 가지 찍기 도구 및 일상용품

찰흙에 심을 박거나 찰흙을 연결하거나 표면에 꽂을 수 있는 재료 : 성냥개비, 이쑤시개, 핀, 못, 대꼬챙이, 나무 등

찰흙 표면에 박을 수 있는 장식재료 : 콩, 팥, 모래, 돌, 단추, 바둑돌, 병마개 등

기타 : 자, 압설자, 아이스크림 막대 등

3 지도방법

① 형태를 만들기 전에 충분히 다루어보고 탐색할 수 있는 시간을 준다.

② 평면적인 부조의 형태로 시작하여 점진적으로 입체물을 완성할 수 있도록 지도한다.

③ 점토의 반죽은 눌러보아 균열이 생기지 않은 때가 사용에 적합하며 영유아에게 나누어 줄 점토의 분량은 참외만한 크기 정도가 적당하다.

(5) 구성

구성은 형태를 만드는 초보적인 활동으로 여러 가지 재료를 가지고 조립, 배열, 조직, 합성하여 한 가지의 실체를 만드는 창작활동이다. 즉, 종이, 나무, 점토, 생활폐품 등의 재료를 활용하여 영유아 나름대로의 아이디어를 반영시켜 구체물을 만드는 과정이다.

천장용 타일이나 작은 스티로폼 판이나 나무토막 또는 모래를 채워놓은 깡통 등의 수평 바탕 위에 이루어진 3차원의 구성은 스테빌(stabile) 또는 조립이라고 하며, 전체가 공중에 매달려 있는 조립은 모빌이라고 한다.

영유아의 경우 아직까지는 2차원적인 표현형태에 익숙하고 평면재료를 가지고 3차원적인 입체물로 표현하는 일은 낯설고 힘들다. 그러나 영유아의 생활공간 자체가 3차원적인 공간이므로 시각적인 상상을 3차원적으로 구성하는 활동은 영유아에게 공간개념, 균형감, 움직임, 대칭성 등을 이해하게 하고 색깔, 모양, 재질, 공간, 부분과 전체 등의 개념발달 및 표현능력을 증진시킨다.

모빌과 주변 환경을 다양한 재료를 이용해서 꾸미는 환경구성으로까지 확장되어질 수 있으며 이러한 구성활동을 통해 영유아의 심미감과 더불어 창의적인 디자인 구성능력이 증진된다.

1 재료

가. 평면재료

구성활동에서 가장 많이 사용되는 재료는 종이류이다. 종이재료는 마분지, 하드보드지, 색셀로판지, 창호지, 색종이, 헌 책, 헌 달력, 신문지, 티슈, 포장지, 전화번호부책, 헌 잡지, 종이컵, 종이 접시, 사탕 및 껌종이, 벽지 등을 들 수 있으며, 이외에도 영유아들이 발견하는 모든 재료가 구성활동에서 창의적으로 이용될 수 있다.

나. 기존의 입체재료

영유아의 생활 주변에서 손쉽게 구할 수 있는 기존의 재료들은 구성작업의 좋은 재료가 되며 영유아의 구성에 대한 관심과 구성능력을 촉진시키는 도구가 될 수 있다. 영유아가 구성재료로 사용할 수 있는 기존의 입체재료는 무궁무진하다. 다음은 기존의 입체재료에 대해 알아본 것이다.

폐품류 : 와이셔츠 상자, 과자상자, 약상자, 화장품 갑, 우유갑, 치약 갑, 성냥갑, 종이컵, 아이스크림컵, 컵라면 용기, 플라스틱컵, 종이 접시, 플라스틱 접시, 은박접시, 스티로폼 접시, 약병, 요구르트병, 식용유병, 샴푸 병, 세제 병, 제품포장의 스티로폼, 상자류, 드링크 병, 화장품 빈 용기, 헌 스타킹, 헌 볼펜 등

자연물 : 조개, 소라, 과일, 채소, 대나무, 솔방울, 돌멩이, 호두, 나무토막, 깃털, 가죽, 모래, 톱밥, 나무열매, 자갈, 찰흙, 콩 등

기 타 : 탁구공, 정구공, 고무공, 면봉, 스펀지, 약솜, 면장갑, 풍선, 천, 성냥개비, 이쑤시개, 모루, 수수깡, 단추, 나무젓가락, 포장지, 철사, 못, 털실, 리본, 전선, 스테이플러, 테이프, 은박지, 양초, 실, 낚싯줄, 구슬, 타일, 스펀지, 스티로폼, 우드락, 천장용 타일 등

일단 재료가 모아지면 영유아는 스스로 구성을 위한 바탕을 선택해야 한다. 새로운 재료들을 조립하고 구성하기 위해서는 바탕이 필요하기 때문이다. 바탕으로 사용될 수 있는 재료는 천장용 타일이나 우드락, 스티로폼 판, 나무판, 유리판, 매트판, 마분지 또는 골판지판, 상자뚜껑 또는 모래를 채워넣은 페트병이나 깡통 등이다. 바탕으로 사용될 재료가 정해지면 다양한 방법으로 구성물이나 조립물을 바탕물 위에 고정시켜야 한다. 영유아는 재료를 어떻게 붙일 것인가 하는 문제의 해결을 다양한 전략으로 시도하고 시행착오를 거쳐 가장 적합한 방법

을 찾아낼 것이다. 조립하기 위해 바탕을 고정시키는 방법으로는 스테이플러나 셀로판테이프를 붙여나가거나 전선이나 매듭실 등을 이용하여 묶거나 전선을 꼬아서 묶어주는 방법 등이 있다.

2 기법

가. 평면재료를 이용한 구성

평면재료를 이용한 구성은 다양한 종이류, 헝겊류, 유리판, 나무판 등에 접기, 말기, 감기, 꼬기, 주름잡기, 자르기, 찢기, 겹쳐서 붙이기, 구기기, 짜맞추기, 구멍 뚫기, 붙들어 매기, 잇기, 포개기, 세우기, 조각하기 등의 여러 기법을 사용하여 구성하는 것이다.

예 스티로폼 접시나 와이셔츠 상자를 정사각형이나 직사각형으로 오려내어 한 조각의 반쯤 가로질러 각각 가위로 오리고 그것을 서로 맞붙혀 끼워서 세운다.

예 휴지심에 종이를 곱슬하게 만 것을 붙여 털 달린 동물로 만든다.

나. 입체재료를 이용한 구성

입체재료를 이용한 구성은 종이류(종이컵, 상자, 우유갑 등), 나무류(나무젓가락, 이쑤시개, 성냥개비 등), 플라스틱류(요구르트병, 빨대, 단추 등), 블록, 점토 등을 재료로 쌓기, 세우기, 조립하기, 붙이기, 주무르기, 뭉치기, 연결하기 등의 기법을 사용하여 구성하는 것이다.

예 종이컵이나 캔을 쌓아 입체 조립물을 만든다.

예 플라스틱 통을 이용하여 모빌을 만든다.

3 지도방법

① 영유아에게 구상할 시간을 충분히 제공하여 구성작업에 부담감을 갖지 않도록 한다.

② 5~6명의 영유아들이 함께 협동하여 공동작품을 구성해 볼 기회를 준다.

③ 같은 재료로 각기 다른 작품이 나올 수 있음을 강조하고 독창적인 작품이 나올 수 있도록 격려한다.

④ 작품이 완성되면 친구들 앞에서 자신의 작품에 대해 설명하게 하고 제목과 설명을 함께 붙여서 작품을 전시한다.
⑤ 완성된 작품을 서로 감상하면서 의견을 말하게 하고 새로운 아이디어를 내도록 유도한다.

(6) 종이접기

종이접기는 정사각형의 종이 한 장을 자르거나 풀칠하지 않고, 접기만 하여서 조형을 만들어내는 활동으로 창작, 조립, 조직적 구성, 색채구성, 공간구성 등이 확대된 조형예술로써 훌륭한 창조적 활동이다. 또한 종이를 가지고 접기만 하지 않고, 자르고, 실이나 끈과 같이 꼬고, 죽으로 만들고, 찢어서 붙이고 해서 다양한 기법으로 작품제작을 할 수 있다. 여기에 작가의 창의적 아이디어가 곁들여지면 새롭고 독창적이고 가치 있는 형태와 디자인으로 새로운 작품이 만들어진다(김재은, 2001).

1 교육적 가치

창작공예 활동에서 종이접기의 교육적 가치는 다음과 같다.
① 인지발달과 창의성, 창작의지를 길러준다.
② 집중력과 정확도를 길러준다.
③ 소근육 발달을 돕는다.
④ 구조분석력과 관찰력, 상상력을 증진시킨다.
⑤ 기초적인 수학적, 기하학적 개념을 갖게 한다.
⑥ 순서와 규칙을 이해하게 한다.
⑦ 색채감각과 심미감을 갖게 한다.

2 색종이의 선택

① 색종이는 접었을 때 각이 정확하게 맞아야 하므로 규격품이어야 한다.
② 종이의 탄력성이 좋아야 한다.
③ 곱고 다양한 색상이 더욱 좋다.

④ 색이 손에 묻어나거나 힘이 없어 찢어지는 종이는 좋지 않다.

⑤ 시판되고 있는 크기 20cm, 15cm, 12cm, 7.5cm, 3.5cm 정도의 정사각형 색종이를 활용한다.

⑥ 광고지나 포장지 등 주변에 있는 여러 가지 종이를 찾아서 정사각형으로 잘라 쓸 수 있다.

(7) 감상

미술감상을 가르치는 것은 영유아에게 가능하고 가치 있는 일이다. 때로 영유아교육자들은 미술교육을 작품을 만드는 것으로 제한했다. 그러나 완벽한 의미에서 예술가가 되는 것은 심미감을 발달시키는 것을 포함한다. 영유아에게 사람들(미술가들) 및 사물들(그들이 만든 작품)과 직접적으로 마주치는 기회를 통해 또 다른 학습양식을 제공하여 미술을 감상할 수 있도록 한다.

영유아들이 미술 생산자에서 미술 감상자로 자라나게 함으로써 영유아의 세계에 대한 이해를 심화시키고 과정 속에서 그들의 삶을 풍부하게 할 수 있다. 영유아기를 벗어나서 미술작품을 계속해서 생산하는 사람은 거의 없다. 그러나 미술 감상자가 되는 것은 일생에 지속되는 즐거움이자 기술이다.

따라서 평면작품뿐만 아니라 입체작품 그리고 영유아의 작품뿐만 아니라 기성 작가들의 훌륭한 예술작품을 보고 느끼는 다양한 감상의 기회가 영유아에게 제공되어야 한다.

5. 영유아 창작공예 활동의 교수-학습 방법

1) 영유아 창작공예 활동계획

창작공예 프로그램의 계획은 영유아교육기관마다의 형편과 특색에 따라 프로그램의 형태가 달라지겠지만, 다른 영역과의 통합된 형식을 취하건 독립적인 형식을 취하건 간에 다음과 같은 몇 가지 원칙은 지켜야 한다(김혜금, 1999).

첫째, 영유아의 발달 단계에 맞아야 한다. 창작공예 프로그램은 영유아의 성장발달을 도울 수 있는 것이라야 하고, 영유아가 이해할 수 있고 스스로 할 수 있는 적절한 내용으로 구성되어야 하며, 영유아의 발달수준에 따라 알맞는 재료와 용구를 제공해 주어야 한다.

둘째, 창작공예 활동과정에서 생기는 모든 선택은 영유아에게 개방되어야 한다. 작업과정에서의 주제, 재료, 기법에 대한 선택권과 결정권이 영유아에게 돌아가도록 배려해야 한다. 작업에 대한 주제선정이나 표현할 재료나 용구의 선택과 구성이 가능한 한 모두 영유아가 원하는 대로 결정되도록 해야만 창의적인 표현으로 이끌 수 있기 때문이다. 3가지 요소 중 적어도 2가지 이상은 꼭 개방되어야만 한다. 작업과정에서 영유아의 선택의 폭이 넓어질수록 영유아가 주도가 되는 수업이 되고 교사는 안내자 · 촉매자로서의 역할을 하게 되어 바람직한 수업으로 이끌 수 있게 된다.

셋째, 영유아들의 열성적인 참여를 촉진시킬 수 있어야 한다. 영유아가 흥미와 관심을 가지고 창작공예 활동에 몰두하고 영유아의 흥미가 지속되도록 하기 위해서는 항상 새로운 주제나 재료, 기법들이 구사되어야 한다. 폭넓고 다양한 재료와 기법은 영유아를 끊임없이 흥미로운 창작의 세계로 이끌며, 단순하고 틀에 박힌 재료의 반복적인 사용은 영유아의 창작공예 활동에 대한 관심을 반감시킨다.

넷째, 영유아의 경험과 표현이 균형을 갖추어야 한다. 표현에만 중점을 두게 되면 영유아의 정서나 사고가 담겨 있지 않은 건조한 작품이 된다. 영유아의 경험은 표현활동의 기초가 되며, 영유아가 풍부한 경험을 가지고 있을수록 생동감 있는 작품을 만들어낸다. 교사는 과거에 영유아가 경험한 여러 가지 일들을 자극하여 작품이 새롭게 재구성되도록 해야 한다.

다섯째, 창작공예 시간의 비율이 알맞아야 한다. 창작공예 활동 시간 수는 영유아교육기관의 사정에 따라 연간 총 시간수는 각기 다를 수 있으나 주당 2~3회가 적당하며, 영유아의 발달 단계를 고려하여 평면활동이 입체표현 활동보다 많이 차지하는 것이 바람직하다.

여섯째, 창작공예의 내용은 단순한 것에서 어려운 것으로 단계적으로 이루어져야 한다. 영유아에게 익숙한 활동에서 점차 새로운 활동으로 나아가야 하며 단계적 · 체계적으로 진행되어야 한다. 예를 들면, 포스터 물감에 대한 경험을 충분히 한 후에 수채화 물감을 사용한다든지, 오려서 꾸미는 작업을 하기 전에 가위질에 대해 익숙해지도록 오리기 놀이를 충분히 해 보는 것 등이다.

일곱째, 영유아교육기관의 여건에 맞게 융통성을 지녀야 한다. 작업의 주제나 재료 등은 개별 영유아교육기관의 형편과 입지조건에 알맞게 짜여져야 하는데, 주변에서 흔히 구할 수 있는 향토재의 활용은 작업의 준비를 용이하게 하고 값이 싸므로 바람직하다. 지역특성을 고려한 재료가 제시될 때 영유아가 쉽게 접근할 수 있고 자신의 경험을 생생하게 표출시킬 수 있다.

여덟째, 영유아의 총체적인 발달을 도와야 한다. 창작공예 활동을 통해서 영유아의 전인적인 발달이 조화롭게 이루어지도록 짜여져야 한다. 교육의 궁극적인 목표가 융화된 인격의 형성에 있다고 볼 때 영유아의 신체발달, 정서발달, 언어발달, 사회성 발달, 인지발달이 골고루 이루어지도록 제재가 선정되어야 한다.

2) 영유아 창작공예 활동의 지도원리

(1) 집단지도와 개별지도

영유아들은 성장발달 면에서 아직 미성숙한 상태에 있으므로 사물에 관한 개념은 극히 관념적이며 자기중심적이다. 그러나 상상력과 창의력이 가장 많이 발달되는 시기이므로 기술적인 면에서는 미숙하지만 상상력과 창의성이 풍부한 자기만의 독창적인 작품을 만들어낸다. 영유아의 심리상태와 발달특성을 이해하고 창작공예 활동의 목표와 목적에 맞게 접근시키고자 할 때 유능한 교사는 영유아의 학습의욕을 고취시키고 개성을 존중하며 적절한 학습환경을 준비해서 활동을 흥미롭게 전개해 나간다. 이때 교사는 집단지도와 개별지도를 병행해야 하는데, 이를 자세히 설명하면 다음과 같다.

① 집단 지도

창작공예 활동은 개인의 창조적인 표현을 신장시키는 활동이므로 그 지도방법이 개별적일 수밖에 없지만 집단 지도가 능률적일 때도 있다. 예를 들면, 감상지도는 집단지도가 편리하다. 작품감상은 개인적인 활동이지만 감상학습을 통해 작품표현의 동기와 의도를 발견하게 되고, 서로의 생각을 이해하고 존중하는 민주시민으로서의 자질과 태도를 함양시킬 수 있으므로 집단지도 방법이 좋다. 그러나 감상의 방법을 획일화시켜서는 안 되며, 개개 영유아의 감상능력을 존중하고 그들의 이질적인 관점을 칭찬해 주어야 한다. 또한 색채나 구성, 명암, 질감, 용구, 재료의 취급법 등을 이해시키는 데에도 집단지도 방법이 좋다. 그러나 이때도 교사가 시범으로 보여주는 것보다 영유아가 직접 표현해 보게 하거나 재료나 용구를 사용하게 함으로써 체험을 통한 지식을 습득하게 하는 것이 좋다.

집단지도는 그룹지도나 공동제작으로 구분된다. 그룹지도 또는 분단학습은 혼자 제작하는 것보다 그룹이나 분단별로 주제나 재료, 기법 등을 다르게 하여 제작하는 방법이다. 같은 시간에 제작한 여러 가지 다양한 작품을 비교해 볼 수 있으며 그룹별 공동제작도 가능하다.

그룹의 편성방법

- 주제에 의하여 : 그룹별로 주제를 다르게 하여 기능별 주제에 따른 작품내용의 특징을 표현하게 한다.
- 재료나 기법에 의하여 : 그룹별로 재료나 기법을 다르게 하여 표현의 특성이나 재료나 기법의 다양성을 맛보게 한다.
- 교사 임의에 의하여 : 평소에 친하지 않던 친구들끼리 한 그룹이 되어 같이 제작활동에 참여하게 함으로써 새로운 대인관계를 맺게 하고 사회성을 길러준다.

공동제작은 서로 힘을 합쳐서 큰 작품을 제작하려는 의도도 포함되지만 협동하여 표현하는 과정을 통해서 보다 좋은 인간관계를 형성하는 데 그 목적이 있다. 영유아는 미분화 상태 또는 자기중심적이기 때문에 진정한 의미의 공동제작은 어렵지만 협력하여 표현하는 즐거움을 느끼게 할 수는 있다. 예를 들면, 큰 도화지에 다같이 어울려 그림을 그릴 수도 있고 우리 마을, 동물원 등을 주제로 하여 나무 만들기나 집, 동물 그리기 등을 분담해서 할 수도 있다. 이런 경우에 사물이나 인물이 거의 나열형식이거나 같은 것이 반복되거나 통일성은 없지만 협동심과 사회성을 기르는 중요한 계기가 된다. 공동으로 작품을 만드는 과정에서 영유아들은 새로운 집단생활에 참여할 기회를 갖게 되며, 이러한 경험을 통하여 또래와 어울리고 자신의 생각과 행동을 집단활동에 조화되도록 맞추어 가게 된다. 또한 자기의 경험을 다른 모든 사람과의 관계에서 올바르게 표현하는 능력을 지니게 되며 집단에 소속되어 있는 중요한 구성원이란 자각을 하게 된다. 자신만을 소중하게 여기던 생각은 이러한 집단활동을 통해 자신 외에 다른 사람을 인식하게 되고 자신의 감정과 생각을 조절하며 또래들 앞에서 명확하게 표현하는 방법도 깨닫게 된다.

교사는 영유아들이 완성된 작품에 대하여 설명할 수 있도록 도와주고 전체 영유아들 앞에서 발표할 수 있도록 한다. 또한 영유아의 작품에 대해 비평하기보다는 노력한 것에 대한 칭찬과 격려를 해주어야 한다. 공동작업 과정에서 교사는 다음과 같은 사항을 유의해서 관찰해야 한다.

- 각 영유아의 자발성 정도를 관찰한다.
- 개인별로 그린 위치와 내용을 점검한다.
- 작품에 임하는 순서와 동작과 시간을 살펴본다.
- 누가 가장 리더의 역할을 하는지 본다.
- 양보하고 타협하는 정도를 살펴본다.
- 각 영유아의 표현능력을 점검한다.
- 각 영유아의 인내심, 지구력 등을 살펴본다.
- 재료의 활용 정도를 관찰한다.
- 자기의 경험을 어느 정도 반영했는지 본다.
- 작품을 끝내기 위해 어느 정도 인내했는지 살펴본다.
- 활용할 수 있는 재료를 어느 정도 사용했는지 점검한다.

② 개별지도

창작공예 활동에 있어서 개별지도를 하는 일은 매우 중요한데, 창작공예 활동의 도입 단계에서 종결 단계까지 적절하게 행해져야 한다. 도입 단계에 있어서는 대체로 집단 지도가 능률적이다. 그러나 전개 단계에서는 개별지도가 많이 요구되므로 교사는 영유아의 활동에 방해가 되지 않도록 조심스럽게 교실 내를 돌아다니면서 개개 영유아의 심리적인 성향과 표현능력을 파악해야 한다. 영유아가 도움을 청할 때 영유아의 개성이나 작업 동기를 존중하면서 적절한 조언을 하고 영유아의 발상에 필요한 조언과 자극을 줌으로써 감정이 생생하게 표현되도록 개별지도한다. 그리고 실내 자유선택 놀이시간이나 실외 자유선택 놀이시간에 영유아가 작업영역에서 창작공예 활동을 하고 있을 때 개별적으로 다가가서 도움이 필요한 경우 적절한 지원을 제공하도록 한다. 창작공예 활동은 개인의 감정과 사고 그리고 개성이나 창의성을 표현하게 하는 것이 무엇보다 중요하다. 그러나 개개인의 환경 · 소질 · 특성 등이 다르기 때문에 각자에 맞는 접근방법으로 개성이나 창의성이 표현되도록 지도해야 한다.

(2) 활동의 지도원리

영유아 를 대상으로 하는 창작공예 활동의 지도원리는 다음과 같다.

① 자기 활동의 원리

학습의 주체는 학습자이다. 로크(Locke)는 인간은 백지상태로 태어나 후천적인 환경과의 상호작용의 결과로 선하게도 악하게도 변한다고 했다. 듀이(Dewey)는 "행함으로써 배운다(learning by doing)."는 개념의 설명에서 학습자는 능동적인 존재이며 자기 주도적인 활동에 의하여 스스로 자신을 완성시키고자 노력하는 존재라고 정의하였다. 또한 페스탈로치(Pestalozzi)는 "존재하는 모든 것과 내가 원하는 모든 것과 또 내가 해야 할 모든 것이 나로부터 출발한다."고 했다. 이것들은 자발성의 원리를 말하는 것으로 자발적인 태도로 노력을 하게 될 때 학습의 효과가 최대화될 수 있다는 것이다. 자발성을 신장시키는 방법으로는 상과 벌에 의한 보상, 칭찬이나 격려, 인정을 통한 내면적인 보상, 동기 유발 및 학습의 생활화를 통한 습관화를 들 수 있다. 창작공예 활동 역시 영유아 스스로 작업을 해 나갈 때 가장 효과적인 학습이 이루어진다.

② 개별화의 원리

개별화의 원리는 영유아의 개인차를 고려한 학습지도로 학습의 효과를 극대화하려는 원칙으로, 학습의 내용과 진도 등을 영유아의 성격과 개성, 표현능력에 맞추어 진행하는 것이다. 영유아는 같은 연령 간에도 개인차가 크기 때문에 지도방법도 영유아의 지능이나 환경, 경험 등에 따라 차별화하는 것이 효과적이다. 개별화의 원리를 적용한 구체적인 방법으로는 능력별 분단구성이나 기능 정도에 따른 집단구성, 학습내용을 개별학습 부분과 공동학습 부분으로 나누어 지도하는 것 그리고 각종 클럽 활동을 들 수 있다.

③ 사회화의 원리

사회화의 원리는 개별화의 원리와 상반되는 개념이긴 하지만 양자는 언제나 조화를 이루어야 한다. 민주주의 사회에서 개성의 존중이란 의미에서 개별화의 중요성을 강조할 수도 있으나 개개인도 사회의 구성원임에 틀림이 없으므로 사회적인 공동의 선(善)을 실현하는 방향에서 벗어난 개별화는 곤란하다. 학습 분야에서는 분야별로 사회화 또는 개별화의 원리를 적용하는 것이 달라지게 되는데, 예술 분야는 대체로 개별화의 원리를 적용하는 것이 바람직하지만 경우에 따라서는 사회화의 원리를 도입해야 한다. 영유아 창작공예에서 사회화의 원리를 적용하는 방법으로는 첫째, 토의법을 들 수 있다. 토의법은 자기 혼자서 해결할 수 없는 문제를 영유아들이 서로 의논하여 해결하는 방법이다. 둘째, 분단학습을 들 수 있다. 한 분단의 영유아들끼리 모르는 점을 서로 의논하고 지적으로 우수한 영유아가 뒤떨어지는 영유아를 도와주는 상호협력하는 학습방법이다. 셋째, 문제해결법이나 구안학습을 들 수 있다. 이것은 영유아들이 공동으로 문제를 해결하고 하나의 과제를 완성하기 위하여 공동작업을 통해서 학습하는 방법이다. 넷째, 각종 클럽 활동, 자치회 등을 들 수 있다. 클럽 활동을 통해서 소속된 집단 속에서 사회성을 기르게 된다.

④ 통합의 원리

교육은 학습내용의 구성이나 학습경험의 전개가 통합적으로 다루어질 때 효과적이다. 여기에서 인격의 통합과 학습내용으로써 교과의 통합을 생각할 수 있다. 인격의 통합이란 한 개체가 발달함에 있어서 조화로운 발달을 추구하는 것이다. 즉, 신체적 · 지적 · 정서적 · 사회적으로 골고루 조화롭게 발달된 인간이 되어야 한다는 것이다. 교과의 통합이란 학급의 통합을 위하여 교과내용을 서로 연관성 있는 단원으로 조직하는 것으로 상관 교육 과정이라고 한다. 유사교과 사이에 상관을 시키거나, 이질 교과 사이에 상관을 시키거나, 교과와 생활을 상관시키는 방법이다. 각 교과의 지식은 생활경험에 통합됨으로써 더욱 더 가치를 지니게 된다.

통합적 창작공예 활동은 영유아가 생활하는 전반에서 영유아에게 의미 있는 환경이나 배경 대상에 초점을 두고 미술교육을 작업영역이나 미술영역에 국한시키지 않고 가능한 모든 영역에서 이루어지도록 한다. 창작공예 활동을 통한 다양한 경험은 다른 활동의 학습효과를 증진시켜 주고, 영유아의 창작공예 활동이 음악, 동작, 동극 등의 다양한 분야와 밀접하게 연관을 지니면서 통합적으로 지도됨으로써 영유아 교육/보육 과정 전반의 폭넓은 이해를 도와줄 수 있다(신화식 · 이진이, 1998). 영유아 창작공예 활동과 다른 교육활동을 통합하는 방법에 대해 알아보면 다음과 같다.

- 영유아 창작공예 활동과 음악 활동과의 연계를 생각해 볼 수 있다. 영유아 창작공예 활동과 음악 활동은 모든 영유아가 좋아하는 가장 본질적인 교육 활동이며 영유아의 마음상태가 자연스럽게 표현된다. 특히 음악감상 활동은 자연에 대한 심미감을 길러주고 영유아의 자유로운 상상력을 최대한으로 활용할 수 있게 하므로 음악을 감상하고 난 후의 영유아의 생각이나 느낌을 여러 가지 방법으로 표현할 수 있다. 영유아가 어떤 음악을 듣고 즉흥적으로 신체적인 표현을 한다든지 음악에 맞추어 극을 꾸며 보는 일, 혹은 어떤 음악을 듣고 그 느낌을 여러 각도로 연상하여 본다든지, 그림이나 글로 나타내어 보는 일 등 음악을 상상적으로 감상할 수 있는 능력을 기르는 것은 창의성을 높여주며(이형선, 1999) 그 중에서 창작공예 활동은 영유아의 흥미를 효과적으로 유발시킬 수 있다.
- 영유아 창작공예 감상활동과 신체표현 활동과의 연계를 생각해 볼 수 있다. 영유아는 감상한 작품에 제시되어 있는 선을 신체로 표현해 보거나, 색의 느낌을 신체로 표현해 보는 등의 활동을 통해 미적 요소를 구체적으로 인식할 수 있게 되며, 이러한 요소들을 반영한 작품을 제작할 수 있게 된다.
- 영유아 창작공예 활동과 박물관 체험학습과의 연계를 생각해 볼 수 있다. 지역사회의 박물관에 전시된 유물이나 미술작품을 관찰하는 활동은 영유아의 미술표현과 미술감상 능력을 증진할 뿐 아니라(Eckhoff, 2008) 문화재 감상에 대한 높은 미적 안목을 키워주고 자신의 지역사회에 대한 자긍심을 높여준다(지경애, 2000). 또한 박물관에서 실물을 통한 감상활동은 전통문화에 대한 이해를 높이고(길병원, 2001), 박물관을 견학하면서 교사와 영유아 간에 상호작용이 일어나는 과정에서 우리나라 문화에 대한 자부심을 갖게 되며 잊혀져 가는 옛 생활에 관심을 두고 흥미있게 학습에 임하게 된다(최민수 · 이형선, 2004).

- 영유아 창작공예 활동과 컴퓨터 활동과의 연계를 생각해 볼 수 있다. 토플러는 21세기는 멀티미디어 시대이며 멀티미디어는 단편적인 영상만을 비춰주는 획일화에서 벗어나 창의성을 요구하는 사회를 이끌 것이라고 예측한 바 있다. 컴퓨터를 창작공예 활동과 연계하여 적극 활용할 필요가 있다(이경선 · 이정화 · 오영숙, 2004).
- 영유아 창작공예 활동과 문학 활동과의 연계를 생각해 볼 수 있다. 영유아는 자신이 경험한 느낌과 사고에 대한 표현욕구를 가지고 있으나 그것을 표현할 수 있는 어휘나 읽고 쓰기와 같은 문해능력이 불충분하다. 그러므로 창작공예 활동과 연계하여 영유아의 언어적 상호작용을 보충하게 하고 외부 세계의 표현 및 감정표출과 정서를 발산하게 할 수 있다(서미옥, 2003).

3) 영유아 창작공예 활동의 교수 절차

영유아교육기관에서 창작공예 활동은 자유놀이 시간에 영유아 스스로 작업영역을 선택하여 활동하거나, 하루 일과 중 교사가 작업시간을 계획하여 대집단 또는 소집단으로 활동할 수 있다. 교사가 계획한 창작공예 활동의 성공 여부는 교사가 작업내용을 어떻게 전개해 나가고, 영유아들에게 어떻게 동기 유발을 시키고 유도하느냐에 따라 결정된다. 창작공예 활동에서 교사는 영유아의 사고력 · 상상력 · 창의력 개발에 큰 영향을 미친다. 잘 계획되어진 교육활동이라 하더라도 영유아들에게 제대로 전달되지 못하는 내용은 교육적 효과를 기대할 수 없다. 지나치게 영유아들의 행동을 간섭하거나 반대로 지나치게 허용적인 자유방임식의 교사의 태도는 영유아의 자율성이나 성실성, 책임감 등을 저해시킨다.

제퍼슨(Jefferson)은 창작공예의 바람직한 활동 절차의 모델을 다음과 같이 제시하였다(Jefferson, 1969).

이 책에서는 창작공예 활동의 절차를 교수계획, 교수활동(동기 유발 및 도입－전개－종결 단계), 평가, 전시, 감상의 순서로 구분하여 소개하며 평가 및 전시, 감상은 별도의 장으로 나누었다.

(1) 교수계획

창작공예 활동의 첫번째 단계는 계획을 세우는 것이다. 계획 단계에서는 무엇을, 어떻게, 왜, 언제 가르칠 것인가 등을 고려해야 한다. 어떤 활동내용이 필요하고 왜 그러한 활동들을 영유아들에게 소개하는지의 활동목표와 어떻게 가르칠 것인지의 교수방법, 적절한 활동시간은 언제인지, 또 어떤 재료가 필요한가 등의 내용을 염두에 두어야 한다. 창작공예 활동에서 어떤 제재를 선정할 것인가는 목표에 의해 결정된다. 목표가 뚜렷해야 하고 그것을 교육과정의 맥락에서 '주제'로 바꾸어야 한다. 활동내용과 활동목표는 개별 영유아교육기관의 교육이념 그리고 영유아의 흥미와 욕구, 발달 단계 등을 참고하여 결정하고, 재료는 활동 내용과 목표 그리고 교수 전략 등에 따라 달라져야 한다. 교수 전략은 도입에서 종결 단계까지 어떻게 진행시켜 나갈 것인지에 관한 것으로, 각 작업의 단계와 시간의 배분 등을 세밀하게 설정하여 영유아의 작품이 획일적이거나 재미없는 수업이 되지 않도록 한다. 영유아의 수준을 무시하고 일방적으로 제재를 설정하면 작품이 비개성적이거나 건조한 활동이 되게 된다.

계획의 범위는 재료준비에서부터 교육내용 설정, 교수 전략적 측면까지를 포함한다. 교사가 이와 같은 계획을 소홀히 할 경우에는 교육 방향이 상실되거나 왜곡될 수 있다. 각 교육 프로그램에 따라 강조점이 다를 수도 있지만 일반적으로 다음과 같은 내용을 계획 단계에서 점검해야 한다.

첫째, 어떠한 재료가 필요한가?

둘째, 어떤 교육활동이 필요하고 왜 그러한 활동을 영유아들에게 소개하는가?

셋째, 어떤 방법으로 영유아들에게 제시하고 수업을 전개할 것인가?

먼저 재료구입은 크게 2가지로 계획할 수 있다. 첫째는 장기적으로 사용되는 것과 단기적으로 사용되는 것을 구분하여 계획하고, 둘째는 쉽게 수집할 수 있는 재료와 쉽게 수집할 수 없는 재료로 분류하여 계획한다. 장기적으로 사용되는 재료는 전체 교육내용 중에서 가장 많이 사용되어질 재료가 무엇인가를 결정하는 것을 말하고, 단기적으로 사용하는 것은 그다지 많이 사용되지 않는 재료를 의미한다. 쉽게 수집할 수 있는 재료란 문방구 혹은 생활 주변에서 쉽게 수집되는 재료를 의미하며, 쉽게 수집되지 않는 재료란 계절이 바뀌면 전혀 수집이 불가능한 것을 말한다. 예를 들어, 낙엽 · 도토리 · 꽃 종류 등은 계절이 바뀌면 수집하기가 어렵다. 그러므로 평소에 수집하기 어려운 재료는 미리 계획을 하여 수집해 놓으면 적재 적소에서 손쉽게 이용할 수 있다.

각 활동의 교육적 효과는 전체 교육과정, 교육기관의 교육이념 그리고 영유아의 흥미나 욕구 등을 참고로 하여 세밀하고 구체적으로 살펴보아야 한다. 창작공예 활동 하나하나가 어떤 교육목표를 달성할 수 있는지 준거를 설정하고 작업이 끝난 후 그 준거가 어느 정도 영유아들에게 성취되었는지 분석한다. 마지막으로 교수계획은 계획된 활동내용을 영유아들에게 도입하는 단계부터 어떤 식으로 설명하느냐까지 구체적인 계획을 담아야 한다. 예컨대, 작업내용이 '종이작품 만들기' 라면 작업을 설명할 때에 노래는 무엇을 부르고 손유희 동작은 어떻게 하고, 종이는 언제, 어떤 방식으로 영유아에게 나누어 주며 가위나 풀은 누구를 시켜서 영유아에게 나누어 줄 것이며 작업이 끝난 후 어떻게 작품을 처리할 것인가에 이르기까지 세세한 계획을 세운다.

활동을 계획하는 근본 목적은 영유아의 학습이 잘 이루어지도록 환경준비에서부터 심리적인 교수방법에 이르기까지 최적의 선택을 하여 보다 잘 가르치려는 데 있다. 따라서 계획은 한번 설정했다고 하여 변동 없이 그대로 이행되어야 함을 의미하는 것은 아니며, 영유아의 흥미와 특별한 사정의 발생에 따라 융통성 있게 조절해 나갈 수 있어야 한다. 그러나 가능한 한 계획한 내용대로 실천되도록 해야 하고 계획은 실제 활동에 들어가기 이전에 설정되어야 한다.

(2) 동기 유발

창작공예 활동의 교수계획이 세워지고 실제 창작공예 활동이 시작되면 영유아의 동기를 유발시키는 일이 중요하다. 교사는 활동의 도입 단계에서 영유아로 하여금 작업을 하고 싶은 동기가 생기도록 노력해야 한다. 영유아의 창작공예 활동에 대한 흥미는 주위 사람들의 태도와 영유아 자신의 창작공예에 대한 내적 이미지, 그리고 또래들과의 상호작용에 의하여 발생한다. 헐록(Hurlock)에 의하면 흥미란 어떤 개체로 하여금 그 관심에 맞추어서 활동하게 하는 학습된 동기라고 하였다. 즉, 동기란 감각적으로 새로운 아이디어를 표현하려는 욕구에 대하여 감각과 인지 기관에 자극을 주어 흥미를 불러일으키는 것이다. 영유아들은 발달 단계에 따른 적절한 동기를 필요로 하므로 교사는 영유아들이 창작공예 활동에 임하기 전에 흥미를 북돋아 주고 감정을 자극시키는 데 중점을 두어야 한다.

제퍼슨(Jefferson)은 "감동은 동기를 유발시킨다."라고 하였다. 이는 어떤 현상이나 대상에 대한 인간 개개인의 느낌과 정서는 창조적인 행동을 유도하며 감동의 강화가 이루어질수록 풍부한 예술표현이 창출된다는 것을 의미한다. 브라운(Brown), 야로우(Yarrow), 알렌(Allen), 하트(Hart), 그리고 부엘(Buell) 등의 몇몇 심리학자와 교육학자들은 교사가 동기 유발을 위한 유인 체계를 어떻게 활용하느냐에 따라서 학습결과는 달라진다고 주장하였다. 맥비티(Mcvittey)는 유치원의 미술작업 시간에 교사가 동기 유발을 했을 때와 하지 않았을 때에 유아의 창의적 표현구성 방법이 달라졌음을 실험연구를 통하여 보고한 바 있다.

동기 유발은 견학을 가거나 영화나 연극을 보는 것, 음악을 듣는 것, 시를 감상하는 것, 여러 가지 사물이나 사람을 직접 대하는 것, 창의성을 유도하는 주제나 공상, 독창적인 사고, 재미있는 유머 등에 대해 생각을 해 보는 것 등을 통해 형성될 수 있다. 영유아가 무엇을 경험했으며 영유아가 좋아하는 것이 무엇인가를 알아내면 영유아로 하여금 매체를 새로운 방법으로 표현하게 하고 영유아의 기술을 다른 활동에 융통성 있게 적용시키도록 할 수 있다. 동기 유발은 보통 활동에 들어가기 전에 제공되는 여러 가지 재료나 영유아의 사물이나 사람에 대한 이전 경험으로부터 야기된다. 동기 유발을 위한 자극은 지나치지 않아야 하며 점차적으로 제시되어야 한다. 또한 연령이 높아질수록 동기 유발에의 노력이 더욱 필요하다. 영유아의 발달수준에 알맞은 적절한 동기 유발이 제공되지 않으면 영유아들의 작품은 판에 박은 듯이 획일화되거나 진부한 표현으로 뒤떨어질 위험이 있다. 연령이 낮을수록 현실과는 거리가 먼 추상적인 이야기나 개념적인 설명보다는 영유아 주변의 사실적인 이야기가 영유아의 공상과 상상력을 자극한다. 그러므로 교사는 계획한 활동에 대한 영유아의 흥미와 욕구를 유도하고 지속시키며 관심을 불러일으키기 위해 단계적으로 지도해야 한다.

관심을 유도하는 방법으로는 활동내용에 맞는 손유희나 노래를 부르거나 주제와 관련된 이야기를 나누는 것이 이상적이라고 볼 수 있다. 또는 작업활동에 관련된 시청각 자료를 보여줌으로써 계획된 내용에 관심을 집중시킬 수도 있다. 영유아의 관심이 계획된 작업에 어느 정도 모아지면 계획된 과제에 관련된 과거의 경험과 지식들을 다시 재생하도록 도와준다. 왜냐하면 과거에 경험했던 지식들은 창작적 제작의 기본 아이디어로써 활용할 수 있기 때문이다. 과거의 경험과 지식을 재생되도록 도와주는 방법은 영유아가 스스로 잊혀진 기억을 다시 재생하도록 교사가 대화를 통해서 유도하는 것이 가장 적합하다. 그 다음 단계에는 재생된 아이디어와 자료가 연합되도록 도와주어야 한다. 동기는 사람이 무엇인가 행동하도록 하는 내면적 충동을 일으키는 요인이다. 작업활동에 있어 동기는 생각과 감정을 시각적으로 표현하고자 하는 욕구를 자극하는 것이다(김수영, 1995). 창작공예 시간에 교사가 영유아에게 행한 동기 유발은 영유아의 자발적인 표현과 창의성에 영향을 미친다.

효과적인 동기 유발 방법은 다음과 같다.

1 긍정적인 자아개념을 갖게 한다.

- 나는 창의적인 사람이다.
- 나는 새로운 아이디어를 생각해 낼 수 있다.
- 나는 내가 하려는 것을 할 수 있다.
- 나는 귀하고 능력 있는 사람이다.
- 나는 내 방식대로 특이하게 그림 그리는 것이 좋다.
- 나는 유일하며 특별하다.
- 나처럼 하거나 말할 수 있는 사람은 없다.

2 창작공예 활동에 대한 긍정적인 태도를 지니게 한다.

- 창작공예 활동은 자기만의 경험, 지각, 감정을 표현하는 안전하고도 훌륭

한 방법이다.

- 창작공예 활동에서는 원하기만 하면 안 되거나 못하는 것은 없다.
- 창작공예 활동에서는 다양한 방법으로 시도해 볼 수 있다.
- 창작공예 활동은 재미있다.

③ 다양한 재료와 감상기회를 제공한다.

일반적으로 영유아는 주변에서 많이 본 익숙한 재료를 접하게 될 때 더욱 동기화된다.

- 재료 · 매체 : 창작공예 활동의 재료와 매체는 동기화하는 주된 요인이다. 영유아는 새로운 재료로 작업하고 실험해봄으로써 가능성과 아이디어를 발견한다.
- 시각적 자극 : 일상적이지 않은 물건들을 들여놓고(예 시계나 TV의 내부, 살아 있는 동물, 예쁜 식물, 곤충표본 등) 영유아들이 탐색하면서 즐거워하고 도전하게 한다.
- 확대경 또는 축소경 보기 : 실내 또는 실외에서 선, 모양, 빛깔, 질감, 촉감, 생물체 등 보이는 것을 기록하게 한다.
- 음악 : 음악을 들으면서 그림이나 디자인을 생각해 보게 한다. 집중하기 활동에 바로 이어서 음악을 들려 주는 것이 특히 효과가 있다.
- 시와 이야기 : 시와 이야기도 음악처럼 영유아의 상상력을 자극하는 강력한 요소가 될 수 있다.
- 견학가기 : 스케치북을 들고 근처의 흥미로운 곳으로 현장 견학을 가는 것도 강한 자극이 될 수 있다. 영유아로 하여금 견학 후 눈으로 보고 손으로 만져 보고 귀로 들어본 경험 등을 표현하도록 한다.

④ 자신의 내부의 소리에 주의를 집중하도록 하고 영유아의 노력을 칭찬해 주고 긍정적으로 평가해 준다.

⑤ 과거의 경험이나 상상을 통해 동기를 유발한다.

과거에 경험했던 일을 물어보거나 발표하게 하여 동기를 유발하거나, 이야기 끝 부분을 상상해서 다시 만들게 하거나, 공상적인 상황을 설정해서 "만약 ~라면, 어떻게 될까?" 등의 질문을 통해 상상력을 자극한다.

(3) 활동지도

창작공예 활동의 도입 단계에서의 동기 유발이 이루어지면 영유아가 재료로 무엇을 만들 것인지 결정하게 된다. 이때부터 교사의 적극적인 역할은 끝나고 영유아들은 실제 작업에 들어가게 되어 영유아들이 창작공예 활동의 주체가 된다. 동시에 교사는 적극적인 자세보다는 소극적인 참여로 영유아의 작업을 지도하는 입장을 취해야 한다. 작업이 계속되는 동안에 영유아들은 그들 나름대로의 감정과 아이디어를 표현하려고 하는 강한 내적 동기가 형성되므로 교사는 조용하게 개개인의 영유아들이 무엇을 어떻게 하고 있는지 관찰하고 작업습관을 살펴보아야 한다.

대부분의 영유아는 그 자신의 아이디어에 몰두하여 제작에 임하기 때문에 교사는 영유아의 활동을 간섭하거나 방해하지 않도록 주의해야 한다. 이때 작업에 몰두하지 않는 몇몇 영유아들은 활동에 관심이 없거나 또는 자신감이 없는 영유아들이다. 교사는 이러한 영유아에게 "가위로 오릴 수 없으면 손으로 찢어 붙여도 된다."라고 말해 줌으로써 도움을 제공할 수 있다. 자신감이 없고 잘하지 못하는 영유아들은 우선 작업시간에 무엇인가 완성함으로써 만족감을 갖게 하는 것이 필요하며, 기술적인 능력은 자유놀이 시간에 교사가 개별적으로 지도해 주는 것이 좋다. 반면에 작업에 열심히 참여하는 영유아에게는 칭찬과 격려를 해주어서 더욱 잘할 수 있도록 유도해야 한다. 작업을 미리 완성한 영유아는 가능한 한 아직 작업이 끝나지 않은 영유아들에게 방해가 되지 않도록 조용하게 다른 놀이를 할 수 있도록 한다. 예를 들면, 퍼즐놀이나 책 보기 등과 같은 조용한 놀이를 하도록 한다. 작업이 모두 끝나면 교실을 정리정돈하고 다음 단계인 평가 단계의 수업준비를 하고 이후 영유아의 작품을 전시해 주면 1가지 활동의 수업 절차는 종료된다.

도우(Dow)는 창작공예 활동은 영유아들에게 민주 시민적 자질을 길러주고 전인적 발달을 도모하기 위해 가르쳐야 하며, 영유아의 흥미와 경험을 존중하면서 지도해야 한다고 주장하였다. 또한 시젝스(Cizex)는 '자기표현' 이라는 모토로 영유아에게 어떠한 제시나 간섭, 제한이나 조건을 가하지 않고 영유아가 자발적으로 놀이를 하듯이 자유롭게 마음껏 표현하게 하자는 주장을 했다(김춘일, 1984). 이들의 주장은 프뢰벨(Fröbel), 듀이(Dewey) 등의 놀이를 통한 교육과 상통하는 사상으로 현대 창작공예 활동의 밑바탕이 된다고 할 수 있다.

이비드(Ibid)는 창작공예 활동의 교수방법을 자유작업, 작업의 주제를 정해 주는 방법, 지시적인 방법, 복사하는 방법, 패턴을 정해 주는 방법으로 분류했으며, 제퍼슨(Jefferson, 1969)은 영유아의 선택에 근거를 둔 창의적인 표현방법, 일반적인 주제를 정해 주어 영유아 나름대로의 방법으로 표현할 수 있게 하는 방법, 다른 그림이나 디자인 또는 모델을 복사하는 방법, 타인에 의해 만들어진 견본을 복사하거나 지시대로 조립하는 방법, 누군가 그려놓은 윤곽선 내부에 색종이 혹은 조각을 붙이는 방법 등으로 나누었다. 이비드(Ibid)는 처음의 2가지 방법을 제외한 나머지 방법들은 어른들에 의해 완성작이 미리 결정된 지시적 지도방법으로 간주했으며, 주제를 미리 정해 주더라도 영유아가 다음 단계에서 자기 나름대로 선택이 가능하기 때문에 자유작업과 주제 정해 주기는 창작공예 활동의 본질적인 가치를 달성할 수 있는 바람직한 것으로 보았다. 대체로 교사에 의해 부과되는 조건이 적을수록 보다 많은 선택의 기회가 영유아에게 주어지게 되므로 선택의 기회가 많을수록 바람직한 교수방법으로 볼 수 있다(오종숙, 2001).

1 교수방법 유형

교사는 창작공예 활동이 시작되기 전에 어떤 교수방법을 선택할 것인가에 대해 신중하게 결정해야 한다. 교수방법은 활동의 요소인 주제, 재료, 기법 및 구성의 아이디어 등을 교사와 영유아 중 누가 결정을 하느냐에 따라 달라진다.

가. 일반적인 교수방법 유형

1. 자유작업

무엇을 만들 것인가의 주제 결정뿐만 아니라 재료의 선택과 제작의 기법 및 구성의 아이디어까지 영유아가 스스로 결정하는 방법을 말한다. 이러한 교수방법은 영유아의 문제해결 능력과 창의성을 신장시키는 가치를 지닌다. 영유아는 자신의 개인적, 집단적 경험을 자발적으로 표현하고자 하는 욕구가 생길 때 어느 누구의 제시나 간섭 없이 아이디어를 창안해 낸다. 이 교수방법의 주체는 영유아 자신이며 교사는 단지 영유아들이 자유롭게 자신의 아이디어를 표현하도록 도와주는 안내자의 역할을 할 뿐이다. 영유아의 욕구나 흥미에 따라서 작품의 주제, 재료, 기법 및 구성이 모두 달라진다. 그러므로 교사는 미리 재료를 충분히 다양하게 준비하여 영유아들이 자유롭게 선택하고 활동할 수 있도록 배려해야 한다. 현장에서는 주로 자유선택 활동시간에 자유작업이 많이 행해진다. 예를 들면, '겨울잠을 자는 동물' 이라는 주제인 경우 교사는 영유아가 '겨울잠을 자는 동물' 에 대한 지식과 경험을 내면화하고 자유작업 활동 시 영유아 스스로 어떤 형태로든지 '겨울잠을 자는 동물' 을 표상해 낼 수 있도록 재료를 충분히 준비해 준다. 교사가 의도적으로 제시하지 않아도 영유아 스스로가 '겨울잠을 자는 동물' 에 대해 의욕적으로 표현해 내면 이 주제에 대한 교수가 적절히 이루어졌음을 의미한다.

2. 작업의 과제를 정해 주는 방법

1가지 요소를 교사가 결정하는 경우

- 주제를 정해 주는 방법

교사가 영유아들이 제작할 작업의 주제를 미리 정해 주고 그 이외의 재료, 기법 및 구성 등은 영유아들의 아이디어에 따라 선택하도록 하는 방법이다. 교사는 대체로 교육과정의 활동주제에 맞게 작업의 주제를 정하게 된다. 활동주제가 '우리나라' 라고 하면 작업주제도 '우리나라' 와 관련 있는 주제로 정하게 된다. 예를 들어, '족두리 만들기', '탈 만들기', '병풍 만들기' 등의 작업주제를 정할 수 있다. 이 방법은 주제가 정해지지만 영유아들의 아이디어나 경험에 따라 그 내용이 달라진다.

- 족두리를 만들어 보자 : 주제의 결정 (교사)
- 무엇으로 만들까? : 재료의 결정 (영유아)
- 어떻게 만들까? : 기법의 결정 (영유아)

● 재료를 정해 주는 방법

교사가 영유아들에게 재료만 정해 주고 그 이외에 무엇을 만들 것인가의 주제와 어떻게 만들 것인가의 기법 및 구성 등은 영유아들이 선택하도록 하는 방법이다. 이 방법도 재료만 정해질 뿐 영유아들의 아이디어나 경험에 따라 주제, 기법 및 구성이 다르게 표현된다. 특히 우연히 확보한 재료를 활용하고 싶을 때 적용할 수 있다.

- 스티로폼 조각으로 만들자 : 재료의 결정 (교사)
- 무엇으로 만들까? : 주제의 결정 (영유아)
- 어떻게 만들까? : 기법의 결정 (영유아)

● 기법이나 구성을 정해 주는 방법

교사가 영유아들에게 기법이나 구성을 정해 주고 그 이외에 무엇을 만들 것인가의 주제와 재료는 영유아들이 선택하도록 하는 방법이다.

- 종이를 붙여서 만들자 : 기법의 결정 (교사)
- 무엇을 만들까? : 주제의 결정 (영유아)
- 무엇으로 만들까? : 재료의 결정 (영유아)

이와 같이 1가지 요소를 교사가 결정하고 나머지를 영유아가 생각하도록 하는 방법은 현장에서 많이 활용되는 교수방법으로 영유아에게 상당한 자유와 융통성을 부여하지만 교사의 체계적인 계획도 있어야 한다.

2가지 요소를 교사가 결정하는 경우

● 주제와 재료를 제시하는 경우

- 배를 만들자 : 주제의 결정 (교사)
- 우유갑을 이용하자 : 재료의 결정 (교사)
- 어떻게 만들까? 무엇으로 꾸밀까? : 기법 · 구성의 결정 (영유아)

● 주제와 기법 · 구성을 제시하는 경우

- 바닷속을 꾸미자 : 주제의 결정 (교사)
- 여러 가지 재료를 붙여서 만들자 : 기법 · 구성의 결정 (교사)

- 어떤 재료를 사용했으면 좋겠니? : 재료의 결정 (영유아)

- 재료와 기법 · 구성을 제시할 때
  - 깡통으로 만들자 : 재료의 결정 (교사)
  - 깡통에 색종이를 붙이거나 그림을 그려서 만들자 : 기법 · 구성의 결정 (교사)
  - 무엇을 만들까? : 주제의 결정 (영유아)

2가지 요소를 교사가 부분적으로 결정하는 교수방법은 대체로 반구조적인 활동으로 정의할 수 있다. 이 교수방법은 교사의 의도적인 방향결정이 상당히 작용하는 경우로서 대체로 교육과정의 주제와 관련될 때, 협동작업을 구성할 때, 연간의 창작공예 프로그램을 진행할 때 적용된다.

3가지 요소를 교사가 결정하는 경우

- 부채를 만들자 : 주제의 결정 (교사)
- 나무젓가락과 종이 접시와 고무밴드를 이용하자 : 재료의 결정 (교사)
- 종이 접시를 나무젓가락에 끼우고 고무밴드로 묶자 : 기법 · 구성의 결정 (교사)

3가지 요소를 교사가 결정한 경우 영유아는 다만 수동적으로 따르게 되므로 영유아의 창의성은 거의 기대할 수 없다.

3. 복사하는 방법

교사가 미리 모델을 정해 놓고 영유아들이 그 모양대로 만드는 교수 유형으로 주제는 물론 재료와 기법 및 구성까지도 그대로 따라하는 방법이다. 예컨대 교사가 찰흙 점토로 만든 '탈'을 유아에게 보여주면서 이 모델의 형태대로 영유아에게 만들도록 하는 방법이다. 영유아는 피동적 · 수동적으로 움직일 뿐 영유아의 자발적인 표현이나 독창적인 표현은 나타나지 않는다.

이상으로 영유아 창작공예의 활동 요소별로 교사가 결정하느냐 유아가 결정하느냐에 따른 장 · 단점을 알아보았다. 사실 영유아 창작공예 활동을 구조화할 것인가, 아니면 영유아들이 하는 대로 내버려 두느냐 하는 점의 균형을 맞추기란 쉬운 일이 아니다. 어떤 교사들은 창작공예 활동을 구조화하지 않으려 하는데 후에 영유아들이 보다 더 분명한 안내를 필요로 하고 있음을 발견하는 경우가 있다. 그러나 지나치게 구조화된 창작공예 활동은 영유아의 창의성을 저해한다. 아이스너(Eisner)는 교사에 의해 부과되는 조건이 많아질수록 영유아가 결정하는 기회는 줄어들며, 부과된 조건이 적을수록 보다 많은 선택의 기회가 생기므로 영유아 주도적인 수업이 가능하다고 주장하였다. 결국 바람직한 창작공예 활동을 위한 교사의 교수 전략은 활동의 유형 · 시간 · 집단의 크기 · 내용 등을 조직하고 계획하는 노력이 영유아의 자율적 노력과 균형을 이룰 때 가장 효과적이다. 주제 · 재료 · 기법 및 구성의 3가지 요소 모두를 영유아가 선택하고 결정한다면 가장 창의적이고 성공적이라고 할 수 있을 것이지만 실제로 영유아들에게 이러한 것을 기대하기는 어렵다. 지시적인 교수방법은 창의력 상실의 원인이 되며 영유아의 개성적인 표현을 막게 되므로 지시하거나 복사하도록 하는 교수유형 또한 바람직하지 못하다. 영유아들의 독특한 창의성이 발휘될 수 있는 교수방법, 즉 작업활동의 주제, 재료, 기법 및 구성 모두를 영유아가 선택하는 자유작업이나 그 중에서 1가지만을 교사가 결정하여 주는 방법이 바람직한 창작공예의 교수방법이라고 할 수 있다. 그러므로 교사는 위와 같은 활동요소의 결정에 있어서 융통성 있게 대처해 나가고 점차 영유아가 이 3가지 요소를 모두 결정할 수 있도록 교수 전략을 전개해 나가야 한다. 학기초에서 학기말로 나아가면서 점점 3가지 요소를 영유아가 주도할 수 있도록 계획을 짜고 실행해 나가야 한다. 영유아가 창의적으로 창작공예 활동을 하게 되는 것은 독립성과 자율성을 보장해 주는 분위기에서 가능하다. 즉, 영유아의 생각과 느낌을 존중해 주고 표현할 수 있는 기회와 재료를 충분히 제공해 줄 때 가능하다. 교사는 영유아가 자기 능력을 최대한 발휘할 수 있도록 부추기고, 설득하고, 격려하고, 유도하고, 일러주고, 이끌고, 도전하게 하고, 자극을 주고, 용기를 불어넣어 주어야 한다(김수영, 1995).

나. 주도 형태에 따른 교수방법 유형

지도방법을 교사 주도형, 영유아 주도형, 교사 안내형으로 구분하기도 한다

(Schirrmacher, 2009).

1. 교사 주도형

무엇을 가지고 어떻게 만들 것인가의 생각을 교사가 가지고 있어 구조화의 정도가 높다. 영유아는 교사의 지시에 따라 단순한 작업만 한다.

2. 영유아 주도형

교사는 영유아가 어떤 활동을 할 것인지 격려만 하고 선택권은 영유아에게 있다. 따라서 구조화의 정도는 매우 낮은 편이다. 이러한 지도방법은 표현능력이 풍부한 영유아는 매우 좋아하지만 대부분의 영유아들은 부담을 느낀다.

3. 교사 안내형

영유아 주도형과 교사 주도형의 절충방법으로 가장 적합한 창작공예 활동방법이다. 적절히 구조적이며 교사는 영유아에게 다음과 같은 적당한 자극을 제시한다.

- 주제를 제시하지만 특별한 지시 없이 영유아가 자유롭게 재료를 선택하도록 한다.
- 새로운 재료에 대해 소개해 준다.
- 기존 작업을 확장시키거나 새로운 기술을 제시한다.
- "빈 상자와 색종이를 어떻게 사용하면 좋을까?"와 같이 교사가 문제를 제기한다.
- 창작공예 활동에서의 작업을 다른 활동영역으로 확장시킨다. "동물 가면을 만들었구나. 동물 가면을 쓰고 연극놀이를 하면 어떨까?"

주도 형태에 따른 3가지 교수방법은 영유아에 따라, 활동작업에 따라 융통성 있게 적용될 수 있다. 영유아들은 다양한 방법으로 학습을 하므로 교사는 영유아 주도형과 교사 주도형 사이에서 적절한 균형을 이루는 안내자 또는 촉진자의 역할을 하는 것이 바람직하다.

② 실제 활동 단계별 지도

가장 바람직한 지도 유형을 적용한다고 할지라도 영유아 창작공예 활동이 꼭 순조롭게 진행되지는 않는다. 창작공예의 실제 활동에서 교사는 도입, 전개, 종결 단계로 구분하여 시간을 적절히 배분하되 융통성 있게 지도하는 것이 바람직하다.

재료나 주제에 따라 다르지만 대개 도입 단계는 5~10분 정도 진행하는 것이 좋다. 10분을 넘는 긴 도입활동은 오히려 학습활동에의 의욕을 상실하게 한다. 구체적인 지도는 전개 단계에서의 제작활동이 시작된 후에 개별적으로 지도하는 것이 좋다.

전개 단계는 15~30분 정도가 적당하며 종결 단계는 10~15분 정도로 하고 정리시간을 두어 마무리를 짓는다. 활동을 끝내는 시간은 영유아에 따라 작업 진도차가 있기 때문에 일정하게 할 수는 없다. 그러나 대개는 거의 전원이 끝났을 때를 가늠해서 정하도록 한다. 종결 단계에서는 새롭게 무엇을 알았는지 무엇이 아직 불충분한지를 명확하게 하는 것이 좋다.

가. 도입 단계

앞서 소개한 동기 유발 방법을 활용하여 먼저 작업주제에 대한 동기를 유발한다. 다음으로는 무엇을 어떻게 만들지를 가급적 직감적으로 파악하도록 지도한다. 참고작품을 보여주는 것도 좋은 방법이지만 영유아 각자가 작품을 예상하도록 한다. 어떤 모양, 어떤 색깔, 어떤 기법이 좋은지를 예상하고 구상하여 그림을 그려보게 한다. 도입지도는 될 수 있는 한 간단하게 진행하고 전개 단계로 신속하고 활력있게 연결되게 한다. 도입 지도는 '시각화' 나 '동작화' 를 적용하면 효과적이다. 즉, 그림이나 만들어진 작품을 보여주거나 시험작, 실험 등을 활용하는 것이다. 이와 같이 직감에 호소하는 지도는 영유아의 호기심을 자극한다. 그러나 도입 단계에서 너무 자세히 설명해 주면 지루해서 오히려 역효과가 날 수 있다. 무엇을 어떻게 해야 할지를 상세히 알려주면 알기 위한 노력이나 탐구의 자세가 사라지게 되고 들은 대로 본 대로 움직일 뿐이다. 새롭고 낯선 재료와 활동에 접어들어 해결하고자 노력하는 태도와 탐색하고 실험해 보고자 하는 의욕을 갖도록 동기 유발만 시키면 된다. 도입지도에서 교사는 작업의 주제와 목표를 확실히 알려주어야만 하지만 다른 부분은 영유아가 생각할 수 있는 여지를 남겨 두어야 한다. 교사의 제시가 적은 만큼 영유아의 탐구활동은 더 활발해질 수 있다.

나. 전개 단계

미리 확실한 '예상'이나 '구상'을 세우지 않으면 전개활동은 진행되지 않는다. 전개활동의 구체적 예상이란 아이디어가 정해지고, 만들 작품의 윤곽이 그려지며, 제작계획이 정해지고, 준비물과 절차가 정해지는 것이다. 즉, 무엇을 어떻게 만들면 좋을까를 확실히 하는 것이다. 아이디어에 자신이 없고 제작의 예상도 서지 않고서는 제작활동을 시작할 수가 없다. 아이디어를 확실히 하는 것이 이후 작업의 진전을 좌우한다. 아이디어를 확실히 하는 데에는 도시(圖示)와 시작(試作)을 통해 검토하는 것이 가장 효과적이다. 머릿속에 어렴풋이 생각나는 아이디어나 생각을 그림으로 그려보면 확실해지게 된다. 만들 것을 그림으로 그려 표현하는 습관을 들이면 작업과정도 확실하게 된다. 그림으로 나타내 보면 확실하지 않은 부분이 곧 선명해지기 때문이다. 그러나 영유아에게는 아직 구체적 예상이나 도시의 기능이 갖추어져 있지 않다. 따라서 교사는 영유아들에게 밑그림 그리는 습관을 갖도록 지도하는 것이 좋다.

아이디어에 따라 제작에 들어가게 되면 재료나 용구를 접하게 되는데 재료나 용구를 적절히 사용할 수 있어야 원하는 작품이 나올 수 있다. 용구에는 그 용구 고유의 바른 사용법이 있다. 용구를 바르게 잡고 사용하지 않으면 솜씨 있게 작품을 만들 수 없을 뿐만 아니라 상처를 입을 수도 있다. 많은 만들기 제재는 거의 용구와 재료의 취급방법, 즉 기능의 습득을 의도하고 있고 그것은 거듭된 훈련을 통해 성취된다. 용구는 우선 바르게 사용하고 그 다음에 기교 있게 사용하도록 해야 한다. 어느 용구나 손의 힘과 크기에 알맞으면 사고 없이 쉽게 사용할 수 있다. 창작공예 활동은 종이, 판지, 나무 등의 사용이 많다. 이런 재료들은 모두 섬유질 재료로서 방향성이 있다. 자르고 접는 가공에서는 방향성을 고려해야 한다. 나무나 금속, 플라스틱 등 그 밖의 재료는 섬유질 재료와는 다른 독특한 처리기법이 있다. 재료의 특징을 알고 재질을 살린 가공을 하는 것이 바른 용구

사용법과 함께 창작공예 활동 시 필요한 선행조건이다. 재료나 용구의 사용에서는 특히 '안전사고'에 유의해야 한다. 예를 들면, 틀린 사용법이나 무리한 사용을 하지 않도록 하며 용구를 사용할 때는 정신을 집중해서 사용하도록 한다. 또한 용구를 바르게 건네주는 방법이나 사용 후의 바른 수납 등 용구사용 방법의 기초를 확실하게 가르치고 이를 습관화시켜야 한다. 제작활동에 들어가면 영유아는 여러 가지 장애에 직면하게 되는데, 이때 용구나 재료의 사용법을 확실히 익힐 수 있도록 교사는 조언을 해주어야 한다. 그러나 미리 답을 주어서는 안 되며 어디까지나 영유아 스스로 문제를 해결할 수 있도록 지켜보는 것도 필요하다.

영유아가 재료와 용구를 가지고 작품을 제작하는 과정에서 새로운 기법을 도입해야 할 필요가 생긴다. 이때 교사는 새로운 기법을 영유아에게 알기 쉽게 소개해 주어야 하는데, 새로운 기법을 알려 주어야 할 적절한 시기는 다음과 같다.

첫째, 영유아가 재료에 흥미를 느낄 때 소개한다. 예를 들면, 점토를 영유아에게 제공하여 영유아가 점토를 다루면서 점토의 속성을 마음껏 탐색하게 한다. 그리고 나서 교사는 점토 다루는 방법 및 기법을 소개하는 것이 좋다.

둘째, 영유아가 새로운 기법을 필요로 할 때 소개해야 한다. 영유아가 작업을 하는 도중 자신의 아이디어를 구현하는 과정에서 문제가 생기거나 장애를 경험하게 되는 경우가 흔히 생긴다. 예를 들면, 스티로폼에 빨대를 붙여서 구성하려고 할 때 어떤 접착제를 사용해야 할지 고민하는 경우가 있다. 오공본드를 사용해서 접착하려다가 스티로폼이 녹아들어가 당황하는 경우에 스티로폼에 사용되는 스티로폼 본드를 소개해 주거나 셀로판테이프로 고정시키는 방법을 소개해 준다. 또한, 우리 동네를 주제로 공동작업을 할 경우에 전지 위를 색칠해야 할 때는 평소에 영유아들이 사용하는 가는 붓보다는 크고 넓은 페인트 붓을 사용하면 쉽고 빠르게 칠해 나갈 수 있음을 알려준다.

셋째, 특별한 창의적 수업을 할 때 새로운 기법을 알려주는 것이 필요하다. 주어진 물건(폐품을 주로 이용)을 가지고 각자 나름의 방법으로 새로운 것을 만들어내려고 할 때 여러 가지 기법이 필요하게 된다. 영유아들이 서로 토의하고 생각해서 새로운 기법을 제시하게 하거나 영유아의 힘으로 해결하기 어려운 경우는 교사가 개입하여 기법을 소개해 주는 것이 좋다.

넷째, 시범을 보여 준 후에 소개하는 것이 바람직하다. 도자기 공장에 견학을 가서 항아리가 만들어지는 과정을 살펴보고 돌아온 다음 영유아들에게 찰흙 점토를 제공하면 항아리가 만들어지던 과정을 떠올리면서 똑같이 만들어보려고 시도할 것이다. 이때 교사가 찰흙 점토의 여러 가지 기법을 차례로 하나씩 소개해 주면 영유아들은 쉽게 찰흙 점토 공작에 접근할 수 있다. 근처에 건축 중인 공사장이 있을 때도 영유아들은 자연스럽게 구성에 흥미를 가지게 된다. 이때 교사는 구성에 필요한 여러 가지 재료와 기법을 소개하고 조립품이나 조각품을 만들어보게 한다. 또한 표백그림을 그리는 기법을 소개할 때, 교사가 흰 도화지 위에 색셀로판지를 펴놓고 면봉에 표백제를 찍어 셀로판지 위에 그림을 그리고 영유아들로 하여금 지켜서서 보게 하면 영유아들은 표백그림의 기법을 쉽게 이해하게 된다.

다섯째, 안전사고를 미연에 예방하기 위해서 기법을 소개해야 할 때가 있다. 특별한 기법의 지도는 영유아 나름의 탐구와 실험을 방해하거나 저지할 수도 있으나 안전 사고의 예방을 위해서는 필요하다. 단, 영유아의 탐구심을 방해하지 않는 최소한의 범위 내에서 기법의 소개가 이루어져야 한다.

다. 종결 단계

창작공예는 제작을 하는 활동이지만 작품의 결과로 영유아를 파악하거나 평가해서는 안 되며, 설령 작품이 예상한 대로 나오지 않았더라도 작품의 제작과정을 높이 평가해 주어야 한다. 작품제작 과정에서 체험하는 여러 가지 발견과 탐구와 실패 등이 다음 활동의 밑거름이 되기 때문이다. 작품제작 과정에서의 자기평가, 자기조절 능력을 조금씩 키워가는 것이 바로 창작공예의 가치이다. 창작공예의 궁극적인 목적인 '자율적 · 창의적 인간' 이란 곧 이러한 자기조절의 힘을 가진 사람을 뜻한다. 작품은 영유아 개개인을 나타낸다. 영유아의 작품에는 영유아의 정서, 사고, 개성이 함축적으로 표현되어 있다. 영유아의 작품을 이해하는 것은 곧 개개 영유아의 개성을 이해하는 일이 된다. 영유아의 작품은 또 교사의 지도를 반영하는 거울이기도 하다. 작품평가는 단순히 순위를 상대적으로 결정하는 것이 아니라 보다 충실한 영유아의 이해와 다음 지도의 참고자료가 되어야 한다.

또한 정리정돈도 학습활동으로 생각해서 종결 단계에서 지도해야 한다. 사용한 용구는 깨끗이 씻어서 다음 활동에 사용하기 쉽게 정리정돈하도록 한다. 종결 단계의 마무리에서는 만든 작품을 모든 친구들 앞에서 발표하고 의견을 교환하게 한다. 이러한 시간은 자신에 대한 반성과 평가와 인정의 기회를 영유아에게 제공한다. 교수활동 후 모든 영유아의 작품을 전시해 주면 좋지만 넓은 전시 공간이 없는 경우에는 차례대로 일정한 수의 작품을 전시해서 결과적으로 모든 영유아의 작품을 걸어준다. 작품을 전시할 때 작품 옆이나 밑에 작품명이나 작품에 대한 설명을 곁들이면 더욱 좋다.

③ 영유아 창작공예 활동계획안(예)

다음은 10월 '가을'을 주제로 한 나뭇잎 콜라주 활동에 대한 계획안이다.

4) 교사의 태도와 역할

어린이집이나 유치원에서의 창작공예 활동은 교사에 의해 주도되고 있다. 따라서 창작공예에 대한 교사의 태도와 역할이 무엇보다 중요하다고 할 수 있다. 교사는 발달적으로 적합하면서도 개방적이고, 내용영역 간, 타 교과 간의 균형적이고도 통합적인 창작공예 활동을 계획하고 제공해야 할 뿐만 아니라 영유아에게 창작공예 활동에 대한 자신감과 열의를 가질 수 있는 모델을 보이고, 내적인 동기 유발을 유도함으로써 영유아들로 하여금 미술 활동에 즐겁게 참여할 수 있도록 지원해야 한다(이영자 · 이정욱 · 유혜숙, 1998; Wendy & Ann, 1989).

교사는 영유아의 창작공예 활동을 즐거워해야 하며 영유아가 즐겁다고 느낄 수 있도록 개방적인 사고와 태도를 지니고 허용적인 분위기를 제공할 때, 영유아는 그들의 생각과 느낌을 마음껏 펼칠 수 있다. 또한 교사가 개별 영유아의 특성을 인정하고 성공적인 창작공예 경험을 할 수 있도록 배려하고 실수에 대해 편안한 마음을 가질 수 있도록 도와줄 때 영유아는 미술 활동을 즐길 수 있다(윤은미, 2010).

<table>
<tr><td>영 역</td><td>표현생활</td><td>주 제</td><td>가을</td></tr>
<tr><td>활동명</td><td>나뭇잎 콜라주</td><td>대 상</td><td>만 5세 이상</td></tr>
<tr><td>목 표</td><td colspan="3">• 가을의 나뭇잎과 낙엽에 대해 안다.
• 나뭇잎을 이용해서 아름답게 구성한다.</td></tr>
<tr><td>준비물</td><td colspan="3">• 여러 가지 나뭇잎(은행잎, 단풍잎, 소나무, 느티나무, 꽃사과, 장미, 플라타나스 잎 등), 딱풀, 두꺼운 도화지, 아크릴 물감과 도구, 셀로판테이프</td></tr>
<tr><td rowspan="4">활동
방법</td><td colspan="2">교사</td><td>아 동</td></tr>
<tr><td colspan="2">〈도입〉
오늘은 여러 가지 나뭇잎 콜라주 활동을 하려고 해요. 여기 나뭇잎들은 모습들이 서로 어떻게 다른지 잘 보세요.

자, 나뭇잎이 서로 어떻게 다른가요?

그래요. 나뭇잎은 서로 다르게 생겼어요. 이 나뭇잎의 이름은 뭐지요?

자, 오늘은 나뭇잎을 가지고 새롭게 꾸며보는 거에요. 무엇을 표현하면 좋을지 생각해 보세요.

무엇을 표현할 것인지 생각을 알려 줄 수 있겠어요? 누가 이야기해 볼래요?
좋은 생각이군요. 그럼, 다른 친구들은 어떤 생각을 했나요?</td><td>열심히 관찰한다.

색깔이 달라요. 모양이 달라요.
이름이 달라요.
단풍잎이요. 은행잎이요.
소나무잎이요.

생각하도록 한다.

저는 나뭇잎으로 나비를 만들거에요.
저는 잠자리를 만들거에요.</td></tr>
<tr><td colspan="2">〈전개〉
다들 좋은 생각을 했어요. 그럼, 직접 도화지 위에 표현해 봐요.</td><td>구상한 것을 표현하도록 한다.</td></tr>
<tr><td colspan="2">〈종결〉
자기가 만든 작품을 친구들 앞에서 소개해 주세요.</td><td>각자 나와서 발표하도록 한다.</td></tr>
<tr><td>추후 활동</td><td colspan="3">작품에 사용한 나뭇잎이 몇 개인지 서로 세어보고 비교해 보게 한다.</td></tr>
</table>

창작공예 활동 시 바람직한 교사의 태도는 다음과 같다.

첫째, 교사는 영유아의 개별적인 발달에 중점을 두어야 한다. 교사는 모든 영유아가 좋아하는 것을 알아야 하며 영유아들의 개인 간의 차 및 개인 내의 차를 인식하고 있어야 한다.

둘째, 교사는 창작공예 활동을 영유아 각자의 창의성 발달을 위한 수단으로 활용하여야 하며, 미술재료를 적절히 제공하기 위해 경우에 따라서는 전문가의 충고와 도움을 구해야 한다.

셋째, 교사는 창작공예 활동을 계획하는 데 있어 융통성이 있어야 하며 집단 안에서의 영유아의 개성을 무시해서는 안 된다. 작품은 사물에 대한 표현이라기보다는 사물에 대해 가지고 있는 영유아 자신의 경험의 표현이다. 따라서 교사는 융통성을 지니고 자신의 기호보다는 영유아의 흥미와 경험을 존중하고 작품에 영유아의 개성이 반영될 수 있도록 허용해야 한다.

넷째, 교사는 따뜻하고 친절한 사람이어야 하며 영유아의 제안에 대해 개방적이어야 한다. 영유아의 작업의 양과 질은 교사의 따뜻함과 친절함에 비례한다. 민주적인 교사는 영유아의 의견이나 판단을 요청하고, 제안에 대해 칭찬을 하며, 친절을 토대로 유머러스하며, 개인차에 따른 개별화된 지도를 적절히 제공한다.

다음은 창작공예 활동 시 바람직한 교사의 역할에 대해 정리한 것이다.

창작공예 활동시 교사의 역할

- 진단자로서의 역할
  - 개인차가 있는 영유아들의 각자의 발달수준이 어느 정도인가를 진단한다.
  - 영유아들이 원하고 있는 교육내용과 교육방법을 진단한다.
  - 영유아들이 주로 어떤 내용과 방법을 어려워하는지 진단한다.
  - 영유아들의 흥미도, 적성, 또래관계, 가정생활, 건강상태, 적응력 등을 진단한다.
- 안내자로서의 역할
  - 영유아들이 해야 할 활동내용, 활동방법, 활동순서를 안내한다.
  - 영유아들이 활용해야 할 활동재료들을 준비해 주고 활용방법을 안내한다.

- 상담자로서의 역할
  - 영유아들 각자가 가지고 있는 문제점이 무엇인가를 진단하고 조심스럽게 상담해 준다.
- 촉매자로서의 역할
  - 단순히 지식만을 제공하는 전달자가 아니라 교사와 영유아 간, 또는 영유아와 유아 간에 인간적인 상호작용이 이루어지도록 촉진한다.
  - 학습의욕이나 학습동기를 불러일으킬 수 있도록 자극을 준다.
- 연구자로서의 역할
  - 교사 자신이 교양이 풍부한 사람이 될 수 있도록 끊임없이 노력하여야 한다.
  - 다양한 창작공예 활동방법과 기술을 충분히 배우고 익혀야 한다.
  - 창의적인 해결방안이 나올 수 있도록 폭넓은 융통성을 발휘해야 한다.
- 칭찬을 잘 해주는 역할
  - 영유아들을 부정적인 눈으로 보지 않고 항상 긍정적인 눈으로 보려고 노력해야 한다.
  - 매나 벌보다는 칭찬과 격려로써 지도해야 하며 통제와 격려와 칭찬을 조화롭게 활용하여야 한다.

6. 영유아 창작공예 활동의 평가 및 작품 전시

1) 영유아 창작공예 활동의 평가

영유아 창작공예에서 평가는 아주 어려운 작업이다. 그렇다고 평가를 하지 않을 수는 없다. 영유아 창작공예에서 평가는 영유아들이 표현해 놓은 결과만을 의미하지는 않기 때문이다. 보다 바람직한 영유아 창작공예 활동을 위한 교수방안을 모색하는 관점에서 평가를 바라보아야 한다.

(1) 평가의 개념과 의의

평가란 어떤 목표를 세우고 활동을 한 결과 그것이 어느 정도 목표에 도달했는가에 대한 성과를 확인하고 다음 활동에 새로운 방향을 제시하는 것을 말한다.

일반적으로 영유아교육현장에서의 평가는 영유아의 전반적 상황을 기록하여 인지적, 신체적, 사회적 발달상황을 이해하고 이를 바탕으로 영유아의 전인적 성장발달에 조력이 될 수 있고 다른 학습활동 계획에 반영될 수 있도록 하는 영유아를 위한 평가가 이루어지고 있다(김경철 · 정혜승 · 배연희 · 신윤원, 2008).

영유아들을 대상으로 한 창작공예 활동의 평가는 영유아이기 때문에 더욱 신중을 기해야 한다. 영유아의 연령이나 성숙 정도, 발달수준, 능력 등을 고려하여 전체적인 측면에서 바라보고 작품을 만드는 과정을 중요시해야 한다. 영유아들은 언어나 다른 전달수단에 의한 의사표현이 미숙하므로 낙서나 그림 혹은 꾸미기나 만들기를 통해 자신의 내면 감정과 정서상태를 나타낸다. 그러므로 영유아들의 작품에 대한 평가는 작품의 완성도나 예술적 측면보다는 얼마만큼 내면 세계를 반영했는가에 맞춰져야 한다. 창작공예 활동도 다른 활동처럼 학습목표가 있지만 너무 기준에 맞추는 평가가 되어서는 안 된다. 창작공예 활동은 내면 세계의 표출이자 지적 활동의 산물이기 때문이다.

따라서, 평가는 영유아들의 창작능력과 창작태도를 진단하고 판단하여 영유아와 영유아의 작품을 보다 깊이 있게 이해하는 데 의의가 있으며, 평가를 통해 지도방법을 검토하고 반성하여 더 나은 창작공예 활동으로 나아가야 한다.

창작공예 활동의 평가는 작품이 영유아의 내적 세계와 마음의 표현이기 때문에 객관적 기준을 정하기가 어렵다. 무엇을 가르칠 것인가? 어떻게 가르칠 것인가에 대한 연구도 중요하지만 어떻게 평가하여야 하는가에 대한 연구 또한 교육 분야 중에서 가장 중요하고도 어려운 문제 중의 하나이기 때문이다. 평가를 단순히 '시험을 치른다'로 여기는 사람이 많은데, 평가(evaluation)와 시험(testing), 평정(grading)의 의미 간에는 다음과 같은 차이가 있다.

- 평가는 교육적으로 관련된 현상에 관한 가치를 판단하는 과정이다.
- 시험은 한 사람 또는 많은 사람의 행동을 기술하거나 판단하기 위한 자료를 얻는 절차이다.
- 평정은 어떤 준거와 관련하여 판단한 정도를 나타내는 상징을 정하는 과정이다.

그런데 실제 교육현장에서는 평가와 시험을 혼동하는 경우가 많은데, 그것은 평가가 지나치게 결과를 중시해 왔기 때문이다. 시험은 평가를 하기 위해 정보를 모으는 여러 가지 방법 중의 하나일 뿐이다. 그러므로 시험의 결과 역시 교사가 평가할 때 고려할 수 있는 자료나 증거의 일부분으로만 활용되어야 한다. 평가와 평정도 혼동할 수 있다. 평정이란 어떤 기준에 의하여 작품이나 노력의 질에 등급을 매기는 것이다. 그런 의미에서 평정은 창작공예 활동의 질을 구분해서 상징적으로 나타내고 전달하는 간단한 기록이며 종합적인 진술이라고 할 수도 있으나 평가 혹은 시험과는 의미가 다르다. 평가는 결과로써의 평가가 아니라 프로그램이 진행되는 동안 틈틈이 하는 과정에 대한 평가가 중요하다. 영유아 창작공예 활동에 있어서는 객관적인 검사 도구와 방법에 의해 이루어지는 평가보다 교사의 관찰을 중심으로 이루어지는 평가가 더 많은 비중을 차지하므로 그만큼 더 중요하다고 볼 수 있다.

평가의 교육적 의의 중의 하나는 평가과정을 통하여 새로운 아이디어를 영유아들끼리 공유할 수 있도록 하는 것이다. 이것은 3~4명의 영유아가 자신의 작품을 손에 들고 전체 영유아들에게 보여줄 때에 교사가 개개인의 영유아들 작품에서 잘된 점을 찾아 칭찬하면서 시작된다. 이때 교사는 개인의 능력에 대한 우수성과 그렇지 못한 기술적 측면을 평가하는 것이 아니라 상상력 · 창의력 · 색의 독창성 등을 고려한 창의적인 측면에 중점을 두어 칭찬과 격려를 해야 한다. 아이스너(Eisner)는 창작공예의 평가목적은 영유아들이 자신 및 타인의 작품을 인식하고 올바르게 감상하게 하여 작품의 질을 높이는 데 있다고 하였다(오종숙, 2001). 또한 슈마허(Schirrmacher)는 평가는 작업의 진전을 평가하는 도구일 뿐 아니라 과정을 점검하는 수단이 된다고 하였다. 이와 같이 영유아의 창작공예 활동에 대한 평가는 작업활동의 결과, 즉 작품에 대한 평가보다는 작업활동 과정 중심으로 이루어져야 하며, 교사의 영유아에 대한 관찰평가와 영유아 자신의 평가, 교사 자신의 평가가 종합적으로 이루어져 각 영유아의 발달수준에 적합한 활동을 개발하는 데 유용한 기초자료로 활용되어야 한다(김혜금, 2000).

(2) 평가방법

창작공예 활동에 대한 평가에는 교사가 영유아를 평가하는 것과 영유아가 자기 자신을 평가하는 것, 교사와 영유아의 토의에 의한 평가가 있다. 이 중에서 영유아의 작품에 대한 교사의 평가보다는 영유아 자신의 평가가 더 중요하다. 그것은 영유아가 자기 자신을 어떻게 인식하는가, 또 어떤 발달 단계에 있는가, 작품을 통해 말하려고 하는 것은 무엇인가를 알 수 있기 때문이다. 미술교육가인 아이스너(Eisner)는 "평가는 교육적인 현상에 관련된 가치에 대한 판단과정을 포함할 수 있다."고 정의하면서 3가지 측면에서 평가를 주장하였다.

첫째, 자기 스스로 측정하고 확인하는 방법 (Student With Self)

둘째, 다른 사람과의 비교 · 평가로써 확인하는 방법 (Student With Class)

셋째, 교수목표, 성취도로 확인하는 방법 (Student With Criterion)

우리나라에서는 둘째와 셋째 방법을 주로 사용하고 있으나 스스로 평가하는 첫째 방법이 더 중요하다고 유아교육학자들은 말한다. 그러나 영유아들은 사실상 자기 평가가 어렵기 때문에 스스로 자기 평가를 할 수 있도록 영유아들을 지도하는 것이 필요하다. 영유아들의 그림 2~3 종류를 나열하고 어느 것이 더 좋은지, 왜 그런지를 질문하는 것은 하나의 방법이다. 또, 모든 작품을 한 곳에 모아서 전시하면 훨씬 많은 자기 평가를 할 수 있다. 그리고 영유아의 작품집을 만들어 보관하는 방법은 성인이 영유아를 이해하는 데 보충적인 정보를 제공해 주며, 영유아로 하여금 자신의 작품을 되돌아보며 자신감과 만족감을 갖게 한다. 교사와 영유아의 토의에 의한 평가방법은 작업 후 자신을 포함한 다른 영유아들의 작품에 대한 교사의 평가를 통해 함께 배우는 방법이다. 이때에는 개인이 아닌 전체를 대상으로 평가를 한다. 영유아 작품에 대한 평가는 사실적으로 묘사된 작품보다는 밝고 개성적이며 창의성이 엿보이는 자유로운 작품이 높이 평가된다.

1 평가의 유형

평가는 영유아 자신의 평가, 교사의 영유아에 대한 관찰, 교사의 작업 프로그램에 대한 평가로 구분할 수 있다.

가. 영유아 자신의 평가

영유아 자신의 평가는 영유아 자신이 작업을 어떻게 느끼는지, 자기 작품에 대해 어떤 생각을 하고 있는지, 또 활동을 통해 무엇을 배웠는지, 좋았던 점은 무엇인지, 다음에 하고 싶은 작업은 무엇인지에 대한 영유아의 생각을 알아보는 것이다. 영유아의 창작공예 활동에 대한 만족도는 교사의 생각과 상충되기도 한다. 영유아가 한 평가내용은 교사가 영유아의 욕구나 발달수준에 적합한 활동을 개발해 내는 데 필요한 중요한 참고자료가 된다. 그러나 대부분 영유아들의 표현능력은 미숙하기 때문에 평가지로 검사하기 어렵다. 이때 표정을 이용한 평가표를 이용하면 영유아들의 생각을 쉽게 알아낼 수 있다. 이 방법은 교사가 창작공예 활동에 대해 영유아에게 질문을 하면 영유아는 표정을 이용한 평가표로 자신의 의사를 밝히는 것이다.

교사가 창작공예 활동에 대한 평가항목을 제작할 때 포함시켜야 할 내용은 다음과 같다.

- 오늘 작업이 어땠니?
- 오늘 작업을 열심히 했니?
- 오늘 작업에서 무엇이 좋았니?
- 오늘 작업에서 무엇이 어려웠니?
- 혼자서도 잘할 수 있었니?
- 도움이 필요할 때 선생님이 잘 도와주셨니?
- 재료나 용구가 사용할 만큼 충분했니?
- 다음에 하고 싶은 작업은 무엇이니?

나. 교사의 영유아 관찰

창작공예 활동 프로그램이 진행되는 동안 교사는 관찰자로서 다음과 같은 것을 관찰한다. 관찰을 통해 얻은 자료는 반드시 기록을 하고 철해서 개인별 자료집를 만들어 보관한다. 이것은 개인별 특성을 파악하는 데 유익하며 개별 영유아의 평가와 부모와의 면담을 위한 자료로 활용할 수 있다.

- 영유아가 활동을 좋아했는가?
- 영유아가 자신감을 갖고 활동에 참여했는가?
- 영유아 개인의 신체적 · 인지적 · 사회적 · 정서적 · 창의적 발달수준은 어떠한가?
- 활동이 영유아에게 적합했는가?
- 영유아가 어떤 재료와 용구를 사용했는가?
- 영유아가 어떤 친구들과 같이 작업했는가?

영유아의 발달 정도 측정

다음 내용은 영유아의 발달을 이해하고, 적절한 활동을 설계하고, 부모에게 알리고, 창작공예 활동 프로그램을 검증하고, 영유아의 미술발달을 측정하기 위한 틀(framework) 또는 수단으로 사용할 수 있다(Schirrmacher, 2009).

교사는 영유아의 발달영역별 세부항목에 따라 영유아의 발달 정도를 평정척도에 따라 주기적으로 측정하고 개인별 자료집에 보관한다. 보관된 자료들은 영유아의 평가를 위한 자료가 될 뿐 아니라 영유아의 발달상의 진보를 증명한다.

- 신체적인 측면

미술도구를 사용할 때

- 대근육 조절
- 소근육 조절
- 도구의 적절한 사용

  가위, 풀, 붓, 크레용, 마커(markers), 찰흙 도구, 수채화 그림물감 세트
- 집중과 지속적인 참여
- 미술 활동의 완성

- 사회적인 측면
  - 혼자 작업하는 능력
  - 자기 책임감(self-responsibility)

    미술재료를 쓰고 제자리에 갖다놓기, 청소 · 미술 영역의 규칙을 지키기
  - 다른 것들을 복사하기보다 자신의 아이디어를 사용하는 자기 지향성(self-direction)
  - 이젤, 미술 영역에서 다른 사람들과 협동작업하는 능력
  - 다른 사람들의 미술 아이디어, 스타일, 그리고 작품(결과)에 대한 수용
- 정서적인 측면
  - 자신의 잘못, 실수, 그리고 성공하지 못한 작품에 대한 시도
  - 억제되고, 두려워하고, 지나치게 조심성 있는 태도보다 자기 확신과 자신감을 지님
  - 작품을 통해서 느낌, 기분, 정서 그리고 개성을 표현
  - 자신의 작품에 대한 즐거움과 자부심
  - 정서적으로 의미 있는 것들의 추가, 빠뜨림, 왜곡, 과장
- 인지적인 측면
  - 사람들이 과거에 왜 미술을 만들었으며 왜 그렇게 계속하는지에 대한

이해

- 자신의 작품에 대해 말하고 제목을 붙이고, 주제, 문장 또는 이야기를 받아쓰는 것에 대한 흥미
- 미술어휘를 알고 사용함
- 표현력

  매우 개인적인 표현

  다른 사람들이 인식할 수 있는 주제로써 대중적(일반적)으로 표현
- 색과 색의 혼합에 대한 지식
- 모양에 대한 지식

  원, 정사각형(네모), 세모, 직사각형(긴 네모), 선, 위의 것들에 대한 조합, 기타 비기하학적인 것
- 사람, 장소, 사물, 경험, 그리고 환경 내에서 개인적으로 중요한 사건에 대한 지식을 반영함
- 사람을 그림

● 창의적인 측면

- 다양한 재료를 가지고 발견하고, 실험하고, 탐구하고자 하는 것을 나타냄
- 재료, 용구 그리고 기타 미술적 재활용품을 창조적으로 결합하는 방법들을 나타냄
- 세부 묘사, 장식 그리고 정교함을 사용함
- 독창성, 상상력, 창의성을 반영함
- 개별적이고 개인적으로 독특하게 미적(artistic)으로 말함

● 심미적인 측면

- 즐김

  재료를 가지고 진행하는 과정, 미술적 작품을 만드는 것
- 다양하게 이용하기

  2차원적 미술재료, 3차원적 미술재료
- 민감성과 인식을 표현함

  보기, 만지기, 듣기, 냄새 맡기, 맛보기

- 즉각적으로 인식과 민감성을 표현함
  주변, 자연, 환경
- 미술양식에 있어서 유사점과 차이점을 이해함
- 다양한 양식을 지닌 예술가들의 작품을 감상함
- 다음과 같은 미술요소를 앎
  색, 선, 부피, 패턴, 모양, 공간, 촉감
- 미술요소를 이용해서 토론하고 감상함
  자연, 직접적인 주변, 환경, 자신의 작품, 타인의 작품

● 개인적인 측면

영유아가 선호하는 활동순서

- 2차원 활동
  표시하기, 색칠하기, 염색하기, 수채화 물감으로 그리기, 도료, 스텐실, 종이작업, 콜라주
- 3차원 활동
  조각, 점토, 종이 공예, 구성 또는 조립, 가면 만들기, 모빌, 스테이빌, 직조, 니들 자수

다. 교사 자신의 작업활동에 대한 평가

교사 자신에 대한 평가는 소홀히 다루어지기 쉬운 부분이나 다음 작업활동 계획 시 중요한 참고자료가 되므로 반드시 이루어져야 하는 평가방법이다. 김정(1982)은 교사 자신에 대한 평가내용으로 다음과 같이 제시하였다.

● 지도상의 기준

- 작업활동의 내용은 교육적인 의의를 지니고 있는가?
- 활동 목표 및 계획은 명확하게 설정되었는가?
- 자유로운 분위기 속에서 실시되었는가?
- 활동 내용과 재료가 영유아의 발달수준에 적당한 것인가?
- 영유아 개개인의 개성과 창의성 및 감수성을 존중하였는가?
- 작품제작 후에 그것을 이용한 사후 활동 및 평가를 실시하였는가?

- 영유아들의 표현능력과 감상능력에 대한 기록을 하였는가?

● 경영상의 기준
- 교실의 채광은 적당한가?
- 여러 가지 시설 및 활동에 필요한 공간과 재료는 충분히 구비되었는가?
- 동기를 유발시킬 수 있는 다양한 재료가 준비되었는가?
- 작품 전시는 자주 실시하는가?

● 교사의 자질
- 영유아들의 수준이나 흥미를 이해하려는 태도를 지니고 있는가?
- 영유아 창작공예에 대한 올바른 인식을 지니고 있는가?
- 교사 자신의 능력을 높이기 위해 연구하고 노력하는 태도를 갖고 있는가?
- 국내외 미술 전람회 및 미술교육 정보에 대하여 관심을 갖고 있는가?
- 교사는 부드러우면서도 유머러스하고 적극적인 태도를 지니고 있는가?

2 평가의 기록

교사가 영유아의 작업활동을 평가할 때 중요한 자료가 될 수 있는 것은 교사의 관찰, 비형식적인 검사, 수집된 영유아의 작품 등이다. 기록할 때는 반드시 날짜를 적어두고 자료는 순서에 따라 활동별로 분류해 놓아야 한다(Schirrmacher, 2009).

가. 표준화된 검사방법

영유아에게 표준화된 성취도 검사는 가끔 부적당하고 학업성취에 해로울 수 있다(Lessen-Firestone, 1995). 검사결과는 영유아들이 아는 것보다는 영유아의 검사 수용 기술, 사회 · 경제적 배경과 스트레스 수준에 더 영향을 받을 수 있기 때문이다. 또한 교사가 검사를 위해 영유아를 가르치려 할 때는 커리큘럼이 편협되거나 고립되고 수준이 낮아지며, 검사의 개념과 기술들만 강조될 수 있으며 검사 상황이 인위적이고, 계획적이고, 긴장되고, 강요적일 수 있다. 왜냐하면 교사들은 일반적인 활동을 하는 동안에는 검사를 하지 않기 때문이다. 표준화된 검사는 영유아가 알고 할 수 있는 것에 대한 형식적인 결과이지만 신뢰성이 떨어지는 접근방법을 제공한다.

영유아들은 검사를 잘 받아들이진 않지만, 놀이나 일상 활동들을 통해서 그들이 아는 것과 할 수 있는 것을 잘 나타내므로 표준화된 검사방법보다는 비형식적인 다양한 자료를 통해 영유아를 평가할 수 있도록 해야 한다.

나. 비형식적인 검사방법

영유아에 대한 평가는 시험(testing)형식을 취해서는 안 되며 영유아의 발달을 입증하고 기록하는 계속되는 과정으로 보아야 한다. 적절한 평가를 위한 NAEYC(1991) 지침에 따르면, 평가는 교수계획, 부모와의 의사소통, 영유아의 요구에 대한 파악, 그리고 프로그램 측정에 도움을 준다.

평가는 비형식적이고 신뢰할 수 있어서 일상의 프로그램을 혼란시키지 않아야 하고 영유아가 놀이에 몰두하고 있을 때 자연스럽게 이루어져야 한다. 영유아의 행동을 관찰, 기록하는 것은 평가의 가장 핵심적 요소로써 신뢰할 만한 평가는 평가되는 사람을 포함해야 하고, 어떠한 표준화된 검사보다 자연스럽고, 민감하고 실질적으로 영유아의 발달을 측정해야 한다. 다음은 평가를 신뢰할 수 있도록 하는 평가도구들이다(Schirrmacher, 2009).

일지와 일화

일지(diaries)와 일화(anecdote)는 이야기의 형태로써 관찰자가 영유아들이 말하고 행동한 것을 오랫동안 관찰하고 기록한 것이다. 일지는 규칙적으로 연속해서 관찰을 기록한 것인데, 매일을 단위로 쓰는 일기(diary)와 비슷하다. 일지 기사는 풍부한 가치 있는 자료를 제공하지만 관찰에 시간의 투자를 요구한다. 시간이 흐르면 일지는 관찰자의 해석을 돕는 패턴이나 경향을 보여준다.

일화는 일지를 축약하고 특정부분에 초점을 맞춘다. 일지는 일어난 모든 것을 포착하려 하지만 일화는 특정한 사건이나 행동을 포착한다. 사건이나 행동이 어떻게 시작되고, 전개되고, 끝나는지를 포함해서 일화는 영유아들의 언어사용과 그들의 좌절이 어떻게 다루어지고 표현되는가 하는 것을 보여준다. 관찰자는 특수한 행동이 시작될 때 일화의 기록을 시작하고 영유아가 그러한 행동을 중지했을 때 기록을 멈춘다.

시간 표집과 사건 표집

샘플링 관찰은 시간간격이나 샘플링 관찰의 초점이 되는 행동범주를 사용한다. 시간 표집(time sampling)은 주어진 기간 내에 행동의 빈도를 측정하는 방법을 제공한다. 시간 표집으로 관찰자는 연구 중인 행동을 명시하고 특정한 행동이 정해진 시간 내에 얼마나 자주 발생했는지를 계산한다.

사건 표집(evet sampling)으로 관찰자는 연구 중인 행동을 명시하고, 그 행동이 주어진 관찰기간 내에서 어느 시간대에 많이 나타나는지를 계산한다.

체크리스트와 평정 척도

체크리스트(checklist)와 평정 척도(rating scales)는 개발되는 데 시간은 좀 걸리지만 일화나 일지보다는 완성시간이 덜 걸린다. 체크리스트에서 항목들은 정의되어 있고 관찰자는 단순히 그 항목이 나타났는지 여부를 표시한다. 예를 들어, 미술 체크리스트는 다음과 같은 발달지표들을 포함할 수 있다.

- 긁적거린다.
- 기하학적인 모양을 만든다.
- 만다라 모양을 그린다.
- 얼굴로 사람을 그린다.
- 두족인을 그린다.
- 핑거페인팅을 즐긴다.
- 점토를 가지고 2~3가지의 형태를 만든다.
- 세부적으로 자세히 표현한다.
- 베끼는 것보다 자기 스스로 창조한다.

관찰자는 이들 항목 앞에다 '예', '아니오'를 표시하거나 쓸 수 있다. 체크리스트는 한번 이상 수행될 수 있으며 다양한 관찰 내용과 시간에 따른 변화를 나타내고 진보를 입증한다.

평정 척도는 시간을 절약하는 또 하나의 관찰도구이다. 평정 척도에서 항목들은 정의되고 관찰자는 영유아에게서 관찰되는 항목의 정도에 따른 판단을 한다.

예를 들어서, 앞에서 언급한 체크리스트에서의 항목들은 '가장 많은', '중간', '가장 적은'과 같은 연속선상에서 평정될 수 있다. 평정 척도는 체크리스트보다 더 정확한 판단을 제공한다. 그러나 체크리스트와 평정 척도가 너무 단순하면 정확한 판단에 어려움을 준다.

영유아의 개별 작품집에 의한 기록

영유아의 개별 파일이나 작품집을 통해 영유아의 발달과정과 영유아의 사람과 사물에 대한 생각이나 감정, 개념 등을 알 수 있다. 또한 부모를 위한 보고자료로 활용할 수 있으며 다음 활동을 계획할 때 유용하게 사용할 수 있다. 영유아의 작품을 모아두려고 할 때는 반드시 영유아에게 물어보고 동의를 받아야 한다. 입체자료는 사진, 슬라이드, 비디오 등으로 찍어서 보관한다.

영유아에게 작품 뒷부분에 자신의 이름과 날짜를 적도록 하고 일주일에 최소한 한번 미술작품을 모으도록 한다. 영유아에게 작품집에 필요한 작품을 모으는 것이라고 알려주고, 영유아가 작품집에 포함되기를 원하는 작품 만들기에 영유아가 참여할 수 있도록 격려한다. 또한 영유아가 작품을 집으로 가져가고 싶어하는 경우 영유아의 욕구를 존중하고 집으로 가져가는 것을 수용한다. 클리어파일이나 큰 스케치북에 영유아의 미술작품을 주기적으로 날짜 순서에 따라 배치하고 보관하도록 한다. 개별 작품집은 영유아가 사용한 재료나 용구, 영유아의 생각, 개념, 사물, 느낌을 표현하고 발달, 진보, 숙달을 보여준다. 영유아의 미술표현과 영유아의 특별한 미술적 그리고 전체적 발달수준을 살펴보고 이 자료를 이용해서 부모와 영유아의 미술적 특성에 대해 이야기 나누고 미술 활동을 계획하는 데 이용하도록 한다.

포트폴리오

포트폴리오는 포괄적이어야 한다. 영유아의 신체적, 사회적, 정서적, 인지적 그리고 창의적 성과를 반영하는 관찰과 기록을 통해 모든 발달영역을 설명해야 한다.

제니쉬(Genishi, 1993)는 반드시 최고로 잘된 작품이 아니라 특정 시점에서의 영유아의 능력과 선호를 나타내는 작품을 포함하는 포트폴리오에서 영유아의 미술적 진보가 나타나고, 날짜가 기록되고 설명을 붙여 보관된 포트폴리오는 영유아의 개인 미술 박물관이 된다고 하였다. 포트폴리오는 다음과 같은 포괄적이고 다양한 자료를 포함한다.

- 미술, 신상 이야기, 쓰기 연습과 같은 영유아의 작업 샘플들
- 쓰기 원고와 수정본
- 육체적, 사회적, 정서적, 인지적, 그리고 창의적인 일화들
- 블록 또는 3차원 입체작품 사진들
- 말, 이야기하기, 읽기, 인상적인 놀이 에피소드에 대한 오디오 기록
- 미술 활동 중인 장면, 음악으로의 이동, 사회적 상호작용, 인상적인 놀이 주제들에 대한 비디오 기록들
- 영유아들의 활동들에 대한 체계적인 기록들
- 완성된 앙케이트, 상담기록과 같은 부모 관련 자료
- 이전 선생님이 수행한 기록
- 영유아가 선택한 특별한 사항

포트폴리오는 단순한 정보수집 이상이다. 마틴(Martin, 1994)에 의하면 그것은 태도(attitude)이고 과정(process)이다. 태도로써의 포트폴리오는 개별 영유아를 더 잘 알기 위한 열림이고 몰입이다. 과정으로써의 포트폴리오는 가치 있는 발달상의 자료를 제공하는 교사, 영유아, 가족 등으로부터 비롯되는 다양한 자료의 이용이다.

포트폴리오를 만들 때는 커다란 컬러 폴더 또는 상자를 사용하여 자료를 보관한다. 영유아를 참여시켜서 자신의 포트폴리오 내용을 만들도록 하고, 개별 작품에 날짜를 기록하고 배경정보를 기입한다. 전체적으로 날짜순으로 정리하고 포트폴리오를 계속해서 추가한다. 매일 또는 주 단위로 작품을 추가하는 것이 바람직하다.

또한 영유아로 하여금 포트폴리오 과정의 적극적인 참여자가 되도록 해서 어떤 작품을 포함하고 어떤 것을 전시하고 또는 어떤 것을 집으로 가져갈 것인지

를 결정하게 한다. 이것은 영유아에게 책임감을 부여하고 그들이 포트폴리오를 관리하는 느낌을 갖게 한다.

제니쉬(Genishi, 1993)는 다음과 같은 질문을 함으로써 영유아가 미술 포트폴리오 과정에 관계되도록 권한다. 영유아의 의견은 목록 카드에 기록하여 해당 작품 위에 붙여 놓는다.

- 너는 이 작품을 좋아하니?
- 너는 이것에 대해서 무엇을 좋아하니?
- 어떤 것이 네가 좋아하는 작품이니? 왜 그렇지?
- 어떤 미술재료를 제일 좋아하고 그 이유는 무엇이니?
- 왜 이 특별한 작품이 포함되도록 선택했니?
- 어떻게 해서 이런 특별한 결과가 나왔니? (촉감영역을 가르키면서)

또는 다음과 같은 문장들을 영유아가 완성하도록 요청한다.

- 이것은 내가 좋아하는 작품이다. 그 이유는 ____________________
- 나는 이것이 나의 포트폴리오에 포함하기를 원하는데, 그 이유는 _______
- 이것을 하면서 제일 기억나는 것은 ______________________________

마지막으로 부모의 질문이나 부모와의 상담기록을 포트폴리오에 포함하도록 하고 다음 연도 선생님에게 전달되게 한다. 포트폴리오를 작성하는 것은 영유아나 포트폴리오를 비교하기 위한 것이 아니라 시간에 따른 영유아 개인의 성장, 발달, 학습을 명시하고 살펴보기 위한 것이다. 각 영유아의 포트폴리오를 주기적으로 검토해서 부모상담 시 영유아의 향상된 정도나 영유아가 어려워하는 것에 대한 정보를 알려주도록 한다.

3 평가의 관점

맥피(McFee)는 영유아의 준비도 · 작업환경 · 정보조작 능력 · 묘사능력을 평가하기 위한 측정항목으로 분류했으며, 아이스너(Eisner)는 재료를 다루는 기술적인 능력과 미적 표현력, 창의적인 구상력 등을 평가를 위한 측정내용으로 보았다(Eisner, 서울교육대학교 미술교육연구회 역, 1995).

일부 부모, 교사, 유아교육자들은 창의성 분야나 미술영역을 제외하고 영유아를 평가하는 것에 대해서 부정적인 반응을 나타낸다. 특히 영유아를 시험(testing)하는 것은 발달상의 위험이 따른다. 평가는 영유아의 발달상의 관점과 미술적 관점 그리고 영유아가 자신을 어떻게 인식하는지, 무엇을 말하려 하고 어떻게 느끼는가와 같은 영유아의 정서 · 심리적 측면을 종합해서 바라보아야 한다. 또한 비교를 하거나 우열을 가리기 위한 것이 아니라 영유아의 발달을 입증하고 영유아를 위한 프로그램을 계획하고 그들을 기록하는 계속되는 과정으로 바라보아야 한다.

따라서 평가는 신뢰할 수 있는 방법으로 이루어져야 한다. 영유아를 주의 깊게 관찰하고 객관적으로 기록하는 것은 평가를 신뢰하도록 하는 실제적이고 자연스러운 평가방법이다. 그리고 영유아의 개별 포트폴리오는 신뢰할 수 있는 평가에 있어서 핵심적인 요소이다(Schirrmacher, 2009).

신뢰할 수 있는 평가를 위해서는 다음을 고려해야 한다.

- 신뢰할 수 있는 평가와 표준화된 검사를 구분한다.
  신뢰할 수 있는 평가는 어떠한 표준화된 검사도구보다 자연스럽고 민감하고 실제적이다.
- 예리한 관찰자, 객관적인 기록자가 되어야 한다.
  관찰은 주관적인 인상이나 분석으로부터 독립하여 반드시 객관적이고 공정하고 선입견 없이 기록되어야 한다.
- 관찰을 할 때에는 관찰대상인 영유아와 거리를 유지하고 관여하지 말아야 한다.
  자신이 말하고 행동하는 것을 누군가가 쓰고 있다는 것을 알게 되면 영유아의 행동은 변화되고 자료는 왜곡된다.
- 분석은 관찰과 분리한다.
  관찰은 묘사적이고 사실에 기초하며 분석은 추론에 기초한다. 분석은 관찰과 기록을 한 다음 적당한 시점에서 해야 한다.
- 관찰 · 기록에 대한 체계적인 분석은 영유아의 발달상의 진보를 확인하고,

영유아의 장 · 단점과 개선점을 파악하고, 발달상으로 적합한 개별화된 커리큘럼을 계획하는 데 활용한다.

2) 영유아 창작공예 작품 전시

전시는 자신이 만든 작품을 평가받는 기회가 될 뿐 아니라 다른 사람의 작품을 감상할 수 있는 기회이기도 하다. 전시된 다른 또래들의 작품을 통해 다른 사람의 생각과 마음을 이해하게 되고 존중하게 된다.

작품의 전시는 가능한 전체 영유아의 작품이 동시에 진열되도록 한다. 전체 영유아의 작품을 모두 전시하기가 불가능할 경우에는 이런 사정을 영유아들에게 미리 알린 후 조별로 나누어 요일별로 구분하여 전시해 주고 영유아가 나름대로 열심히 만든 작품을 교사가 편애하지 않고 모두 다 소중하게 생각하고 있음을 느끼게 해야 한다.

전시할 진열장과 게시판의 높이는 항상 영유아들의 시야에서 잘 보이는 위치에 달아놓거나 진열한다. 영유아의 눈과 게시판의 높이는 상방 35~45° 각도를 취하는 것이 가장 이상적이며 작품을 전시할 때는 작품이 돋보일 수 있는 방법을 사용하여 제시한다. 작품은 실내의 벽, 작업대, 작품 전시대뿐만 아니라 복도, 창가, 천장 등 다양한 장소를 활용하여 여러 가지 방법으로 전시한다.

7. 영유아 창작공예 감상교육

1) 영유아 창작공예 감상교육의 개념

영유아 창작공예 교육은 영유아 내면의 세계를 이해하고 성장을 도와주는 인간 교육으로써, 창의적이며 미를 창조하고 가치를 판단하며 이해하는 심미적 인간을 기르는 데 목적이 있다. 그런데 지금까지의 영유아 창작공예는 표현 위주의 기능인을 양성하는 데 초점을 맞추고 있었기 때문에 생활인으로서의 미술 소비자 교육에는 별로 가치를 두지 않았다. 즉, 19세기까지는 표현기능 중심의 반복훈련에 의한 획일적인 창작공예 능력의 향상이 가장 중시되었고, 20세 초기에 들어서면서 자기표현 중심의 제작활동이 강조되었으나 이 역시 표현기능을 중심으로 하는 제작활동의 범위를 크게 넘어서지 못했다. 하지만 20세기 후반에 들어서면서 미술은 시각적, 공간적, 조형적인 표현과 동시에 그것을 이해하고 감상하는 것으로 괄목할만한 변화를 가지게 되어 제작과 결과를 중시하는 표현 위주의 교육에서 벗어나 총체적으로 이루어져야 함을 강조하게 되었다(이정욱 · 임수진, 2003; 이주연, 2001; Schirrmacher, 2009). 따라서 20세기 이전의 창작공예가 표현능력이나 작품제작에 비중을 둔 생산자 중심의 교육이었다면 오늘날 창작공예는 자신의 일상생활 속에서 미를 발견하고 즐기고, 적용할 수 있는 소비자 중심의 교육으로 전환되어야 한다.

창작작품을 감상하고 이해할 수 있는 안목을 지닌 일반 창작공예 애호가들이 많아야 우리 문화는 훨씬 풍요롭고 아름다워질 수 있다. 감상교육은 이러한 소비자를 기르는 중요한 역할을 한다. 여기서 소비자란 전문작가와 상대적인 입장에서의 수요자를 말하며, 미적 안목을 육성하고 실생활 속에서 아름다움을 향유

할 수 있는 태도를 길러 자신의 삶을 아름답고 윤택하게 가꾸는 생활인이다. 한편, 현대 창작공예의 경향도 표현 위주의 교육을 반성하고 감상교육의 가치를 중요시하고 있다. 훌륭한 예술작품의 감상을 통해 주변 환경에 대한 이해의 폭을 넓히고, 의식을 높이는 데에도 도움을 주며 이러한 미적 인식이 영유아들의 전체 성장 중의 한 부분을 차지한다고 할 수 있다. 창작공예 감상활동의 중요성은 여러 학자들에 의해 주장되어 왔다. 허버홀쯔와 한슨(Herberholz & Hanson, 1995)은 표현은 영유아 자신의 감정과 경험을 재해석하는 과정이므로 주변의 다양한 세계와 노출되어 경험, 지각, 판단하는 기회를 많이 가질수록 조형능력은 더욱 향상되어질 수 있다고 했다.

우리가 예술작품을 감상하는 것은 일차적으로 그 행위를 통해서 즐거움을 느끼고 미적 가치를 이해하며 더 나아가 우리의 삶을 윤택하게 할 수 있기를 원하기 때문이다. 예쁜 꽃을 보고 아름다움을 느끼고 즐거운 노랫소리를 들으면서 기쁘게 느끼는 것은 인간만이 누릴 수 있는 특권이요 본능적인 충동이다. 이와 같이 보고 느낀 아름다움과 듣고 느낀 즐거움을 우리는 미(美)라고 할 수 있는데, 꽃이나 노래를 대상이라고 한다면 '보고', '듣고', '느끼는' 작용은 감상이라고 할 수 있다(임영방, 1983). 다시 말하면 감상이란 미적 대상으로부터 주관적인 심미작용에 의하여 미가 향수되는 것을 의미한다. 그러나 감상에 대한 정의는 시대와 상황에 따라 학자마다 다양하다. 여러 학자들의 감상에 대한 견해를 살펴보면 다음과 같다.

- 미적 대상으로부터 주관적인 심미작용에 의해 미를 향수하는 것이다(배부성).
- 대상의 특징을 알아보고 미와 관련짓는 것이다(임영방).
- 대상에 자신의 감정과 정신을 조화시키는 것이다(Vischer).
- 이해의 일면과 인식의 일면이 함께 하는 것이다(Aldrich).
- 보고 보인다는 생리현상 속에서 일어나는 갖가지 문화가치가 바로 감상의 정체이다(이경성).
- 감상은 감각적 · 지적 · 환상적인 여러 가지 내적 요소가 융합하는 데서 성립된다(Basch).

- 감상을 향수(enjoyment) 또는 감득(appreciation)으로 보면, 향수는 미술작품을 보는 것과 보여주는 의미가 있으며, 감득은 예술작품의 진가를 바르게 인식 · 미득하는 의미가 있다(김영학).
- 감상이란 감각과 지각을 통해 작품의 미적 가치를 느끼고 이해하는 내면화의 과정이다(김춘일).

위의 정의들을 정리하면 3가지 유형으로 구분할 수 있다.

첫째, 미를 보고 즐기는 정서적 반응을 강조하는 유형으로 비쉐(Vischer), 배부성 등이 이에 속한다. 이 견해는 주관적인 감상은 지적 판단이 아니라 미적 대상으로부터 심미작용에 의해 미를 향수하는 것으로 본다.

둘째, 미적 가치를 느끼고 이해하는 지적 반응을 강조하는 유형으로 임영방 · 올드리치(Aldrich) · 이경성 등의 입장이다. 이 견해는 감상을 단순한 감상적 향수로써가 아니라 이해와 인식의 일면으로 미적 가치를 감득하는 것으로 본다.

셋째, 정서적 반응과 지적 반응의 상호작용인 감상을 강조하는 유형으로 배쉬(Basch) · 김영학 · 김춘일 등이 이에 속한다. 이 견해는 미를 즐기는 향수라는 정서적 반응과 작품의 미적 가치를 이해하는 지적 반응을 모두 강조함으로써 감상을 단순히 즐기거나 이해하는 것이 아니라 감성과 지성이 모두 반영되는 종합적인 활동으로 본다.

정리하면, 감상이란 감각과 지각을 통해 미를 즐기고 작품의 미적 · 문화적 · 역사적 가치를 느끼고 판단하고 이해하는 내면화 과정이라고 할 수 있다.

2) 영유아 창작공예 감상교육의 필요성

오늘날 창작공예는 표현뿐만 아니라 미적 안목을 가진 소비자를 기르는 데에 관심을 보이고 있다. 미적 안목을 육성하기 위해서는 표현 · 감상 · 이해의 능력을 향상시켜야 한다. 아이스너(Eisner)는 창작공예 교육이 제작(making) 본위로 편중되어 있음을 개탄하고 제작만이 미적 감각을 함양하는 전부가 아님을 지적했다(Arnheim, 김춘일 역, 1981). 한동안 창작공예 교육은 지나치게 표현활동

중심으로 이루어져 왔으나 최근에는 이와 같은 표현 본위의 교육을 반성하고 감상교육의 필요성을 강조하고 있다.

유아 창작공예 감상교육의 필요성은 다음과 같이 크게 4가지로 나누어 볼 수 있다.

첫째, 표현능력 신장에 도움이 된다.

감상은 본질적으로 작품의 미를 즐기는 정서적인 반응과 작품의 미적 가치를 이해하는 지적인 반응이 동시에 요구된다. 감상은 미를 즐기고 미적 가치를 이해할 뿐만 아니라 작품제작에 도움을 준다. 영유아는 작품을 제작하는 과정에서 수시로 자기작품을 비평하고 감상한다. 그리고 감상의 결과는 표현에 재투입된다. 즉, 자기표현 속에는 감상의 경험이 반영되는 것이다. 따라서, 영유아 감상교육은 영유아로 하여금 여러 가지 조형적이고 시각적인 언어와 의미를 이해하게 하여 회화나 입체표현에 도입하게 함으로써 새로운 작품을 제작할 수 있게 한다.

둘째, 조형감각을 신장시킨다.

조형감각이란 아름다움을 느낄 수 있는 마음인데, 자연이나 조형품의 아름다움을 직접 보는 감상을 통해 내면 세계에 축적시킬 수 있게 된다. 오늘날 창작공예 교육은 창조 위주의 작가를 육성하기보다는 아름다움을 느끼고 볼 수 있는 눈을 가진 심미적 인간을 양성하는 데에 의미를 두고 있다.

셋째, 우리 문화와 인류문화를 이해하는 데 도움이 된다.

우리 조상들이 남긴 훌륭한 작품을 감상함으로써 우리 조상들의 생활양식이나 정신세계를 이해하여 주체적인 민족문화의 맥을 이어가고, 나아가 인류가 남긴 작품을 감상함으로써 서로 다른 나라의 풍물과 문화도 이해하게 되며, 세계문화 속에서 우리 문화의 우수성을 자각하고 새로운 문화창조에 기여할 수 있게 된다.

넷째, 민주시민으로서의 자질과 태도를 길러준다.

감상은 아름답고 좋은 점을 직접적인 체험을 통하여 음미함으로써 개개인의 조형감각을 키우고 동시에 영유아를 둘러싸고 있는 자연이나 사회에 대해 마음을 열게 하는 것이다. 즉, 서로의 작품이나 자연을 보고 자기가 느낀 점을 이야기하는 과정에서 타인과의 상호작용이 증진되며 사회성이 발달되고 바람직한 사회 구성원으로서의 자질과 태도가 형성된다.

정리하면, 영유아 창작공예 감상교육은 영유아의 미적 감정과 태도를 길러주며, 정의적인 인격을 형성하고, 미적 생활을 영위하는 문화인으로서 미래사회에 적응할 수 있는 유능한 인간으로 육성되도록 하는 데 의의가 있다고 할 수 있다.

3) 영유아 창작공예 감상교육의 내용과 지도

(1) 감상교육의 내용

작품감상에서 무엇을 보고 느끼고 이해하고 가치를 판단할 것인가? 브라우디(Broudy)는 작품을 감상할 때 다음 4가지를 감상해야 한다고 강조한다(김춘일, 1984).

- 작품 속에 담겨 있는 감각적인 생동감
- 작품의 미적 구성이나 선 · 색 · 명암 등의 형태
- 재료나 용구를 다루는 기법
- 작품이 전달하고자 하는 의미가 무엇인가 하는 표현성

애커먼(Ackerman)은 작품에 나타난 감정, 기법, 형태, 의미 등을 감상의 내용으로 삼고 이 순서대로 살펴보아야 한다고 하였다.

아이스너(Eisner)는 감상의 내용으로 다음의 3가지를 강조한다.

- 재료를 다루는 기법적인 면
- 형태를 아름답게 또는 쓸모 있게 하는 미적 구성력
- 새로운 아이디어를 산출하고 구현하는 창의성

창작공예 감상의 내용은 감상의 대상에 따라 자연과 환경에 대한 감상과 조형품 감상이 있다. 조형품 감상에는 자신과 친구들의 작품감상과 성인작품의 감상이 있고, 성인작품의 감상에는 우리나라와 다른 나라의 작품감상이 있다.

조형품 감상은 그 작품을 표현하는 것과 밀접하게 연결되어 있으므로 조형 요소와 원리를 어떻게 사용하였는지, 표현주제는 무엇인지, 표현방법은 어떤지를 살펴야 한다. 이를 정리하면 다음과 같다(이규선 · 김동영 · 전성수, 1994).

1 자연 및 환경의 감상

- 자연 및 환경에서 미적 대상 찾기
- 자연 및 환경에서 미적 가치 발견하기

2 조형품의 감상내용

- 미적 형식의 감상
  - 작품에서 느껴지는 전체적 느낌은 어떤가?
  - 조형요소와 조형원리는 어떻게 활용되고 있는가?
- 표현주제의 감상
  - 작품의 표현주제는 무엇인가?
  - 작품이 표현하고자 하는 의미는 무엇인가?
- 표현방법의 감상
  - 표현재료의 쓰임은 어떤가?
  - 표현기법의 쓰임은 어떤가?

3 감상하고 애호하는 태도

- 조형품과 자연 · 환경에 관심을 갖는 태도
- 감상내용을 발표하고 토론하는 태도

(2) 영유아 감상능력의 발달과정

종전에는 감상을 표현의 부수적인 능력 정도로 간주해 왔다. 그러나 20세기 후반에 들어서 영유아의 감상 의식이나 능력에 대한 연구가 활발해지면서 영유아들의 미적 인식이나 감상능력의 발달에 대해 밝혀지고 있다. 감상교육도 감상능력의 발달 단계에 맞게 지도되어야 좋은 성과를 거둘 수 있으며 올바른 감상교육을 위해서는 감상능력의 발달과정을 먼저 알아야 한다.

발달심리학 연구(Gardner, 1990)에서는 영유아들이 우리가 그들에게 허용하는 것보다 미술감상 능력을 더 많이 갖고 있다고 보고한다. 즉, 영유아들은 자연스럽게 미학에 초점을 맞추지는 않지만 그것에 관한 의미 있는 대화에 참여한다면 작품의 질에 대한 감수성이 발달될 수 있다. 또한 취학 전 유아들도 유사한 방식으로 관심을 갖고 격려를 받으면 내용보다는 양식에 기초해서 미술작품을 분류할 수 있게 된다는 것이다.

영유아들은 그들이 보는 예술작품에 대해 반성적으로 사고할 수 있다. 만약 성인이 영유아를 직접적으로 가르치지 않고 개방형 질문을 한다면 영유아들은 예술작품이 그들에게 느끼게 하는 것 또는 미술가가 말하고자 하는 것에 대해 분석을 할 수 있다. 실러(Schiller)는 영유아들이 이용할 수 있는 미술책을 주고 교실 벽 위에 훌륭한 미술작품의 복사본을 전시했다. 영유아들에게 이들 자료를 탐색할 수 있는 시간을 주고 그들이 본 것과 그림에 대해 생각한 것을 토론하게 했다. 영유아들은 그림 위의 균열을 보고 미켈란젤로(Michelangelo)의 천장 위 벽화에 흥미를 보이고, 과학영역에 있는 꽃과 조지아 오키프(Georgia O' Keefe)의 캔버스와 비교하고, 닌자 거북이(Ninja Turtles)의 이름이 실제 미술가들의 이름이라는 것을 배우고 놀랐다. 영유아들은 미켈란젤로(Michelangelo)와 다빈치(da Vinci)의 현실주의가 마티스(Matisse)와 매우 다른 양식을 지녔음을 즉시 인식했다(Schiller, 1995).

이상의 설명들은 영유아가 미술감상에 참여할 수 있음을 지적한다. 영유아들은 작품의 미학과 양식의 측면에서 볼 수 있고, 작가의 의도에 관해 생각하고, 작품을 보면서 일어난 감정과 느낌을 설명하고, 작품을 형성케 하는 역사적 · 문화적 영향력에 진정한 흥미를 보인다.

감상능력에는 발달과정이 있으므로 발달과정에 맞는 감상지도가 이루어져야 한다. 영유아기는 감상능력의 준비기이다. 따라서 자기의 작품과 친구들의 작품 또는 박물관 견학 등을 통해서 감상할 기회를 많이 가짐으로써 미술작품을 감상하는 기초적인 태도를 지닐 수 있도록 해야 한다. 다음은 감상능력 발달에 대한 롯친스(Rochins)와 가드너(Gardner)의 의견을 표로 나타낸 것이다(박동수, 1992).

롯친스	가드너
• 제1기(4~5세) 묘사능력이 낮으며 표현하는 것보다는 보는 것에 흥미를 갖는다. 이 시기부터 가치 있는 그림책을 보여주어 감상력의 기초를 세워주어야 한다.	• 지각의 단계(0~2세) 사물을 직접 지각하는 단계로 사물의 공간적 형태만을 구별하는 시기이다.
• 제2기(6~10세) 풍부한 상상력에 의해서 자유분방하게 표현하는 시기로써 작품을 보는 것보다는 자기표현에 흥미를 갖는다. 이 시기를 예술적 감상시기라 부른다.	• 상징인식의 단계(2~7세) 실제적인 사물과 기호와 상징화된 사물과 기호의 관계를 인식하며 대상을 개념적으로 감상하는 시기이다. 이 단계에서는 사물에 대한 인식이 감정적이고 심리적인 충동에 따르게 되는 경향이 크기 때문에 표현된 상징의 공식적, 즉 각적인 지시성에만 얽매이기 쉽다.
• 제3기(11~15세) 묘사력이 침체하며 극작력(劇作力)이 발달한다. 자기표현력을 자각하며 평가능력이 발달하기 때문에 감상수업을 유효하게 할 수 있다.	• 사실적인 단계(7~9세) 조형적 대상을 받아들이는 데에 있어 묘사적 규칙과 전통적 개념을 중시하게 된다. 지각의 능력에 있어서도 사실 지향적 관점을 지니기 때문에 사진과 같은 사실적인 작품을 선호하고 존중하는 경향이 있다. 따라서 환상적이고 상징적인 표현은 우습게 생각하거나 경시한다. 교사는 유아들이 사실주의적 고정관념에 고착되는 것을 막고 각자의 개성과 창의성을 살릴 수 있도록 격려해 주어야 한다.
• 제4기(16세 이후) 정신능력이 대단히 복잡하게 되며 예술적 창작의 경지에 들어갈 수 있는 시기이다. 미적 평가력이 대단히 진보하며 참뜻의 감상시기라고 할 수 있다.	• 탈 사실적 단계(9~13세) 다양한 미적 특성에 관심을 가지고 미묘한 표현, 색다른 특성들을 지각하게 된다. 지금까지의 주제에 대한 관심 대신에 어떻게 나타낼 것인가 하는 재료와 기법에도 관심을 기울이게 된다. 타인의 개성도 인식하고 인정하며 예술작품들의 각기 다른 표현양식에도 관심을 보이고 감수성도 예민해진다.
	• 예술적 위기의 단계(청소년기) 미술에 대한 관심이 전보다 적어지면서 다른 활동으로 분산되고 비판능력과 환경에 대한 지각능력이 높아짐에 따라 자신의 표현능력에 자신이 없어지고 다른 친구의 작품을 비판하려 한다. 개인의 성격 유형이 분화되는 시기로 감성적 특성보다 논리적인 특성이 우세한 시각형의 사람은 과학에 관심을 보이며, 감성적 특성이 두드러지는 촉각형의 학생들은 예술에 몰입하는 단계이다.

(3) 영유아 감상지도의 원칙

감상지도는 먼저 영유아들이 자기 작품과 친구들의 작품을 충분히 감상할 수 있는 기회를 제공하는 것에서 시작한다. 영유아 창작공예 활동에서 미적 감각을 도입시켜 나가는 것은 기본적인 과정이고 또한 본질적이긴 하지만, 감상지도가 없이는 폭넓고 균형 있는 미적 감각을 제대로 육성하기란 어렵다. 표현활동 자체는 감상활동이 있어야 다양한 표현방법이 나타날 수 있으며 감상활동과 표현활동은 서로 연결되므로 감상지도는 표현지도와 통합적으로 이루어져야 한다.

창작공예 활동에서 기르고자 하는 전인적인 인격은 제작기능만으로는 불가능하며 신체적 · 정신적 창조능력을 통해서만이 가능하다. 신체적 능력은 표현과정에서 나타나고 정신적 창조능력은 직관적 관찰이나 체험을 통한 상상력과 사고력에서 발휘되는데, 직관적 관찰 · 체험은 바로 감상학습에서 이루어진다.

감상지도는 다음과 같이 이루어져야 한다.

첫째, 영유아의 발달 단계에 맞아야 한다. 영유아를 중심으로 수업이 전개되어야 하기 때문에 영유아들의 심신발달에 유익하고 영유아가 감당할 수 있는 범위 내에서 전개되어야 한다. 그러나 발달론에 너무 사로잡혀서 정작 주어져야 할 적절한 발달자극 등이 배제되지 않도록 주의한다.

둘째, 간접적이어야 한다. 영유아들의 내면 세계를 펼쳐 주는 것이 창작공예가 추구하는 목표이므로 영유아를 중심으로 수업이 전개되어야 하고 교사는 간접적으로 도움을 주어야 한다.

셋째, 개방적이어야 한다. 어떤 고정된 지도방법에 집착하여서는 안 된다. 다양한 제재와 방법들을 주어진 조건과 영유아의 입장에 맞게 융통성 있게 활용하여야 한다. 여기서 특히 교사의 창의력이 요구된다.

넷째, 영유아의 조화로운 발달을 중요시해야 한다. 영유아의 인지와 정서가 조화롭게 발달하도록 제재를 고르게 제시해야 하며 그 제시방법도 균형적이어야 한다. 그리고 영유아의 내면 세계(경험 · 상상)를 충분히 표출하게 함과 동시에 미적 대상을 자각하고 미적 질서를 받아들여 표현하는 조화로운 성장을 도모해야 한다.

(4) 영유아 감상지도의 방법

영유아에게서 감상이란 감상태도를 길러주는 것을 바탕으로 이루어져야 하며 특히 서로의 작품 감상하기는 주로 감상의 태도를 기르는 방향으로 전개되어야 한다.

영유아들의 창작공예 감상의 태도를 지도하기 위해서는 몇 가지 점들을 인식하여야 한다.

첫째, 작품을 보는 일에 관한 관심을 키우는 일이다. 작품을 감상하는 일은 표현방법 · 주제 · 형식 등에 대한 상당한 관련 지식이 밑받침되어야 하고, 자기의 주관과 타인의 주관을 비교 · 검토할 수 있는 태도와 관심이 형성되어야 한다. 그러나 영유아들에게 이러한 구체적인 태도는 무리이므로 미분화 상태로나마 적극적인 관심을 가지고 작품 보는 태도를 길러주어야 한다.

둘째, 작품을 잘 볼 수 있게 하는 것이다. 그런데 사람마다의 주관적인 표현을 객관적으로 읽어내기란 지극히 어려운 일이다. 따라서 비슷하거나 전혀 상반되는 표현과 비교함으로써 잠재적인 특징을 부각시키는 것이 바람직하다. 작품을 비교하는 데 있어서 영유아들의 관심은 대부분 주제(표현 대상), 즉 무엇을 그렸느냐(만들었느냐) 하는 데 쏠린다. 따라서 교사는 표현의 내용 · 방법 · 효과(느낌) 등에서 표현의 차이를 발견하게 하는 것이 감상의 지름길이 된다.

셋째, 주변에서 미술감상과 관련하여 통용되는 이상적이고 기초적인 어휘 및 그 개념에 친근감을 가지게 하는 일이다. 미술의 감상은 관념적인 활동이 아니라 아주 구체적인 대상을 눈 앞에 두고 느끼게 하는 활동이기 때문이다. 이러한 직접적인 체험활동에 소용되는 기초적인 용어와 그 개념이 아직 객관적인 수준에 못미치더라도 영유아들 나름대로 직감적으로 접하고 활용하게 하는 일은 주변의 조형품이나 미적 대상의 의미를 좀 더 가슴 깊이 느끼게 하는 데 중요한 구실을 한다.

다음은 바람직한 감상태도와 감상능력을 기르도록 영유아를 지도할 때 유의해야 할 점들이다.

첫째, 다른 친구들의 평가를 긍정적으로 받아들이는 태도를 갖게 한다.

둘째, 창의적인 작품을 서로 즐기도록 한다.

셋째, 모든 영유아의 작품을 고루 돌아가면서 감상할 기회를 갖는다.

넷째, 오감각을 통해 관찰할 수 있는 충분한 시간적 여유를 준다.

다섯째, 감상하는 과정에서 적절한 질문을 던져서 심미적인 가치판단을 도와준다.

- 이 작품은 무엇을 나타낸 것일까?
- 이 작품을 보니 어떤 느낌이 드니?
- 이 작품을 좋아하니? 왜 좋아하니?
- 너라면 어떻게 표현했을 것 같니?

여섯째, 서로의 작품에 대해 자유롭게 자신의 느낌을 이야기하는 시간을 갖는다. 그리고 자신의 작품 외에 가장 마음에 드는 작품을 고르게 하여 그 이유를 친구들 앞에서 발표하게 한다.

일곱째, 명화나 명작을 슬라이드나 VTR을 통해 보여준 후 영유아 나름대로 변형시켜 표현해 보도록 한다.

4) 영유아 교육/보육 과정에서의 창작공예 감상활동

교사는 영유아로 하여금 미적 대상과의 만남을 유도하고 영유아들이 그것에 대해 관심을 가지고 보고 느끼고 미적 가치를 판단하고 자신의 생각을 정리할 수 있도록 하여야 한다. 이런 과정을 통해서 영유아의 미적 감수성이 함양되고 작품에 대한 이해와 감상 능력을 길러서 생활 속에서 미술을 향수하는 태도를 기르게 된다.

영유아 감상활동의 목표는 3가지로 정리할 수 있다. 첫째, 자기와 친구 또는 성인의 작품과 자연물을 관찰하고 표현특징을 발견하게 하는 것이고 둘째, 여러 가지 다양한 작품의 조형특징을 발견하는 미적 감각을 갖도록 하며 셋째, 자연미와 조형미를 애호·보존하는 태도를 갖게 하는 것이다.

감상은 제2의 창작과정이다. 따라서 감상활동은 영유아들을 위해 계획된 다른 활동과 마찬가지로 영유아들의 흥미가 이끄는 대로 따르고 융통성이 있어야 하고 새로운 시도를 두려워해서는 안 된다.

다음은 유아교육과정과 표준보육과정에 감상활동을 포함시키는 방법들이다.

1 작품에 관한 의견과 관찰을 표현하도록 한다

가장 유용한 감상지도 방법은 영유아가 친구들, 교사, 그리고 다른 성인 미술가들과 함께 작품을 보고 느낀 점, 알아낸 것들에 관해 가능한 자세하게 의견을 교환하게 하는 것이다. 작품에 대하여 서로 이야기를 주고받음으로써 다른 사람들의 생각을 이해하고, 미적 감수성을 높이고, 창의력과 사고력의 폭을 확장할 수 있게 된다.

이때 영유아가 보고 해석한 것을 받아주는 것이 중요하다(Hohmann & Weikart, 1995). 영유아는 그들의 생각이 존중받고 수용될 때 고무되고 동기가 유발된다. 영유아는 자신의 생각을 드러낼 수 있도록 편안하게 느끼고 들어주는 사람들을 신뢰한다. 그리고 학습과 연결시켜서 세계명작, 이솝우화, 창작동화 등을 읽고 그 느낌이나 상상을 다양한 재료를 이용해서 만들어보도록 하는 것도 좋은 방법이다.

2 교실에 명작이나 전통작품의 복제품을 전시한다

명작 복제품이나 미술가들에 대한 그림은 만화 주인공, 포스터, 사물, 사건과 같은 이미지보다 영유아를 더욱 풍부하게 해준다(Baker, 1990). 조소 및 공예 작품들 중 명작의 복제품들은 쉽게 구할 수 있는 것들이 많다. 하회탈, 돌하루방, 장승, 고려청자나 이조백자, 석굴암, 다보탑과 같은 대표적인 전통작품의 복제품들도 영유아들로부터 안전하게 보관될 수 있다면 전시될 수 있다. 신문의 책 비평 부분은 최근에 출간된 미술책들에 대한 설명을 담고 있는데, 거기에는 미술가와 작품에 관한 영유아용 책이 있어서 참고할 수 있다. 가족들은 직접 박물관을 방문하거나 친구나 친척들로부터 기념 모조품을 받아서 보관할 수 있다.

복제품은 영유아의 흥미와 활동과 관련된 장소에 전시한다. 예를 들어, 소꿉놀이 영역에 마르티니(Martini)의 '어머니'(목재 조각품)를 두고, 과학영역에 로댕(Rene Rodin)의 '생각하는 사람'이나 '석굴암'을 둔다. 블록영역에는 '거북선' 을 두고, 도서영역에는 이야기를 편집해 둔다. 미술영역에는 '밀로의 비너스상(Venus of Milo)' 을 전시해 두면 좋다.

③ 가정과 영유아교육기관이 연계한다

영유아교육기관의 일과에 영유아 가정에서의 작품이나 가족을 활용한다. 또한 영유아에게 자신의 작품을 집에 가져가도록 격려하고 가족들과 그것에 대해 토의하게 한다. 이러한 관심과 노력을 통해서 부모들은 숫자나 글자를 정복하는 것처럼 창작공예에 있어서의 몰두가 가치 있다는 것을 느끼고 영유아교육기관과 협력할 수 있다.

영유아의 집에 있는 작품이나 관련 자료를 가지고 표현형식에 관한 학습을 할 수 있다. 작품을 제작하는 가족 구성원이 있다면 교실을 방문하여 지도하는 것도 좋다. 집에서 작품을 가지고 와서 전시할 수도 있는데, 평범하지 않은 작품(조각, 가면, 직조, 도자기, 구슬, 바구니, 서예, 그림, 사진 등)들은 전시해서 다 같이 감상하도록 한다.

④ 지역사회의 미술자원을 활용한다

교실에서만의 감상지도가 아닌 지역 미술가나 공예가의 작업실을 방문하거나, 그들을 교실에 초청해서 대화하고 영유아에게 그들이 이용한 재료와 용구를 제공해 보는 프로그램을 마련한다. 현장견학이나 박물관, 화랑 관람 프로그램 등도 훌륭한 방법이다. 박물관이나 화랑은 감상을 위해 조명, 작품 배치, 음향 등에 신경을 쓴 공간이기 때문에 집중해서 작품을 볼 수 있다.

박물관이나 화랑의 소장품이나 각종 전시와 교육 프로그램을 연계하여 영유아가 작품과 직접적인 교류를 할 수 있도록 한다. 전시장에 설치된 작품은 영유아들의 오감을 자극할 수 있는 작품으로 구성되어 있으며, 영유아들은 작품을 보고 즐길 뿐 아니라 타인과 즐거움을 공유하게 된다. 또한 다양한 작품의 내용과 재료 및 형태를 통하여 자기 밖의 세계를 체험하고 재인식하게 될 뿐 아니라 다양한 재료를 통한 표현력도 기른다.

박물관이나 화랑에는 직접 만져보거나 작동하는 것을 전제로 만들어진 작품들도 상당수 있다. 뚜껑을 열어보거나 단추를 누르거나 작품 속을 통과해 보고,

작품을 훼손하지 않는 한 가까이 다가가서 보고 만지고 심지어 냄새도 맡아 보고 하는 기회를 적극적으로 만들어볼 필요가 있다.

영유아들은 박물관 안내, 미술 수집가나 큐레이터(curator, 전시기획자)의 역할을 해 볼 수 있는 연극놀이로써 방문감상 학습을 재연할 수 있다.

⑤ 자연환경에서의 심미감을 이용한다

영유아가 자연이나 주위 환경에서 자연물의 색, 선, 형태, 촉감, 질감, 등을 접하고 감수성과 감각능력을 기르도록 한다. 영유아에게 사물의 색에 영향을 주는 빛을 변화시키는 방법(밝은 날, 흐린 날, 일몰)에 관해 이야기하게 한다. 식물이나 바위 기타 야생의 사물에 대한 촉감과 모양에 대해 이야기하게 하고 관찰하도록 하면서 영유아와 함께 산책한다.

교실에서 작품 속에 묘사된 자연의 예를 보게 하고 작가의 작품과 비교하도록 한다. 그리고 작품 속에서 특징적으로 보이는 부분과 관련해서 작가가 어떻게 기법(크기, 색깔, 촉감)을 이용하였는지를 서로 이야기하도록 하고, 꽃이나 바위, 동물 등 작가가 흥미롭게 보고 표현한 것에 대해서 물어본다.

영유아는 자연스러운 관찰자이다. 미술가들의 관점에서 영유아가 보도록 도와주고 예술작품을 통해 자극하면서 동시에 자연환경의 감상을 촉진시킬 수 있다.

8. 영유아 창작공예 활동을 위한 환경

1) 영유아 창작공예 활동영역

영유아 창작공예 활동이 효과적으로 이루어지기 위해서는 물리적 환경이 잘 구비되어 있어야 한다. 즉, 융통성 있고 기능적인 환경을 만들기 위해서 공간을 적절하게 배열해야 하며 충분한 재료와 시설 설비가 갖추어져 있어야 영유아가 자유롭게 탐색하고 효과적으로 작업을 할 수 있다.

(1) 활동영역 배치기준

프로스트(Frost)의 교실영역 배치기준에 의하면 창작공예 활동영역은 조용하고 물이 있는 곳에 위치해야 한다. 그래야만 영유아가 작업에 몰두할 수 있고 작업 중 필요한 물을 쉽게 구할 수 있으며 더러워진 손을 닦을 수도 있다. 실외에도 창작공예 활동영역을 마련하여 실내에서 하기 어려운 활동을 계획하여 실행해 볼 수 있다.

창작공예 활동영역을 배치할 때 다음과 같은 요인들을 고려해야 한다.

- 출입구와 가까운 곳이나 음률영역 등과 같은 활동적인 영역과 분리하여 배치해야 하며 영유아가 편안하게 작업할 수 있도록 충분한 공간을 가져야 한다.
- 수도 가까이에 배치함으로써 물을 쉽게 사용할 수 있도록 해야 한다.
- 물감이 떨어져도 청소가 용이하도록 비닐이나 장판 등을 바닥지로 사용해야 한다.

● 채광과 통풍이 좋은 곳이어야 하며 인공조명을 부분적으로 활용하여 창작공예 활동에 지장이 없도록 충분히 밝아야 한다.

(2) 활동영역 공간의 조건

창작공예 활동을 위한 공간은 다음과 같은 조건을 충족해야 한다.

첫째, 작업을 위한 넉넉한 공간이 작업대와 함께 주어져야 한다.

둘째, 작품을 전시하고 보관할 수 있는 공간이 필요하다. 입체적인 작품을 전시할 수 있는 전시대도 필요한데, 대체로 낮은 곳이나 선반을 이용해서 입체작품을 전시하고 게시판이나 벽면은 평면작품을 위한 전시공간으로 활용한다.

셋째, 다양한 재료와 용구를 보관할 수 있는 공간이 필요하다. 영유아 각자의 재료를 보관할 수 있는 공간과 공동으로 재료를 보관할 수 있는 공간이 따로 있어야 하며, 교사의 교수자료(OHP, VTR, 슬라이더, 참고작품 등)를 보관할 공간도 필요하다. 교실의 형편에 따라 개별적인 재료함을 갖기가 어려우면 네 명이 한 조가 되어 한 개의 재료함(플라스틱 바구니 등)을 공동으로 사용할 수 있으며, 부피가 적은 것은 개인의 재료함에 보관하고 부피가 큰 것은 공동의 재료함에 보관하는 것이 좋다.

일반적으로 창작공예 활동영역에는 재료 정리장과 재활용품 정리장이 구비되어 다양한 재료들을 종류별로 분류해서 사용하기 쉽게 정리해 두고 있다. 재료 정리장은 수시로 사용하는 물품(크레파스, 각종 종이, 색종이, 가위, 풀, 매직, 사인펜, 셀로판테이프, 스테이플러, 접착제 등)과 간혹 사용하는 물품(점토, 수수깡, 분필, 단추, 구슬, 스티로폼 등) 그리고 쓰고 남은 종이 조각을 보관하는 장소로 구분하여 사용하면 편리하다. 또한, 재활용품 정리장은 여러 가지 재활용 물건들이 빠져나오지 않고 속의 물건을 알 수 있도록 2/3 정도가 투명 아크릴로 막아져 있는 것이 좋다.

넷째, 작품을 말릴 수 있는 충분한 공간이 있어야 한다. 작품건조는 게시판이나 벽면, 선반 위, 교구장의 낮은 곳 등을 이용할 수 있으며, 평면작품의 경우에는 빨랫줄이나 빨래 건조대, 옷걸이, 우산대 등에 걸거나 매달아서 말릴 수 있다.

다섯째, 작품을 보관할 수 있는 공간이 필요하다. 일반적으로 영유아의 개인 사물함을 활용하여 평면작품은 개인 사물함의 서랍에 넣어 보관하고 입체작품은 사물함 위에 놓았다가 집에 가져가도록 한다.

여섯째, 창작공예 활동과정에서 나오는 각종 쓰레기를 치울 수 있는 청소도구를 놓을 수 있는 공간이 필요하다. 빗자루, 쓰레받기, 스펀지, 걸레통, 걸레, 쓰레기통, 비누, 물통 등을 가까이에 준비하여 활동 후 영유아 스스로 깨끗이 치우도록 한다.

(3) 기본적인 시설 설비

활동영역의 시설 설비는 영유아의 발달수준에 적합해야 한다. 창작공예 활동을 위한 기본 시설 설비는 책상, 의자, 작업 재료와 용구를 보관하는 정리장, 화판, 이젤, 건조대, 완성된 작품을 보관하는 보관장, 완성된 작품을 전시할 수 있는 전시공간, 앞치마(헝겊 앞치마, 비닐 앞치마), 앞치마 걸이대, 싱크대, 청소도구 등이다. 이러한 것들은 활동적인 창작공예의 특성상 다른 영역에 방해되지 않는 곳에 마련되어야 한다. 작업대는 입식이든 좌식이든간에 여러 영유아가 공동으로 작업할 때 꼭 필요하다. 보통 영유아용 책상을 서로 붙여서 4~8명이 앉을 수 있는 작업대로 활용한다. 합판을 사용할 수도 있으며 가로, 세로 150×75cm 정도가 적당하다.

(4) 활동영역 규칙

영유아들이 창작공예 활동을 효과적이고 원활하게 할 수 있도록 활동영역에서의 규칙을 정하고 지키도록 한다.

규칙을 정할 때 일반적으로 고려할 점은 다음과 같다.

- 한 번에 활동할 수 있는 인원을 제한한다.
- 활동 시 앞치마나 가운을 입는다.
- 용구를 적절히 사용하고 시작한 활동은 완성하도록 한다.
- 재료와 용구를 서로 나누어 사용하고 타인의 작품을 소중히 다룬다.
- 활동이 끝나면 재료와 용구들은 정리정돈한다.

(5) 활동시간

창작공예 활동 시에는 충분한 시간이 주어져야 한다. 준비하는 시간, 제작시간, 정리정돈하는 시간, 감상시간 등이 주어져야 한다. 준비하는 시간은 창작공예 활동에서 특히 중요한 의미를 지니며 이 시간을 어떻게 운영하느냐가 사실상 전 활동의 상태를 좌우할 수 있다. 준비하는 시간은 교사에게는 영유아들의 학습조건을 조성하는 시간이 되며, 영유아에게는 작업의 소재를 찾고 그에 필요한 용구와 재료를 마련하는 시간이 된다. 제작시간은 제재에 따라서 융통성 있게 운영되어야 하지만 영유아의 경우는 활동시간이 40분을 넘기지 않는 것이 좋으며, 처음에는 10~15분 정도의 활동으로 해낼 수 있는 단순한 작업으로부터 시작하여 주의집중 시간이 차츰 늘어날 수 있도록 조금씩 복잡한 작업으로 이끈다. 나머지 시간은 준비하는 시간과 정리정돈하는 시간 그리고 영유아들끼리의 평가를 통한 감상시간으로 한다. 정리정돈하는 시간은 활동을 하고 난 뒤에 남은 쓰레기를 치우거나 사용했던 재료나 용구 등을 제자리에 갖다놓는 시간으로 교육적으로 매우 의미 있는 시간이다. 감상시간은 영유아들끼리 서로의 작품을 감상하면서 재미있는 점을 찾아보고 부족한 점을 보완할 수 있는 시간이다. 영유아를 위한 창작공예 활동 횟수는 자발적인 활동을 제외하고 교사가 계획한 활동으로는 주당 2~3회 정도가 적당하다.

2) 영유아 창작공예 활동을 위한 재료와 용구

영유아를 위한 창작공예 활동에서 사용되는 재료와 용구는 영유아가 사용하기에 안전하여야 하며, 가격이 저렴해야 하고, 주변에서 쉽게 구할 수 있어야 하며, 다양하고 충분하게 구비되어야 한다. 재료와 용구를 제공할 때 교사는 영유아가 재료를 충분히 탐색하고 익힐 시간과 기회를 제공하여 재료와 용구의 특성을 파악하고 자신감을 갖고 표현하도록 해야 한다. 또한 교사는 재료와 용구를 구입 또는 수집하여 종류별로 분류하고 과부족을 확인해야 한다.

영유아의 창작공예 활동을 위해 주변에서 쉽게 구할 수 있는 재료와 용구에 대해서 살펴본다.

(1) 재료의 종류

창작공예 활동을 위한 재료는 가능한 한 다양하게 준비해 주어야 한다. 재료들은 영유아의 창의적 표현을 위한 다양한 가능성을 제공한다.

① 기본 재료

가. 그리기 재료

- 크레파스, 색연필, 사인펜, 매직 등
- 다양한 크기와 종류의 종이들

나. 칠하기 재료

템페라 물감, 포스터컬러, 수채화 물감, 아크릴 물감 등

다. 구성하기 재료

된 풀, 묽은 풀, 접착제, 셀로판테이프, 양면테이프, 스테이플러 등

라. 주무르기 재료

- 다양한 종류의 점토

2 종류

가. 각종 종이류

도화지, 색종이, 시험지, 색지, 색상지, 복사용지, 검은 종이, 셀로판지, 모조지, 신문지, 모래종이, 화장지, 벽지 등

나. 각종 그리기 도구류

크레파스, 색연필, 연필, 볼펜, 색분필, 물감, 사인펜, 매직 등

다. 점토

밀가루 점토, 유점토, 지점토, 찰흙 점토 등

라. 자연물

도토리, 마른 나무, 깃털, 마른 꽃, 솔방울, 조개껍데기, 씨, 돌멩이와 조약돌, 잡곡류, 옥수수 껍질과 옥수수대, 조롱박 등

마. 직물류

아세테이트, 캔버스 천, 면, 펠트 천, 헌 장갑, 헌 모자, 헌 양말, 레이스, 가죽 등

바. 건축재료

모노륨, 자기, 석재 타일, 금속 조각, 못, 타일, 철사, 그물 철사, 나뭇조각 등

사. 재활용품

은박지, 병뚜껑, 기름종이, 계란판, 비닐 봉투, 주스통, 마카로니, 우유갑, 종이봉지, 종이 접시, 종이타월, 아이스크림 막대기, 종이컵, 끈이나 밧줄, 이쑤시개, 성냥개비, 크고 작은 상자, 각종 종이 심지, 음료수 통, 필름통, 플라스틱 통, 인스턴트 식품 용기 등

아. 기타

구슬, 장식용 술, 단추, 리본, 구두끈, 똑딱단추, 실패, 실, 스팽글, 다양한 종류의 용기, 시계부품, 스티로폼이나 다른 포장재료들, 도장찍기와 도장 잉크, 물감 롤러, 커다란 붓, 크고 작은 플라스틱 클립과 금속 클립, 안쓰는 각종 액세서리, 빨래집게, 비누, 스펀지 등

이상의 재료들은 영유아가 생활 주변으로부터 손쉽게 수집할 수 있는 것으로 재료 정리장에 보관하여 사용하도록 하면 영유아의 재료에 대한 관심이 높아지게 될 뿐만 아니라 미적 감각도 발달하게 된다. 한편, 주변에서 한번 사용하고 버려지는 일회용품이나 재활용품을 영유아의 창작공예 활동에서 요긴하게 사용할 수 있도록 관심을 갖고 모아두면 좋다. 교사는 주변에서 쉽게 모을 수 있는 재활용품에 영유아가 관심을 갖고 수집할 수 있도록 지도해야 하는데, 재활용품의 수집은 3월초나 매달초 가정통신란에 수집품목표를 제시하여 필요한 품목에 빨간색으로 V표를 표시하고 소요수량을 적어 학부모들의 협조를 구하면 된다. 이러한 재료의 수집은 때로는 번거롭게 느껴지겠지만 일상적인 재료의 사용으로부터 영유아를 해방시킬 수 있는 지름길이 된다.

(2) 재료의 특성에 따른 접근방법

재료는 처음부터 있어서 '주어지는 것' 이 아니고 '발견' 된다. 이 발견은 창작의도, 즉 목적이 있을 때만 가능하다. 그런데 처음부터 만들 것이 정해져 있는 경우에는 적합한 재료를 선택하고 만들어가면 된다. 이 경우는 제작계획이 명확히 세워져야 가능한데, 가능한 한 구체적이고 전체적인 윤곽이 설정되어야 한다.

재료는 인공물이든 자연물이든 가급적 수집하기 쉬워야 한다. 주변에 흔하고 값싸고 구입하기 쉬운 것이 좋다. 그러나 잔돌이나 나뭇가지는 도시에서는 좀처럼 구할 수 없다. 또 빈 상자나 빈 깡통, 빈 병 등은 도시에 많이 있는 듯 생각되지만 대개는 필요 없게 되면 곧 버리므로 계획적으로 수집해야 한다. 그리고 재료는 영유아의 발달수준에 맞아야 하며 영유아가 취급할 수 있는 재료를 선택해야 한다. 또한, 재료를 사용해서 무엇인가를 만드는 경우에는 그 가공법에 따라서 용구나 도구를 사용해야 하는데, 이때는 영유아의 생활경험과 발달 단계를 고려해서 제공해야 한다. 빈 깡통이나 빈병 등은 자칫 실수를 하면 손에 상처를 입게 되는 수가 있다. 철사나 나무토막 등도 잘못 취급하면 다치게 된다. 사용해야 될 때에는 그 사용법을 알려주고 교사와 함께 작업을 해서 위험이 없도록 배려해야 한다.

재료들은 본래의 용도 이외에 광범위한 이용가치가 있으며 재료마다의 시각적 · 미관적 특성을 가진다. 재료는 수없이 많이 있으며 재질과 형태에 따라 여러 종류로 구분될 수 있다. 창작공예 활동 시 영유아들은 자연스럽게 재료의 성질에 대해 탐색하고 이해하게 된다.

창작공예 활동에서 사용되는 다양한 재료들은 다음과 같이 여러 가지 방법으로 구분할 수 있다.

- 발생원에 따른 분류
  - 자연물 (식물 – 나무, 풀, 꽃, 채소, 과일 등
    광물 – 진흙, 점토, 암석, 모래, 물, 눈 등)
  - 인공물 (가 소 성 – 유점토(고무 찰흙), 석고, 수지, 금속, 시멘트 등
    비가소성 – 폐품류)
- 명칭에 따른 분류 (종이, 헝겊, 나무, 돌, 금속, 수지 등)
- 상태에 따른 분류 (기체, 고체, 기타)
- 용도에 따른 분류
- 그림 재료에 따른 분류 (그리기 재료, 칠하기 재료, 제작 재료
  제작재료 – 공작재료, 접착제, 연결재, 도장재 등)
- 형태에 따른 분류 (점재, 선재, 면재, 양재 등)
- 물리적 성질에 따른 분류 (탄성, 신축성 등)
- 촉각 · 감각에 따른 분류 (온도, 거칠과 매끄러움, 단단함과 부드러움 등)

그 밖에 재료의 색채, 조성, 구조 등에 따라 분류할 수 있다. 다음에서는 재료의 형태와 성질에 따른 특성을 알아보고 재료의 접근방법에 대해 살펴본다.

1 재료의 형태와 특성

재료는 형태로 분류할 수도 있지만 그것은 일반적 · 일상적으로 존재하는 모양일 뿐 재료 자체가 항상 정해진 모양을 유지하고 있는 것은 아니다. 예를 들면, 얇은 면재로 분류된 종이도 두껍게 쌓거나, 뭉치거나, 구부리면 면재라기보다는 양재가 된다. 또 길고 가는 띠 모양으로 자르거나 길게 꼰 모양은 선재이

다. 그리고 작고 가늘게 자르면 점재가 된다. 재료의 형태는 그것을 보는 사람이나 취급하는 사람에게 여러 가지 서로 다른 느낌과 심리적 영향을 준다.

가. 선재

선이란 수학적으로는 점과 점을 잇는 공간이다. 길이는 있지만 폭이나 두께는 없다. 그러나 여기에서 일반적으로 선재라 하는 것은 실, 끈, 테이프, 막대, 관 모양, 가늘고 긴 선 모양 등의 것을 말한다. 그러나 가늘고 긴 기둥의 테이프도 짧게 자르면 양재인 덩어리로 변한다. 선재는 구성에 따라 경쾌하고 긴장된 느낌을 나타냄과 동시에 적은 재료로 튼튼하고 아름다운 구조물을 만들어내기도 한다.

나. 면재

종이, 판지, 합판, 합성수지판과 같은 면 또는 판면을 사용하는 재료를 면재라 한다. 그러나 면재도 가늘고 길게 절단하면 선재가 되고 뭉치거나 몇 겹으로 쌓으면 양재가 된다. 면재의 용도와 얇은 정도를 살려서 경쾌하고 긴장감 있는 구성을 할 수도 있고 종이를 접어 구부림으로써 강도를 높일 수도 있다. 종이를 접어 구부린 구조를 절면판 구조라 한다. 또 절면을 무한히 증대하면 곡면이 되는데 달걀이나 조개껍데기와 같은 튼튼한 구조체가 된다.

다. 양재

관이나 상자, 기둥 모양이나 암석 등 어떤 부피를 가진 재료를 말한다. 주머니는 면재이지만 안에 공기를 주입하거나 패킹을 하면 면재에서 양재로 변한다. 또 양재라 일컬어지는 것 중에는 빈 상자나 빈 깡통과 같이 속이 없고 가벼운 것이나 암석과 같이 속이 가득 차고 중량감이 있는 것도 있고, 점토와 같이 중량감은 있으되 부정형적인 것도 있다. 수학적으로는 면으로 쌓인 용량에서 가로, 세로, 높이가 있다. 극단적으로 가로, 세로, 높이의 균형을 깨뜨리면 양재가 아니라 선재 혹은 면재, 점재가 되기도 한다. 양재의 심리적 특성은 주위와 확실히 구별되는 덩어리이기 때문에 묵직한 중량감, 안정감을 준다. 따라서 양재가 가지는 중량감, 안정감, 역동감 등을 충분히 발휘하도록 작업을 하는 것이 좋다. 중량감을 살려서 다른 것과 조립시키거나, 배열하거나, 쌓아올리거나 하는 등의 활동을 할 수 있다.

② 재료의 성질과 특성

재료를 사용해서 물건을 만드는 창작공예 활동에서는 사용하는 재료의 성질이나 특성을 살려서 새롭게 활용하는 것이 중요하다. 적절한 재료로 소기의 목적을 달성하는 것은 자원을 재활용하고 자원보호의 기능을 하는 것이다.

영유아들은 창작공예 활동과정에서 직접 재료를 다루면서 재료의 물리적 성질, 화학적 성질, 재료의 조직이나 구조, 난이도 등을 체득하게 된다.

재료가 갖는 물리적 성질은 다음과 같다.

- 탄 성 : 외부의 힘에 의해 변형되었다가 다시 원래 형태로 돌아오는 정도
- 신축성 : 늘어나거나 줄어드는 정도
- 연전성 : 늘어나거나 넓어지는 정도
- 점 성 : 달라붙는 정도
- 마모성 : 닳아 없어지는 정도
- 가소성 : 변형시킬 수 있는 정도
- 인장성 : 끄는 힘에 따라가는 정도
- 응압성 : 압축하는 힘에 대한 반응
- 응곡성 : 구부림에 대한 반응
- 내충격성 : 충격에 대해 견디는 정도
- 내굴곡성 : 접거나 구부린 굴곡에 대해 견디는 정도
- 투영성 : 어느 정도 빛을 통과하는지, 비쳐보이는지의 정도

재료가 갖는 화학적 성질은 다음과 같다.

- 가연성 : 타는 성질
- 내열(한)성 : 열(온도)에 견디는 성질
- 내광성 : 빛에 견디는 성질
- 내수(습)성 : 물이나 습기에 견디는 성질
- 내유성 : 유류에 견디는 성질
- 부식성 : 재질이 부식해서 조직이 파괴되는 성질

재료를 자르거나, 깎거나, 접거나 해서 원하는 모양으로 만들어 바꾸는 것을 '가공' 이라고 한다. 그러나 같은 판재라고 해도 절단방향에 따라 힘이 드는 정도가 다르다. 가공수단은 재료의 성질에 따라 다른 방법을 택해야 한다. 같은 목재라도 나무의 질이 각각 다르기 때문에 깎기 쉬운 나무도 있고 목질이 단단해 깎기 어려운 것도 있다. 따라서 물건을 만들기 전에 사용할 재료의 가공 난이도를 확실하게 탐색해 둘 필요가 있다. 재료에 어떤 방향성을 가진 힘(외부 힘)이 가해지면 재료의 반응은 다양하게 나타난다. 같은 선재라도 실이나 끈은 끄는 힘에 강하지만 압축하는 힘에 무력하고 나무젓가락은 끄는 힘에도 압축에도 강하다. 재료에는 각기 이와 같은 외부 힘에 대한 강약이 있고 그것이 또 그 재료로써의 특성이다. 외부 힘에 대한 강도에는 물건을 압축하는 압축력, 물건을 끄는 인장력, 가위로 섬유를 자르는 전단력 등이 있다. 그리고 그 복합적 성질로써 구부리는 힘이나 전단력의 일종인 비트는 힘 등이 있다. 몇 개의 재료를 조립하여 구조물을 만드는 경우 사용되는 재료의 강도 및 구조물에 가해지는 힘에 대해 가장 적절하고 합리적인 조립방법을 써야 한다.

가. 축조식 구조

벽돌 같은 양재를 쌓아올리거나 골재로 조립된 다리나 탑 등과 같은 구조이다. 선재와 선재의 결합은 가동성을 가진 관절의 이음매로 결합되어 있다. 또 선재는 구부리는 힘에는 약하기 때문에 구조물에 가해지는 힘이 선재의 축 방향으로 움직이게 조립할 필요가 있다. 사각형이나 오각형 등은 변형하기 쉽기 때문에 비스듬히 인장재나 압축재를 넣어 삼각형의 구조로 해서 힘을 분산시켜야 한다.

나. 일체식 구조

철근 콘크리트 구조물과 같이 골재와 재료가 일체가 되도록 시멘트 등으로 결합한 것이다. 모든 재료가 강화되고 일체화되어 있기 때문에 구조물의 어디에 힘이 가해져도 구조물 전체에 힘이 파급된다. 그러나 한번 비틀어지거나 파괴되거나 변형되면 재사용이 불가능하게 된다.

③ 재료에 대한 접근방법

재료와의 접촉이나 그 체험방법 등에는 특별하게 정해진 방법이나 순서가 있는 것은 아니다. 발달 연령이나 활동에 맞게 자연스러운 모습으로 수행하는 것이 좋다. 하나하나의 활동과 경험이 다음 창작공예 활동의 밑거름이 되도록 한다.

우선 처음에는 재료에 대한 어려운 설명을 하기보다는 직접 재료를 가지고 놀게 한다. 종이를 찢거나, 구기거나, 뭉치거나 할 때에 나는 소리나 모양의 변화를 즐기게 하고, 점토를 던지거나 밀거나 만져서 나타나는 변화를 직접 체험해 보게 하면 영유아는 그러한 경험을 통해 재료의 특성에 대해 알게 되고 정서적 만족감도 느끼게 된다. 즉, 오감을 통해 재료가 변하는 과정을 체험하게 하는 것이 영유아기에 재료와 접촉하게 하는 좋은 방법이다.

그런데 같은 재료라도 제작방법에 따라 다양한 작품이 나온다. 예를 들면, 깡통을 아크릴 물감으로 꾸며서 칠할 수도 있고 색종이나 포장지로 싸서 꾸밀 수도 있으며, 깡통을 연필꽂이로 활용할 수도 있고 소리 나는 악기로 만들 수도 있다. "이 재료로 무엇을 만들까?", "어떻게 하면 더 멋있을까?" 하는 질문을 통해 영유아의 발상력은 발달하게 된다. 시행착오를 거치는 동안에 영유아는 경험을 축적하게 되고 재료의 취급방법에 대한 지식이나 표현방법 등이 자연스럽게 발달되어 간다.

또한 영유아는 여러 가지 재료를 다루면서 각각 재료의 공통된 성질과 재료 나름의 특성을 알게 된다. 예를 들면, 똑같이 가늘고 긴 선재이면서도 실, 철사, 대오리, 나무젓가락은 각각 다른 성질을 갖는다. 실은 구불구불하고 물건을 꿰매거나 감거나 묶는 데에 좋고, 가는 철사는 실처럼 비틀거나 구부리거나 접어서 여러 가지 모양을 낼 수도 있다. 가는 대오리는 막대 모양이지만 상하에서 힘을 가하면 활처럼 휘어지고 탄성의 한계 내에서는 원래의 모습으로 돌아간다. 나무젓가락은 막대재료로써 상하에서 힘을 가해도 나무처럼 쉽게 구부러지지 않고 오히려 강한 힘을 가하면 부러진다.

재료에 대한 경험이 기초가 되어야만 목적에 적합한 재료를 선택할 수 있게 되며 원하는 작품을 만들 수 있다. 따라서 영유아에게 다양한 재료를 가지고 놀게 함으로써 각각의 재료의 특성을 알게 하고, 만들고자 하는 작품에 적합한 재료를 선택할 수 있는 능력을 기르도록 한다.

(3) 용구의 종류와 특성

① 종이용

- 가위(성인용과 유아용, 왼손잡이용 가위도 포함)
- 커터칼
- 스테이플러
- 절단기
- 펀치

종이작업에 쓰이는 용구 중에서 가위나 스테이플러, 펀치 등은 영유아에게 가장 익숙하면서도 사용하기 쉽다. 그러나 커터칼이나 절단기 등은 안전사고 예방을 위해 반드시 교사의 감독하에 사용되어져야 한다. 절단기는 교사가 종이를 잘라서 영유아들에게 제공할 때 쉽고 빠르게 이용할 수 있다.

② 목공용

- 작업대
- 클램프
- 핸드드릴과 각종 날
- 망치
- 못(각종 크기)
- 너트와 볼트
- 플라이어
- 드라이버
- 나사통
- 와셔

영유아들에게 목공놀이를 제공하는 영유아교육기관이 드물기는 하지만 목공놀이 또한 영유아의 구성능력이나 창의력 발달에 기여하는 활동이다. 활동을 위하여 '벤치'라는 작업대가 있어야 하며 이 작업대에 '클램프' 또는 '바이스'를 설치하고 톱질할 나무 등을 고정시킨다. 영유아들이 사용하는 '벤치'는 2, 3인용으로써 높이 약 65~70cm, 상판 두께 약 5cm, 가로 약 1m, 세로 약 65cm의 양질의 목재로 되어 있고, 큰 서랍이 달려 있어 그 속에 공구나 재료를 넣을 수 있게 설계되어 있다.

클램프는 공작물을 가공할 때 고정시키는 고정용 공구를 말한다. 죔판, 죔쇠, G 클램프 등으로 불린다. 핸드드릴은 손 작업으로 구멍을 뚫는 공구이며 주로 10mm 이하의 지름이 작은 구멍을 뚫는 데 쓰인다. 왼손으로 손잡이의 자루를 쥐고 드릴 날 끝을 소정의 위치에 고정시킨 다음 오른손으로 옆에 붙은 회전식 크랭크 손잡이를 돌려서 구멍을 뚫게 되어 있다. 망치는 머리부분이 넓어야 하며 그 무게는 200~300g이 적정하다. 너무 가벼우면 못이 잘 들어가지 않고 또 너무 무거우면 못이 굽게 된다. 손잡이 끝은 나무로 덥인 것을 쓰도록 한다.

너트와 볼트도 목공놀이에 필요하다. 너트는 볼트에 끼워 두 부품을 끼우는 데 사용되며 너트는 모양에 따라 육각형, 사각형, 원형 등이 있다. 짝이 맞는 너트와 볼트를 크기별로 수납하는 통이 있으면 편리하다. 플라이어는 물건을 집거나 돌리거나 철사를 자르는 데 사용하는 공구로써 흔히 펜치라고 부른다. 플라이어 중에서는 핀을 이동시켜 입을 크게 벌릴 수 있는 것이 편리하다. 드라이버는 그 끝의 폭, 두께, 모양(플러스, 마이너스)이 서로 다른 몇 가지를 갖추어야 한다. 와셔는 너트 또는 볼트 머리 밑에 끼는 고리로써 구멍의 지름이 다른 여러 와셔를 상자 속에 보관한다.

③ 스티로폼 용

• 실톱	• 커터칼	• 목공용 톱
• 활톱	• 접목용 칼	• 가위
• 무명실	• 쇠톱	• 줄

실톱은 스티로폼을 자르는 데 사용하는 경우가 많다. 그러나 목공용의 실톱으로 스티로폼을 절단하면 부스러기가 생기고 고르지 못하다. 따라서 그 날을 직경 0.3~0.6mm 정도의 강선(피아노선)으로 갈아 끼워서 쓰면 강선과 스티로폼의 마찰에 의하여 생기는 마찰열로 녹여서 자르기 때문에 부스러기가 생기지 않고, 냄새도 없으며, 안전하고 손가락이 상할 염려도 없을 뿐만 아니라 전후 좌우 자유롭게 절단할 수 있고 값도 싸다.

활톱에 강선을 끼워서 사용할 수도 있는데 영유아들이 사용하기에는 부적당하다. 스티로폼을 바이스 등으로 고정시킨 후 무명실의 양 끝을 영유아들에게 쥐게 한 다음 전후 좌우로 움직여서 절단할 수 있다. 이 방법은 영유아들에게 흥미를 갖게 하지만 정확하게 잘라낼 수 없다.

커터칼은 종이 공작뿐만 아니라 스티로폼 공작에도 필요하다. 톱처럼 앞뒤를 왕복식으로 움직여서 절단하기도 하고 날을 약간 높이고 누르면서 또는 앞으로 당기면서 끊기도 한다. 날은 보통 사용하는 경우보다 약간 길게 내면 사용하기 편리하다. 또한 접목용 칼, 즉 과수원에서 접목용으로 쓰는 작은 칼은 칼끝의 각도가 작고 잘 베어지기 때문에 스티로폼 공작에도 적당하다.

가위는 얇은 스틸렌 페이퍼를 자를 때에 편리하다. 줄은 면이나 모서리를 다듬질하는 데 쓴다. 줄의 입자가 가는 것을 골라 힘을 주지 않고 가볍게 마무리한다.

④ 접착제

• 풀 • 테이프 • 스테이플러 • 접착제류

오늘날 접착제라고 하면 합성수지 계통의 접착제를 뜻하지만 아교, 녹말풀, 고무풀 등은 천연물질 계통의 접착제이다. 영유아교육기관에서는 종이 공작을 위하여 문방구에서 구입한 고무풀을 이용하는 한편 밀가루를 끓여서 만든 풀을 이용하는 경우가 많다.

특히 밀가루풀은 수용성이어서 다루기 쉽고 물을 첨가함으로써 그 농도를 조절할 수 있고 유독한 유기용제가 포함되어 있지 않기 때문에 비교적 안전하다. 단, 방부제를 넣는 경우가 있기 때문에 영유아들이 입에 넣지 않도록 유의해야 한다. 영유아들은 집게손가락이나 중지를 사용하여 종이에 풀칠하고 이때 다른 종이를 깔개로 한다. 큰 종이를 바를 경우에는 풀을 물로 희석시켜 귀얄로 바른다.

영유아의 창작공예 활동에서는 접착용으로 테이프를 쓰는 경우가 많은데 일반적으로 가격이 비싼 편이다. 접착용 테이프는 용도별로 다르므로 교사가 선별하여 제공하는 것이 좋다. 테이프의 종류에는 셀로판테이프, 비닐 테이프, 양면테이프, 검 테이프(천 또는 종이에 고무풀을 바른 테이프), 건재용 양면테이프,

키친 알루미늄 테이프, 디자인 테이프, 포장용 테이프 등이 있다.

튜브에 넣은 접착제류의 접착제는 위험하기 때문에 영유아가 이것을 사용할 경우에는 교사가 곁에서 지켜보아야 한다. 이런 접착제에는 종류가 많고 저마다의 특징을 지니고 있기 때문에 재료에 적합한 접착제를 쓰지 않으면 충분한 접착 효과를 가질 수 없게 된다. 접착제를 사용하는 방법은 어떤 재료이든 간에 깨끗이 씻거나 닦은 다음 건조시켜서 접착시켜야 한다. 예를 들어, 플라스틱류는 중성세제로 씻고 다시 물로 깨끗이 헹구고 건조시킨 다음 접착한다. 한 가지 유의할 점은 스티로폼은 시너에 녹기 때문에 시너를 용제로 하는 접착제, 예를 들어, 오공접착제를 써서는 안 된다. 시중에 나와 있는 스티로폼 접착제나 우드락 접착제로 접착하면 된다. 스티로폼 위에 시너를 묻힌 붓으로 글을 쓰거나 그림을 그리거나 주사기에 시너를 넣고 여러 가지 모양을 그리거나 오공접착제를 짜서 그림을 그리면 스티로폼 판이 그 윤곽대로 녹아들어 간다. 여기에 물감을 묻혀 찍어내면 멋있는 판화작품이 완성된다.

이 밖에 접착제는 아니지만 두 부분을 접착하는 데 자주 쓰이는 재료로써 고무줄, 낚싯줄, 무명실, 못, 너트와 볼트, 스테이플러 등이 있다.

⑤ 도료

- 크레용
- 크레파스
- 색연필
- 수성물감
- 포스터컬러
- 아크릴 물감
- 니스
- 페인트
- 래커 에나멜
- 펠트펜

영유아는 칠하기를 좋아한다. 원래 칠을 하는 목적은 재료를 아름답게 보이도록 장식하거나 또는 작품의 내구성을 주는 데 있다. 이 중에서 영유아가 즐기는 것은 아름답게 보이도록 장식하는 일이다.

크레용이나 크레파스, 색연필은 영유아가 자주 접촉하는 것으로 영유아들은 상대적으로 물감이나 페인트에 대해 더 높은 관심과 흥미를 나타낸다.

아크릴 물감은 물로 희석되는 합성수지로 된 화구이다. 빨리 마르고 일단 마르면 내수성의 피막을 만들기 때문에 유화처럼 두껍게 그리고 엷게 여러 번 칠할 수 있다. 비나 바람에 노출되어도 내구성이 있기 때문에 실내 · 옥외의 벽화에도 적합하며 종이, 유리, 플라스틱, 깡통, 병, 돌멩이, 나무 등 어디에든 잘 그려지므로 다양한 표현이 가능하다. 독성이 없고 악취도 없기 때문에 안전하게 쓸 수 있고, 접착력이 좋기 때문에 직물 등에 직접 그릴 수 있고 또 콜라주를 위한 접착제로도 좋다. 아크릴 물감은 수채화나 포스터컬러 등에 비하여 빨리 굳으므로 가능하면 짜놓은 후 40~50분 이내에 그린다. 손가락으로 그리거나 아크릴 물감용 붓 또는 유화 물감용 붓을 사용하여 색칠한다.

페인트는 유성 페인트와 수성 페인트로 나눌 수 있다. 많이 사용되는 이른바 합성수지 페인트는 유성 페인트의 일종이며, 유성 페인트가 잘 마르지 않는다는 결점을 보완하기 위하여 합성수지를 보완한 도료이다. 합성수지 페인트는 빨리 마르는 '속건성' 페인트이며 옥외에 있는 나무, 철, 양철 등에 적당하며 햇빛이나 비에 강하다. 합성수지 에나멜 페인트는 목공용, 가구, 금속용이며, 윤기와 색깔이 좋고 다소 충격을 주어도 상하지 않아서 많이 쓰인다. 녹방지용 페인트는 쇠붙이에 칠하여 녹이 슬지 않도록 한다. 한편 수성 페인트로는 비닐 페인트가 있으며 빨리 마르고 무광택이며 차분한 느낌을 주기 때문에 벽면 칠에 쓰인다.

니스 중에서 합성수지 건성 니스는 물이나 알코올이 떨어져도 희게 되지 않으며 건조가 빠르기 때문에 서둘러 마무리할 목공품이나 가구에 적합하다. 유성 니스는 노랑색부터 황갈색까지 있으며 막이 두껍고 광택이 좋고 물에도 강하지만 건조시간이 오래 걸린다. 오일 스테인은 착색제로써 많이 쓰이며 색도 5~6종이 있다. 옥외의 기둥을 칠을 하는 데 쓰이며 마르기 직전에 걸레로 닦아주는 것이 마무리의 요령이다.

래커는 막이 단단하고 빨리 마르기 때문에 많이 쓰이고 있다. 엷게 마무리할 목공물에는 알맞는 도료이다. 용도도 넓어 목공품뿐만 아니라 금속제품에도 적절하다. 투명 래커는 투명체로 목공물에 적합하다. 래커는 빨리 마르고 편리하기 때문에 인기가 있는 반면 상대적으로 비싸기 때문에 큰 것을 바르는 데는 적당하지 않으나 작은 것을 바르는 데는 뒷처리가 편하여 적절하며 약 30분이면 완전히 마른다. 스프레이는 용기에 사용법이 적혀 있으므로 그 방법대로 사용해야 하며 다 쓴 통을 버릴 때에는 못으로 구멍을 뚫어서 버려야 안전사고를 예방할 수 있다. 래커 에나멜은 불투명의 래커이며 여러 가지 색이 있다. 래커칠은 날씨가 좋은 날에 하는 것이 바람직하다. 습기가 많을 때에는 표면에 흰 얼룩이 낀다. 그리고 래커나 시너는 인화성이 강하기 때문에 화기에 특히 조심해야 한다. 또 래커는 사용하기 전에 나무막대로 그릇 바닥까지 넣어서 잘 휘저어야 한다.

마지막으로 도료는 반드시 도료와 맞는 희석재를 써야 한다. 수성이면 물로 희석시키고 래커 계통은 래커 시너로, 페인트나 니스는 도료용 시너(테레빈유)로 희석시킨다. 도료를 칠하는 귀얄에는 털이 단단한 검은 것과 털이 부드러운 흰 털로 된 것이 있다. 그 중 털이 검은 솔은 유성 도료에, 흰 털의 솔은 수성 도료나 니스를 칠하는 데 적절하다.

Part 2

활동편

인형과 가면

안경 가면
성냥갑 인형
음료수 병 인형
종이 봉투인형
숟가락 인형
종이 접시 가면
물안경 가면
페트병 인형

안경 가면

대상 : 3세 이상

준비물

양면 색종이, 색셀로판지, 풀, 가위, 고무줄 2개, 셀로판테이프, 펀치

활동방법

1. 양면 색종이를 2장 선택한 후 가운데 부분을 눈 모양으로 오려낸다.
2. 1의 오려진 눈부분에 색셀로판지를 붙인다.
3. 다른 색의 색종이로 눈썹 모양으로 오려서 눈부분에 붙인다.
4. 양 끝 부분에 셀로판테이프를 붙이고 그 위에 펀치로 구멍을 뚫는다.
5. 구멍에 고무줄을 묶어서 귀에 걸 수 있게 한다.
6. 가면을 쓰고 역할놀이를 하게 한다.

유의사항

다양한 모양의 가면을 만들어보도록 가면과 관련된 그림자료를 많이 보여 준다.

성냥갑 인형

대상 : 3세 이상

준비물

성냥갑, 아이스크림 나무막대, 단추, 스티로폼 공 작은 것, 천, 털실, 가위, 연필, 색종이, 유성 매직, 모루, 풀, 스티로폼 접착제, 테이프 등의 접착제

활동방법

1. 성냥갑 뒷면 중앙에 나무막대를 붙여 손잡이를 만든다.
2. 성냥갑이 인형 몸체가 되도록 앞면과 옆면에 색종이나 천으로 장식하여 옷을 입힌다.
3. 유성 매직으로 스티로폼 공에 얼굴을 그린 후 털실을 붙여 머리를 만든다.
4. 성냥갑 위에 스티로폼 공을 붙인다.
5. 모루를 연필에 감아서 스프링 모양이 되게 한 다음 모루 밑 부분에 색종이로 만든 손과 발을 붙여서 팔, 다리를 만들어 몸체에 붙인다.

응용방법

막대를 붙이지 않고 끈을 달아 모빌로 활용할 수 있다.

음료수 병 인형

대상 : 3세 이상

준비물

음료수 병, 인형 눈알, 털실, 접착제(셀로판테이프, 양면테이프, 접착제, 풀), 색상지나 색종이, 가위, 스티로폼 공, 물휴지나 물통, 한지, 밀가루풀, 물감과 도구 일체, 리본테이프, 색사인펜

활동방법

1. 스티로폼 공에 한지 조각을 몇 겹 붙인 다음 말린다.
2. 한지를 붙인 스티로폼 공을 물감으로 칠한 후 말린다.
3. 2에 인형 눈알을 붙이고 색사인펜으로 코와 입을 그린다.
4. 색종이로 귀를 만들어 붙이고 털실을 이용해서 머리카락을 붙인다.
5. 병 윗부분에 스티로폼 공으로 만든 얼굴을 붙인 다음 목 부분에 리본테이프로 리본을 만들어 붙인다.
6. 색종이나 색상지로 옷이나 신을 만들어 병을 꾸민다.

종이 봉투인형

대상 : 2세 이상

준비물

은행 돈 봉투, 색종이나 색상지, 가위, 풀, 털실, 크레파스, 색사인펜, 큰 단추나 리본 등 장식물

활동방법

1. 어떤 얼굴을 만들 것인지 구상한다.
2. 봉투 밑바닥과 앞면에 얼굴의 배경이 될 색종이나 색상지를 잘라 붙인다.
3. 봉투 밑바닥이 위로 오도록 놓고 알맞은 위치에 혀, 눈, 코를 그려넣거나 붙인다.
4. 종이 봉투 몸체에 목걸이나 단추, 리본 등으로 장식한다.
5. 완성되면 종이 봉투 밑바닥에 손을 넣어 움직이며 인형놀이를 한다.

숟가락 인형

대상 : 3세 이상

준비물

일회용 숟가락, 아크릴 물감과 도구 일체, 가위, 접착제, 뽕뽕, 인형 눈알, 리본 또는 레이스, 유성 색사인펜, 부직포

활동방법

1. 동물의 사진이나 재미있는 잡지 그림을 보여주면서 어떤 모양을 만들지 구상하게 한다.
2. 숟가락 동물에 알맞는 바탕색을 아크릴 물감으로 칠한다.
3. 숟가락의 볼록한 면이 얼굴이 되도록 부직포로 동물의 귀를 만들어 숟가락 끝에 붙인다.
4. 인형 눈알을 숟가락에 붙이고 색사인펜으로 코와 입을 그린다.
5. 동물에 따라 뽕뽕으로 코를 만들어 붙이거나 부직포로 혀를 만들어 붙인다.
6. 리본 또는 레이스를 숟가락의 목에 걸어 완성한다.

종이 접시 가면

대상 : 3세 이상

준비물

종이 접시, 크레파스, 색종이, 가위, 풀, 고무줄, 송곳

활동방법

1. 종이 접시에 크레파스로 얼굴을 그리거나 색종이를 오려서 붙인다.
2. 교사는 칼을 이용하여 눈과 입 부분을 오려준 다음 양쪽 귀부분에 구멍을 뚫고 고무줄을 건다.
3. 가면을 쓰고 놀게 한다.

응용방법

더 나이든 유아의 경우는 아크릴 물감으로 색칠하게 해도 좋다.

물안경 가면

대상 : 3세 이상

준비물

32절 색도화지 또는 색상지, 색셀로판지, 색종이 또는 금은색지, 풀, 가위, 칼, 연필, 지우개, 셀로판테이프, 고무줄, 펀치

활동방법

1. 색도화지를 세로로 놓고 가운데를 세로로 살짝 접었다 편 후 접은 선이 양미간에 오도록 대고 눈의 위치를 표시한다.
2. 책상 위에 색도화지를 놓고 안경의 형태로 가면을 디자인하여 그린다.
3. 선을 따라가며 안경의 안팎을 오려낸다.
4. 안경 부분에 색셀로판지를 대고 안경의 외곽선을 그린 후 선보다 5~10mm 작게 오린다.
5. 오려낸 색셀로판지를 안경 구멍에 맞게 풀칠하여 붙인다.
6. 안경테 부분을 색종이 또는 금은색지 등으로 장식한다.
7. 안경테 양 끝 부분에 셀로판테이프를 두겹으로 붙인 후 펀치로 구멍을 뚫는다.
8. 고무줄을 양쪽 구멍에 끼운 후 머리크기에 맞게 묶어 완성한다.

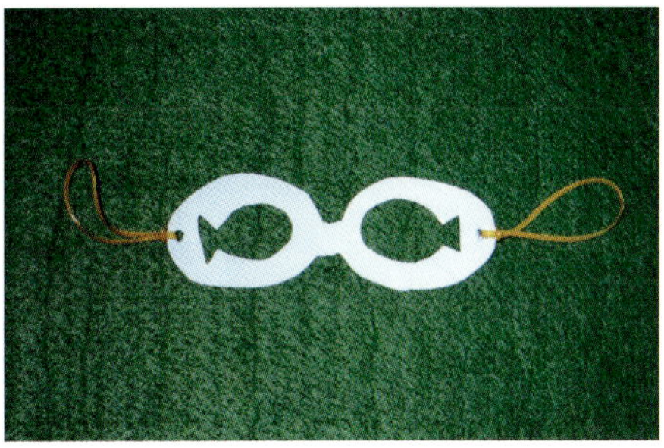

페트병 인형

대상 : 2세 이상

준비물

페트병, 인형 눈알, 털실, 접착제(셀로판테이프, 접착제), 색상지나 색종이, 가위, 끈

활동방법

1. 페트병 밑에서 $\frac{2}{3}$ 되는 지점에서 2~3cm 남기고 동글게 자른다.
2. 인형 눈알을 붙이고 색상지나 색종이로 코와 입을 만들어 붙인다.
3. 페트병 윗부분을 털실로 붙여서 머리를 꾸민다.
4. 페트병 꼭지 뒤에 끈을 단다.
5. 끈을 잡아당기면 입이 열리게 된다.

직조

색지 직조

대상 : 3세 이상

준비물 : 색상지(8절), 색상지 띠, 풀, 가위, 색상지 띠를 담아놓을 상자

활동방법

1. 씨실의 대용이 될 색상지 띠는 2cm 넓이로 미리 잘라서 색상별로 상자에 담아놓는다.
2. 색상지를 길게 반으로 접고 접은 쪽에서 반대쪽으로 일정하게 가위로 자른다. 이때 낱낱이 떨어지지 않도록 하기 위해서 가위질을 끝까지 하지 않고 여분을 남긴다.
3. 2를 펴면 간이 직조틀에 날실이 걸린 상태로 준비된다.
4. 3에 미리 잘라서 준비해 놓은 색상지 띠를 위, 아래로 끼워넣으면서 들쭉날쭉 끼워간다.
5. 색상지 띠의 조화를 생각하면서 역으로 위, 아래로 들쭉날쭉 끼워간다.
6. 다 짜지면 뒤집고 양쪽에 풀칠을 하여 빠지지 않게 고정시킨다.

유의사항

날줄과 씨줄이 엮어지는 데에 의의가 있으므로 유아들이 자유롭게 엮어가도록 한다.

나무젓가락 직조(1)

대상 : 3세 이상

준비물

나무젓가락, 색 털실, 노끈, 모루, 색상지 길게 오려놓은 것, 가는 철사, 셀로판테이프

활동방법

1. 교사는 나무젓가락을 간격을 일정하게 띄어서 가는 철사로 연결한다.
2. 나무젓가락 사이를 털실, 노끈, 모루, 오려놓은 색상지를 이용해서 짜나간다.
3. 직조를 시작하고 끝내는 방법은 털실이나 노끈, 색상지는 나무젓가락에 테이프를 붙여서 고정시키고 모루는 구부려서 고정시킨다.
4. 벽면에 전시한다.

응용방법

작품을 끈에 매달아 모빌로 활용한다.

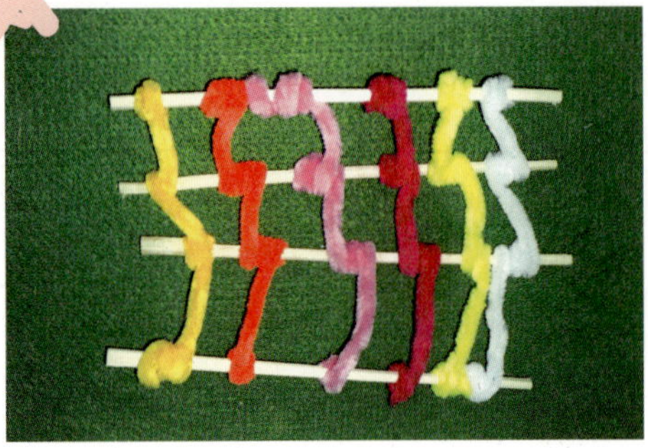

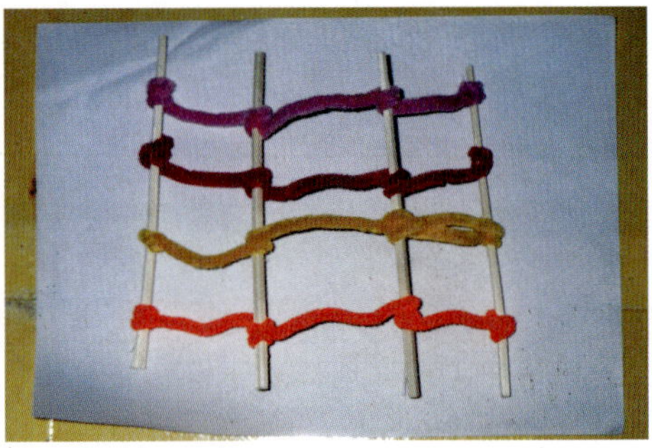

종이 접시 직조

대상 : 3세 이상

준비물

종이 접시, 펀치, 노끈, 색 털실, 플라스틱 돗바늘

활동방법

1. 종이 접시 한복판에 구멍을 뚫는다.
2. 접시 가장자리에 펀치로 구멍을 뚫는다.
3. 노끈으로 접시 한복판의 구멍을 중심으로 가장자리 구멍을 교대로 돌면서 방사형 틀을 만든다.
4. 방사형 틀이 완성되면 털실로 접시 중심부터 틀을 따라 상, 하로 엮어 나간다.
5. 접시 전체를 털실로 엮게 되면 마지막 털실 끝은 틀에 매어준다.

물고기 직조

대상 : 3세 이상

준비물

여러 가지 색의 색상지, 칼, 가위, 풀, 셀로판테이프, 색연필

활동방법

1. 물고기를 떠올리면서 직조기법을 활용하는 방법에 대해 생각한다.
2. 원하는 색상지에 색연필로 물고기를 그린 다음 오린다.
3. 오려진 물고기의 등 부분에 가로로 칼집을 낸다.
4. 다른 색의 색상지를 가로 1cm 길이로 세로로 길게 여러 개 자른다.
5. 1cm로 자른 띠종이를 물고기 등 부분의 칼집을 낸 곳에 왔다갔다 하면서 끼워넣는다.
6. 전시한다.

응용방법

다양한 동물을 직조기법을 활용하여 효과적으로 표현해 보도록 한다.

과일 직조

대상 : 3세 이상

준비물

32절 색도화지 또는 색상지, 칼, 가위, 풀

활동방법

1. 여름철 과일에 대해 알아본 후 무엇을 만들지 구상한다.
2. 노란색 색상지와 초록색 색상지로 파인애플 모양을 만든다.
3. 노란색 파인애플 그림에 세로로 칼집을 낸다.
4. 검정색 색상지를 가로 1cm 길이로 여러 장 자른다.
5. 3의 칼집에 세로로 길게 자른 검정 색상지를 중간중간 끼워넣는다.
6. 전시한다.

스티로폼 직조

대상 : 2세 이상

준비물

둥근 스티로폼 접시, 신문지, 가위 또는 펀치, 70cm 길이의 다양한 색 털실, 셀로판테이프

활동방법

1. 신문지 위에 스티로폼 접시를 올려놓는다.
2. 교사는 가위나 펀치를 사용해서 구멍을 몇 개만 뚫어준다.
3. 털실 끝을 셀로판테이프로 싸서 바늘처럼 만든 다음 스티로폼 접시 구멍으로 밀어넣도록 한다.
4. 털실의 끝까지 구멍에 왔다갔다하다가 스티로폼 접시 바닥에서 털실의 끝을 테이프로 붙여서 고정시킨다.
5. 다른 색의 털실로 계속하여 완성한다.

응용방법

1. 더 큰 유아는 플라스틱 바늘에 실을 꿰어서 스티로폼 접시에 직조한다.
2. 더 큰 유아에게는 구멍을 더 많이 뚫어준다.

나무젓가락 직조(2)

대상 : 5세 이상

준비물 : 나무젓가락 1쌍, 여러 가지 색 털실, 여러 가지 색 노끈, 가위, 칼

활동방법

1. 교사는 나무젓가락 1쌍의 붙은 부분에 칼집을 내어 똑바로 쪼갠다.
2. 젓가락 두 개를 나란히 잡고 가운데를 털실의 한쪽 끝으로 묶는다.
3. 두 젓가락을 비틀어 십자 모양이 되게 한다.
4. 묶이지 않는 가운데 부분에 털실을 감아 두 젓가락을 단단히 고정시킨다.
5. 털실을 막대에 한 바퀴 감은 후 90° 로 교차되어 있는 옆 막대까지 가로지른다.
6. 다시 막대를 한 바퀴 감고 옆으로 가로지른다. 막대를 돌려가며 이러한 작업을 반복하여 끝까지 감으면 사각형 또는 마름모 형태의 판이 얻어진다.

응용방법

여러 색상과 종류의 털실을 섞어서 짜도록 하면 더욱 화려한 느낌이 난다.

유의사항

- 어린 유아는 교사가 나무젓가락 묶는 것을 도와준다.
- 털실을 막대에서 다음 막대로 가로질러 갈 때 살짝 잡아당기면서 작업한다.

직조 카드

대상 : 3세 이상

준비물

두꺼운 마분지(골판지, 상자), 60cm 길이의 다양한 색깔의 털실, 펀치, 가위, 셀로판테이프, 크레파스

활동방법

1. 두꺼운 마분지를 15×15cm 길이로 오린다.
2. 1의 주변을 펀치로 구멍을 낸다.
3. 두꺼운 마분지 바닥에 시작하는 털실의 끝 부분을 테이프로 붙여서 고정시킨다.
4. 털실을 구멍에 마음대로 왔다갔다 하도록 한다.
5. 털실 하나가 끝나면 바닥에 테이프로 고정시키고 다른 색 털실로 계속한다.
6. 바느질이 끝났을 때 털실 직조로 인해 생긴 세모나 네모 모양에 크레파스를 사용하여 색칠을 하게 한다.

응용방법

스티로폼 접시나 종이 접시 위에 하트 모양이나 꽃 모양, 자동차 등의 모양을 그려서 구멍을 뚫어준 다음 바느질하게 할 수 있다.

동그라미 직조

대상 : 3세 이상

준비물

동그라미 모양으로 오린 마분지 또는 매트판, 종이 접시, 가위, 70cm 정도의 다양한 색깔의 털실, 셀로판테이프

활동방법

1. 교사는 마분지나 매트판을 동그랗게 오리거나 종이 접시의 테두리를 오려준다.
2. 5등분이나 6등분 한 동그라미 끝 부분에 살짝 가위밥을 준다.
3. 시작하는 털실 끝은 동그라미 밑에 셀로판테이프로 붙인 후 가위밥 준 곳에 털실을 걸면서 마음대로 직조하게 한다.
4. 다른 색 털실로 계속해 나간다.
5. 마지막 털실 끝을 동그라미 바닥에 매듭을 짓거나 테이프로 고정시켜 완성한다.

응용방법

- 마분지나 매트판을 다양한 모양으로 오린다.
- 털실 대신에 자수 실을 이용한다.

니들 자수

대상 : 5세 이상

준비물

니들 자수바늘(돗바늘), 여러 가지 굵은 색 털실, 굵은 망사(꽃 포장용 망사), 검은색 유성사인펜, 복사용지

활동방법

1. 망사를 32절 크기로 접어 3~4겹 정도 겹친다.
2. 복사용지 위에 망사를 놓고 그 위에 사인펜으로 밑그림을 그린다.
3. 바늘에 털실을 꿰어 밑그림이 그려진 망사 밑에서부터 위로 바늘을 뺀 후 옆으로 몇 칸 간 다음 다시 밑으로 집어넣는다. 이때 처음 시작하는 털실의 끝부분은 3~4cm 정도 망사 뒤에 남아 있게 하여 마감할 때 뒷면의 실 사이로 집어넣는다.
4. 직조를 한 바로 아랫부분에서부터 위로 바늘을 뺀 후 가로질러 건너편 털실의 바로 아래 지점에서 밑으로 집어넣는 작업을 계속한다.
5. 밑그림을 따라 부분별로 털실 색을 변경하며 모든 면을 자수하여 작품을 완성한 다음 망사 뒤쪽에서 시작부분과 마찬가지로 털실 끝 부분을 3~4cm 남게 잘라 뒷면 털실 사이로 집어넣는다.
6. 완성 후 액자에 넣어 장식한다.

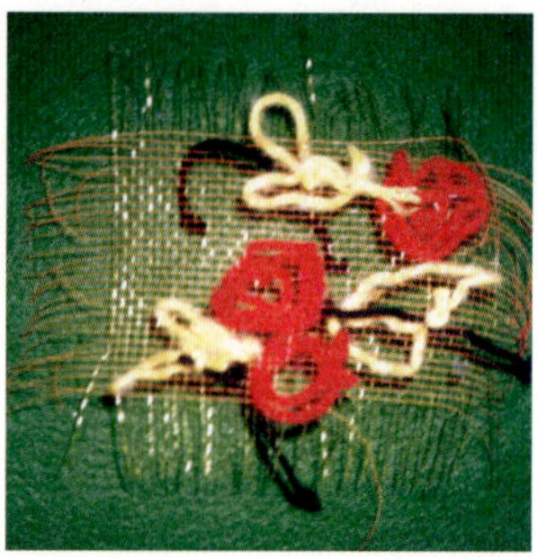

지그재그 직조

대상 : 3세 이상

준비물

도화지나 색도화지, 털실, 크레파스나 색연필, 가위, 셀로판테이프

활동방법

1. 동그라미, 세모, 네모에 대해 알아본다.
2. 도화지에 동그라미를 그리고 오리도록 한다.
3. 오려진 동그라미 주변에 가위밥을 준다.
4. 동그라미 뒷면에 털실을 셀로판테이프로 붙인 다음 털실을 가위밥 준 부분에 걸면서 직조를 해 나간다.
5. 마지막 털실은 뒷면에 셀로판테이프로 붙여서 고정시킨다.
6. 앞면의 털실이 만들어 놓은 모양에 대해 이야기하고 색연필이나 크레파스로 색칠해서 완성한다.

응용방법

동그라미 외에 다양한 모양 위에 직조를 해봄으로써 모양을 익히고 소근육 발달을 돕도록 한다.

콜라주

털실 콜라주

대상 : 2세 이상

준비물

털실 또는 노끈, 자수 실, 밀가루 풀, 마분지, 쟁반 또는 사발, 가위

활동방법

1. 30cm 길이로 털실을 자른다.
2. 쟁반에 밀가루 풀을 가득 담는다.
3. 쟁반에 털실을 담궜다가 꺼내 마분지 위에 의도한 대로 배열한다.
4. 다양한 색깔의 털실로 3을 반복한다.
5. 건조시킨다.

응용방법

- 마분지 대신 벽지나 종이 접시, 오래된 포스터, 포장지 위에 할 수 있다.
- 유리나 은박지 위에 붙인 다음 마르면 떼어내어 모빌로 매단다.
- 구슬이나 단추 같은 다른 재료를 끈 콜라주 위에 첨가한다.

잡지 콜라주

대상 : 2세 이상

준비물

검정 도화지, 신문, 광고전단, 헌 잡지, 가위, 풀, 사인펜, 색연필, 크레파스, 분필, 끈, 펀치

활동방법

1. 무엇을 표현할지 구상한다.
2. 검정 도화지 위에 분필로 밑그림을 그린다.
3. 준비한 신문, 광고전단, 헌 잡지 등에서 주제에 맞는 사진을 오린다.
4. 오린 사진을 붙여서 주제를 재미있게 꾸민다.
5. 세밀한 부분은 사인펜, 크레파스 등으로 그린다.
6. 말린 후 끈을 달아 벽에 건다.

응용방법

색종이나 포장지 등을 함께 이용하거나 검정색 도화지 대신 검정색 우드락이나 검정색 하드보드지를 활용해도 좋다.

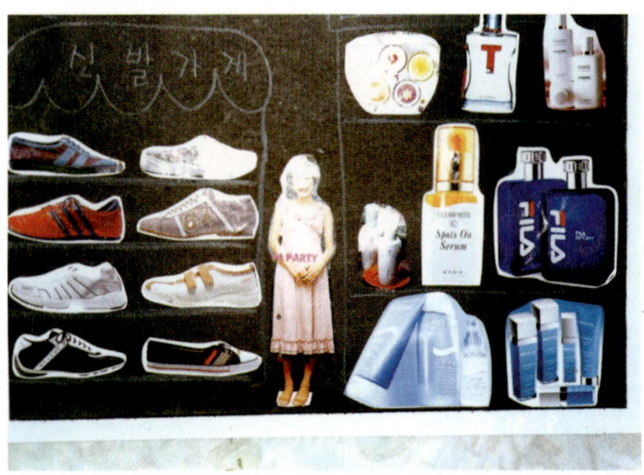

게 콜라주

대상 : 3세 이상

준비물

여러 가지 천, 칼, 가위, 접착제, 단추, 도화지, 색연필

활동방법

1. 좋아하는 동물을 정하고 콜라주 기법을 활용하는 방법에 대해 생각하게 한다.
2. 도화지 위에 색연필로 동물을 그린다.
3. 여러 가지 천을 가위로 오려서 그림에 붙인다.
4. 단추로 눈을 표현한다.
5. 전시한다.

응용방법

콜라주 기법을 활용하여 효과적으로 동물을 표현해 보도록 한다.

동물농장

대상 : 3세 이상

준비물

여러 가지 재활용 물건(종이컵, 깡통, 잡지의 동물그림, 상자, 페트병, 빨대), 칼, 가위, 접착제(셀로판테이프, 접착제, 풀), 도화지, 색연필, 물감과 도구 일체

활동방법

1. 동물의 종류에는 어떤 것들이 있는지 이야기 나눈다.
2. 잡지책에 있는 동물그림을 오려낸다.
3. 도화지 위에 오린 동물들의 집을 재활용품을 이용해서 만들어 붙인다.
4. 도화지 위에 오린 동물을 알맞게 배열한 후 붙인다.
5. 도화지 위의 남은 여백을 색연필과 물감으로 색칠한다.
6. 전시한다.

응용방법

잡지에 있는 동물 그림 대신 종이접기를 이용한 동물을 붙여도 좋다.

나뭇잎 콜라주

대상 : 3세 이상

준비물

도화지, 딱풀, 셀로판테이프, 여러 종류의 나뭇잎(말려서 준비), 아크릴 물감과 도구 일체

활동방법

1. 나뭇잎을 한장한장 살펴보면서 탐색한다.
2. 도화지 위에 나뭇잎을 올려보며 여러 가지 모양을 구상해 본다.
3. 모양이 결정되면 딱풀로 붙인다.
4. 나뭇잎 위를 아크릴 물감으로 색칠한다.
5. 건조시킨다.

응용방법

나뭇잎 외에 나뭇가지와 모래, 단추, 실 등을 함께 이용하여 붙여도 좋다.

깡통 연필꽂이

대상 : 4세 이상

준비물

뚜껑이 제거된 얇은 깡통, 가위, 털실, 접착제, 검정색 유성 매직

활동방법

1. 깡통을 깨끗이 씻어서 말린다.
2. 깡통 윗부분에 검정색 유성 매직으로 밑그림을 그린다.
3. 밑그림에 접착제를 칠하고 털실을 붙인다.
4. 접착제가 마를 때까지 기다린다.
5. 연필꽂이로 사용한다.

응용방법

- 연필꽂이 위에 투명시트지를 붙이면 더 오래간다.
- 깡통 대신 우유팩이나 페트병을 활용할 수 있다.
- 깡통에 지점토를 바르고 색칠한 후 말려서 연필꽂이를 만들 수도 있다.

조소

신문지 점토(꽃병)

찰흙 점토(그릇)

지점토(생활용구 찍기)

지점토(편지꽂이)

지점토(동물)

색점토(동물)

찰흙 점토(기찻길)

찰흙 점토(도깨비탈)

찰흙 점토(우주)

스크래치 아트

지점토(타일)

비누조각

신문지 점토(꽃병)

- **대상** : 4세 이상

- **준비물**

음료수 병, 신문지, 밀가루 풀, 수성물감과 도구 일체, 니스, 한지

- **활동방법**

1. 음료수 병에 잘게 찢은 신문지를 풀에 묻혀 몇겹 붙인다.
2. 1위에 잘게 찢은 한지를 3겹 정도 붙인다.
3. 완전히 말린다.
4. 물감으로 색칠한 후 말린다.
5. 니스칠을 한 후 말린다.

- **응용방법**

아크릴 물감으로 칠할 경우에는 한지를 붙이지 않고 신문지 위에 칠해도 된다.

찰흙 점토(그릇)

대상 : 3세 이상

준비물

찰흙 점토 1봉지, 비닐, 밀대나 빈병, 포스터컬러와 도구 일체, 투명래커나 니스, 평평한 판

활동방법

1. 비닐 위에서 찰흙 점토를 밀대로 동글동글 길다랗게 여러 개 밀어놓는다.
2. 찰흙 점토를 귤만한 크기로 떼어서 동글납작한 밑판을 만든다.
3. 밑판 위에 한 겹씩 길다란 찰흙 점토를 쌓아올린다.
4. 서늘하고 바람 부는 곳에서 말린 다음 포스터컬러로 색칠한 후 말린다.
5. 투명래커나 니스칠을 한 다음 완전히 말린다.

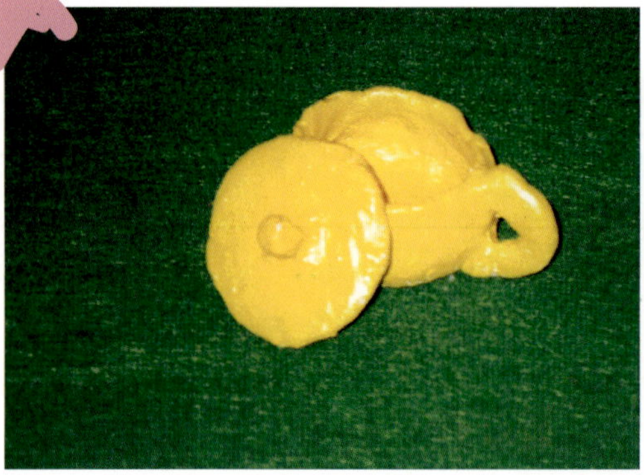

지점토(생활용구 찍기)

대상 : 2세 이상

준비물

지점토, 밀대나 빈 병, 비닐, 포스터컬러, 투명 매니큐어나 니스, 찍기 도구, 자

활동방법

1. 비닐 위에 지점토를 놓고 부드럽게 주무른다.
2. 부드럽게 된 지점토를 자로 원하는 모양으로 자른다.
3. 자른 지점토 위를 찍기 도구로 찍는다.
4. 바람이 부는 그늘진 곳에서 말린다.
5. 마른 지점토를 포스터컬러로 색칠한 후 말린다.
6. 색칠한 지점토 위에 투명 매니큐어나 니스로 칠한 다음 말린다.
7. 전시한다.

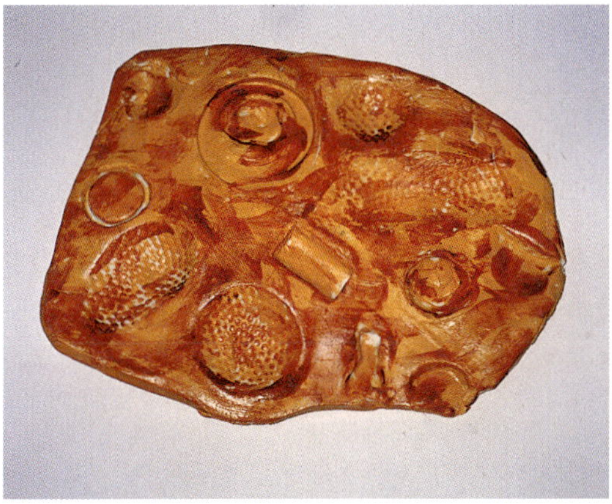

지점토(편지꽂이)

대상 : 3세 이상

준비물

지점토, 비닐, 못 또는 송곳, 큰 용기, 밀대나 빈병, 장난감, 단추, 포크와 같은 찍을 수 있는 기구, 평평한 판, 오븐, 털실 또는 끈, 종이 접시, 자, 아크릴 물감과 도구 일체, 니스나 투명래커

활동방법

1. 지점토를 부드럽고 유연하게 될 때까지 5분 동안 반죽한다.
2. 비닐 위에 지점토 두 덩어리를 놓고 밀대로 평평하게 만든 다음 네모난 모양이 되도록 자로 오린다.
3. 네모난 지점토 한 덩어리를 비닐 위에 올려놓는다.
4. 다른 지점토 한 덩어리는 미리 만들어놓은 네모 모양보다 약간 작게 만든 다음 장난감이나 찍기 기구로 살짝 찍는다.
5. 찍기 기구로 꾸민 약간 작게 만든 네모 모양의 지점토판을 3의 네모 모양의 지점토판 위에 올려놓는다.
6. 위에 올려놓은 지점토판을 봉투의 입구처럼 열어놓고 밑부분과 닿는 옆 부분을 손가락이나 포크로 찝는다.
7. 밑의 네모 모양의 지점토판 윗부분에 못이나 송곳으로 구멍을 뚫어서 실을 걸 자리를 만든다.
8. 그늘에서 말린 다음 아크릴 물감으로 색칠한 후 말린다.
9. 니스를 칠한 후 말린다.
10. 구멍에 털실이나 끈을 걸고 벽에 매단다.

지점토(동물)

대상 : 3세 이상

준비물 : 지점토 1봉지, 이쑤시개, 찰흙 도구, 비닐, 복사용지, 연필, 지우개, 가위, 물감과 도구 일체, 니스 또는 투명래커, 밀대나 빈병

활동방법

1. 지점토를 주물러서 부드럽게 한 후 동그랗게 만든다.
2. 지점토를 비닐 위에 놓고 손바닥으로 두드려 납작하게 만든다.
3. 밀대로 밀어 두께가 일정한 판을 만든다.
4. 이쑤시개 등으로 지점토 위에 동물을 그린다.
5. 그림에 따라 지점토를 가위로 잘라낸다.
6. 동물의 머리, 다리, 꼬리 부분을 조심스럽게 제 위치로 구부려 세우면서 균형을 잡는다. 이때 균열된 부분이 있으면 물을 묻힌 후 문질러주어 없앤다.
7. 지점토를 긁어 눈, 입, 발톱 등을 묘사하고 수염 등 장식을 붙인 다음 바람이 잘 통하는 그늘에서 완전히 말린다.
8. 물감으로 동물의 무늬를 그린 후 마르면 니스를 칠하거나 투명래커를 뿌려 완성한다.

응용방법

- 밑그림을 지점토 위에 놓고 그 형태대로 잘라내면 쉽게 할 수 있다.
- 지점토 대신 찰흙 점토를 사용해도 좋다.

색점토(동물)

대상 : 3세 이상

준비물

여러 가지 색 점토, 밀대나 빈병, 찰흙도구, 비닐, 냄비, (휴대용)가스렌지

활동방법

1. 만들 형태를 구상한다.
2. 색점토를 충분히 주물러서 동그랗게 만든다.
3. 동그라미 점토에 다른 색의 점토를 덧붙여서 세부묘사를 한다.
4. 교사는 완성된 작품을 끓는 물에 3분간 삶은 후 건져서 식힌다.

응용방법

여러 색의 점토를 섞어 중간색을 만들고 다양한 물건을 만들어본다.

찰흙 점토(기찻길)

대상 : 3세 이상

준비물

도화지, 찰흙 점토, 빈 병이나 밀대, 비닐, 찍기 틀, 자

활동방법

1. 비닐 위에서 찰흙 점토를 주물러서 부드럽게 한다.
2. 부드러워진 찰흙 점토를 빈 병이나 밀대로 민 다음, 길게 만들어 기찻길을 만들고 도화지 위에 붙인다.
3. 찍기 틀이나 자로 동그라미, 네모 모양을 찍는다.
4. 찍은 여러 가지 모양을 도화지 위에 붙인다.
5. 작품이 완성되면 어떤 작품인지 친구들 앞에서 이야기하도록 한다.

찰흙 점토(도깨비탈)

대상 : 4세 이상

준비물

찰흙 점토 3봉지, 랩이나 비닐, 조각칼, 포스터컬러와 도구 일체, 투명래커나 니스, 못이나 송곳, 털실, 끈이나 고무줄, 바가지

활동방법

1. 바가지에 랩이나 비닐을 씌운다.
2. 랩이나 비닐 위에 찰흙 점토를 붙여서 도깨비 얼굴을 만든다.
3. 도깨비 얼굴 위에 조각칼로 눈과 입을 오려내고 귀부분에 고무줄을 걸 자리를 못이나 송곳으로 뚫고 뿔을 만들어 붙인다.
4. 서늘하고 바람 부는 곳에서 잘 말린 다음 바가지를 떼낸다.
5. 포스터컬러로 색칠한 후 건조시킨다.
6. 투명래커나 니스칠을 한 다음 건조시킨다.
7. 털실로 머리를 꾸민 다음 귀에 끈이나 고무줄을 매단다.

찰흙 점토(우주)

대상 : 3세 이상

준비물

찰흙 점토, 자연물(돌멩이, 모래, 나무나 풀)이나 액세서리 구슬, 비닐

활동방법

1. 우주가 어떤 모습일지 구상하게 한다.
2. 비닐 위에 찰흙 점토를 놓고 주무른다.
3. 찰흙 점토로 우주의 모습을 상상하여 만들도록 한다.
4. 자연물이나 구슬로 꾸민다.
5. 바람이 부는 그늘진 곳에서 말린다.

응용방법

찰흙 점토 대신 밀가루 점토나 지점토를 사용해도 가능하며, 밀가루 점토는 반죽할 때 식용색소나 물감을 첨가해서 색감을 주면 더 좋다.

스크래치 아트

대상 : 5세 이상

준비물

스크래치판, 빨간 먹지, 연필, 니들 커터칼, 아크릴 물감과 도구 일체, 액자 틀

활동방법

1. 무엇을 그릴지 구상한다.
2. 스크래치판에 빨간 먹지를 대고 구상한 그림을 연필로 그린다.
3. 스크래치판에 나타난 그림을 니들 커터칼로 파낸다.
4. 파낸 그림을 아크릴 물감으로 색칠한 후 말린다.
5. 액자에 넣어 전시한다.

유의사항

- 스크래치판에 밑그림을 대고 니들 커터칼로 파내면 쉽게 할 수 있다.
- 안전사고에 유의한다.

지점토(타일)

대상 : 3세 이상

준비물

지점토 1봉지, 밀대나 빈병, 자, 비닐, 신문지, 동전이나 열쇠, 동그란 물건, 아크릴 물감과 도구 일체, 투명래커 또는 니스

활동방법

1. 지점토를 참외 크기로 떼어내어 충분히 주물러 부드럽게 한 후 공처럼 만든다.
2. 지점토를 비닐 위에 놓고 손바닥으로 두드려 납작하게 만든다.
3. 밀대로 지점토를 밀어 두께가 일정한 판을 만든다.
4. 자를 사용하여 지점토를 정사각형으로 잘라내어 타일을 만든다.
5. 타일에 대칭 혹은 반복이 되도록 동그란 물건으로 무늬를 찍는다.
6. 서늘한 곳에서 완전히 말린 후 아크릴 물감을 칠한다.
7. 아크릴 물감이 마른 다음 통풍이 잘 되는 실외에서 신문지를 깔고 투명래커를 뿌리거나 니스를 칠해 마감한다.

유의사항

형태를 찍을 때 가볍게 눌러 타일이 변형되거나 뚫리지 않게 주의한다.

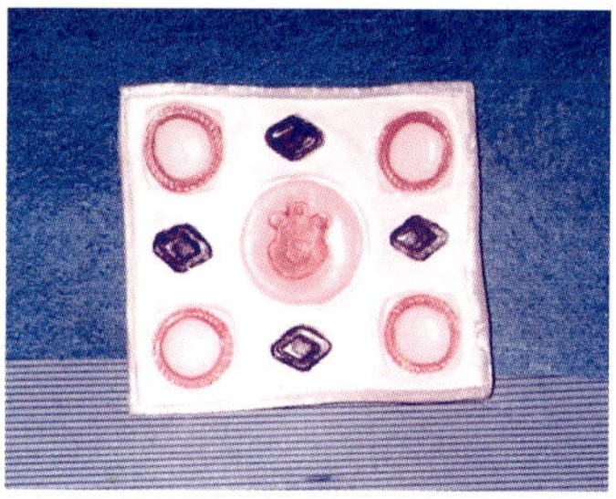

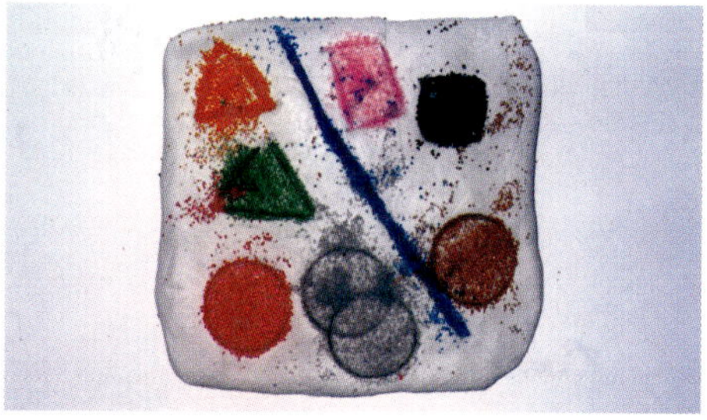

비누조각

대상 : 3세 이상

준비물

비누, 조각도, 이쑤시개, 숟가락, 드라이버 등의 조각도구, 신문지, 면장갑

활동방법

1. 비누 위에 이쑤시개 등으로 단순한 밑그림을 그린다.
2. 신문지를 깔고 면장갑을 낀 다음 조각도로 파낸다.
3. 물 묻은 손가락으로 매끈하게 다듬는다.
4. 비누조각품을 전시한다.

응용방법

1. 부조 또는 환조로 표현해 본다.
2. 밑그림을 비누 위에 얹어 테이프로 고정시키고 연필로 밑그림을 따라 눌러가며 그리면 보다 세밀한 형태를 새길 수 있다.

유의사항

교사는 조각도를 안전하게 사용할 수 있도록 충분히 지도하고 감독해야 한다.

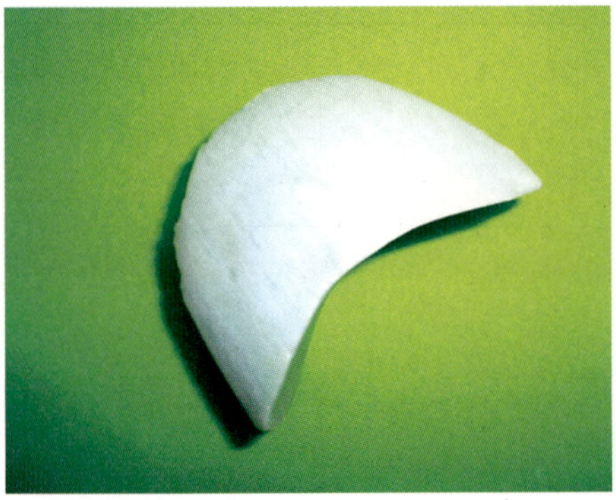

구성

병 마라카스

대상 : 2세 이상

준비물

투명한 병 2개, 구슬이나 단추, 테이프, 모루

활동방법

1. 투명한 병에 구슬이나 단추를 $\frac{1}{3}$쯤 넣는다.
2. 두 개의 병 사이에 모루를 넣고 밖으로 잡아뺀다.
3. 두 개의 병 입구를 테이프로 단단히 붙인다.
4. 병을 흔들거나 굴려서 소리를 만들어본다.

응용방법

병 안에 반짝이나 크레파스 토막, 또는 플라스틱 조각을 첨가하면 더욱 멋있다.

유의사항

병이 깨질 염려가 있으므로 주의한다.

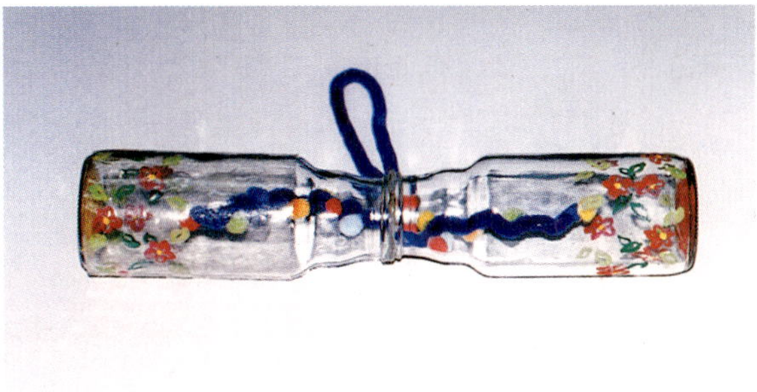

색깔 병

대상 : 3세 이상

준비물

뚜껑이 있는 페트병, 물, 식용색소, 신문지 또는 수건

활동방법

1. 물로 페트병을 채운다.
2. 병에 빨간색 식용색소를 떨어뜨리면 어떻게 될지 생각해 본다.
3. 병에 빨간색 식용색소를 몇 방울 떨어뜨린다.
4. 병뚜껑을 단단하게 막는다.
5. 병을 앞뒤로 굴려서 색소가 물과 섞이는 것을 관찰한다.
6. 파란색 식용색소를 더하면 어떻게 될지 생각해 본다.
7. 병뚜껑을 열고 파란색 식용색소를 몇 방울 떨어뜨린다.
8. 병뚜껑을 단단히 막고 앞뒤로 굴려서 색소가 섞여서 나타나는 새로운 색을 관찰한다.
9. 병에 노랑색을 새로 떨어뜨리면 어떻게 변할지 생각해 본다.
10. 빨강과 파랑을 섞은 물에 노랑 식용색소를 넣어서 색의 변화를 관찰한다.
11. 색의 변화를 그려본다.

종이지관 조립

대상 : 3세 이상

준비물

종이지관(화장지 속심, 종이타월 또는 랩 심 등), 바닥에 깔 상자뚜껑이나 상자판, 접착제(풀, 셀로판테이프, 접착제 등), 물감과 도구 일체, 가위, 물통, 걸레, 신문지

활동방법

1. 다양한 크기와 모양으로 종이지관을 자른다.
2. 상자판 위에 종이지관을 다양한 방법으로 붙여서 3차원의 입체조각을 만든다.
3. 건조시킨다.
4. 물감으로 색칠한다.
5. 건조시킨다.
6. 선반 위나 좋아하는 장소에 전시한다.

응용방법

병뚜껑, 종이 조각, 털실, 깡통, 깃털, 구슬과 같은 재활용품을 활용하여 장식한다.

실장식

대상 : 5세 이상

준비물

8절 우드락판, 여러 가지 종류의 털실이나 노끈, 할핀, 가위, 셀로판테이프

활동방법

1. 우드락판에 할핀을 전체 길이의 절반 정도가 들어간 깊이로 적절히 배열하여 꽂은 후, 뒤에서 할핀을 좌우로 벌려 고정시킨 다음 셀로판테이프를 붙여 다치지 않게 한다.
2. 시작할 실의 한쪽 끝을 할핀으로 묶는다.
3. 다른 할핀에 걸거나 한 바퀴 감는 등, 할핀 사이로 실을 교차시켜 원하는 디자인을 얻는다.
4. 작업이 끝나면 마지막 할핀에 실을 묶어 고정하고 여분의 실은 잘라 마감한다.
5. 다른 색의 실로 2~4번을 반복하여 전체 형태를 완성한다.

응용방법

우드락에 밑그림을 연하게 그린 후 꺾이는 부분마다 할핀을 꽂고 실을 연결하면 보다 정확하게 의도한 형태를 얻을 수 있다.

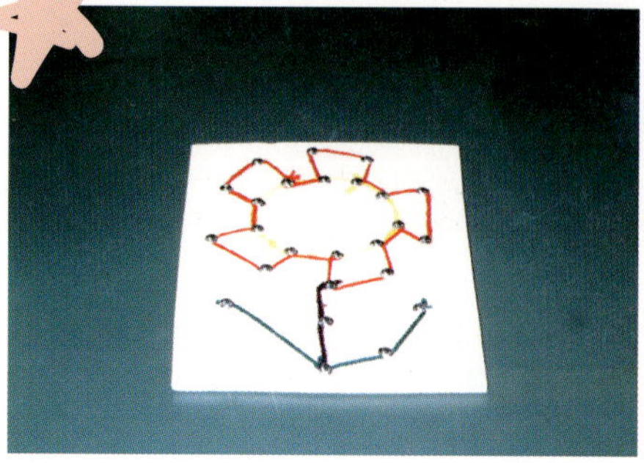

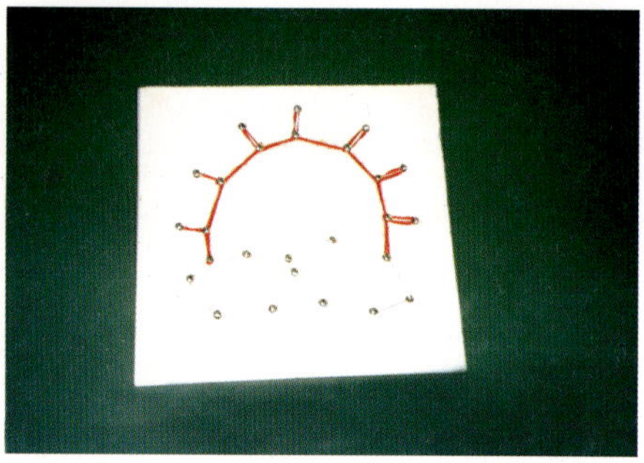

과자 팔찌

대상 : 2세 이상

준비물

자수 실이나 뜨개실, 가위, 구멍이 큰 플라스틱 바늘, 다양한 과자류(중앙에 구멍이 뚫린 과자류나 스낵류)

활동방법

1. 자수 실이나 뜨개실을 바늘에 꿰어 두 줄을 묶어서 매듭을 짓는다.
2. 줄이 가득 찰 때까지 실에 구멍이 뚫린 과자나 스낵류를 엮는다.
3. 과자가 줄에 가득 차면 묶어서 팔찌로 만든다.
4. 걸고 다니면서 먹는다.

응용방법

- 조그만 과자 상자를 실에 걸어서 펜던트 목걸이처럼 만들어도 좋다.
- 과자의 색이나 촉감, 크기를 이용하여 밝고 어두운, 부드럽고 거친, 또는 크고 작은 모양으로 패턴 목걸이를 만들 수도 있다.
- 생일축하 목걸이로 활용한다.

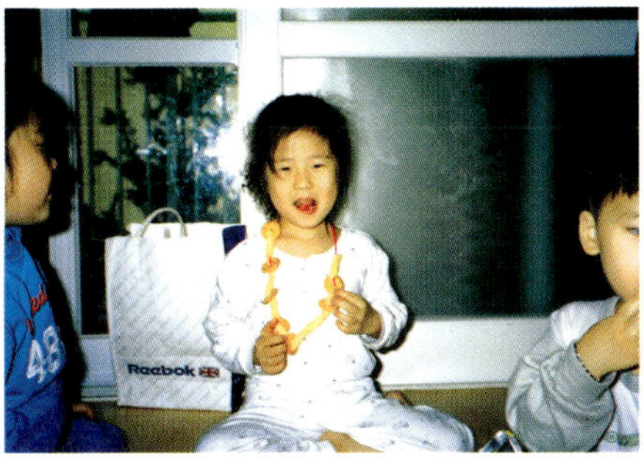

마블링 액자

대상 : 4세 이상

준비물

마블링 물감, 쟁반, 스티로폼, 스티로폼 접착제, 크레파스, 골판지, 커터칼, 자, 셀로판테이프, 끈, 나무젓가락, 아세테이트지, 가위, 하드보드지

활동방법

1. 교사는 스티로폼 위에 액자틀 모양으로 선을 그은 다음 커터칼로 자른다.
2. 물을 담은 쟁반 위에 서너 가지 색깔의 마블링 물감을 떨어뜨린다. 나무젓가락으로 젓거나 입김을 불어 무늬를 만든다.
3. 무늬가 만들어지면 액자틀 모양으로 자른 스티로폼을 쟁반 위에 담가 마블링 무늬를 찍어낸 다음 말린다.
4. 액자틀 뒷면의 가장자리에 5mm 두께의 골판지를 스티로폼 접착제로 붙인다.
5. 액자틀 뒷면의 가장자리에 붙인 골판지로 형성된 네모 모양과 같은 크기로 아세테이트지를 잘라 골판지 위에 셀로판테이프로 붙인다.
6. 액자틀 뒷면에 하드보드지로 받침대를 만들어 붙인다.
7. 유아의 사진이나 유아의 가족사진을 넣어 전시한다.

우유갑 공예

대상 : 3세 이상

준비물

우유갑(200ml 혹은 500ml), 색상지나 색종이, 셀로판테이프, 가위, 칼, 풀, 털실, 빨대, 아크릴 물감과 도구 일체

활동방법

1. 빈 우유갑을 깨끗이 씻은 후 말린다.
2. 입구를 셀로판테이프로 봉한다.
3. 우유갑을 아크릴 물감으로 칠한 다음 말린다.
4. 색상지나 색종이를 오려서 문이나 창문 등을 만들어 붙인 다음 문이나 창문 등이 열리도록 오린다.
5. 우유갑 2~3개를 연속으로 붙여 큰 집을 만든다.

응용방법

공동작업으로 우리 동네 지도를 그린 다음 우유갑으로 만든 다양한 집을 붙여서 동네를 완성한다.

뚜껑 액자

대상 : 5세 이상

준비물

플라스틱 뚜껑, 색종이 은박지, 친구 사진, 가위, 풀, 나무젓가락, 나뭇가지, 셀로판테이프 또는 마스킹테이프, 작은 상자나 깡통, 안 쓰는 크레용 자루

활동방법

1. 작은 상자나 깡통으로 밑받침을 만들어 꾸민다.
2. 친구 사진을 플라스틱 뚜껑 위에 붙인 다음 은박지로 주변을 장식한다.
3. 안 쓰는 크레용 자루에 장식한 플라스틱 테를 테이프로 붙인다.
4. 사진 뒤에 나무젓가락을 붙여서 깡통 위에 꽂거나 나뭇가지 위에 건다.

응용방법

- 플라스틱 뚜껑 대신 작은 은박 접시나 종이 접시를 이용해도 된다.
- 친구 사진 콜라주, 색판지 위에 친구 사진 오려 붙이기, 종이컵 친구 사진 등 다양한 활동으로 변형시킬 수 있다.

나비 만들기

대상 : 3세 이상

준비물

휴지 속심(알루미늄 깡통), 화이트글루나 접착제, 색상지나 색종이, 물감과 도구 일체, 가위, 연필, 지우개, 인형 눈알 또는 검정 매직, 노란 색종이

활동방법

1. 휴지 속심을 색종이나 색상지로 붙인다.
2. 검정 색상지나 색종이로 더듬이를 만든다.
3. 날개를 노란 색종이나 색상지로 오려서 꾸며진 휴지 속심 위에 붙인다.
4. 인형 눈알을 붙이거나 검정 매직으로 눈을 그린다.
5. 색종이로 입을 만들어 붙인다.

응용방법

도화지 위에 봄의 그림을 그린 다음 만들어진 나비를 붙이면 멋있는 환경 구성이 된다.

종이 조립

대상 : 2세 이상

준비물 : 받침으로 사용할 스티로폼 판, 길고 가느다란 종이, 접착제(테이프, 풀, 스테이플러), 펀치, 가위

활동방법

1. 스티로폼 판 위에 길고 가느다란 종이 조각을 스테이플러나 테이프를 사용해서 붙인다.
2. 테이프나 풀, 스테이플러로 처음 조각에 또 다른 길다란 종이 조각을 붙인다.
3. 스티로폼 판 위나 길다란 종이 위에 붙여나가는 것을 계속한다.
4. 길고 가느다란 종이 조각은 주름을 잡거나, 접거나, 이어 붙이거나, 자르거나, 구멍을 뚫거나, 가위로 잘게 오려서 만든다.
5. 3차원 종이 조립을 만들면 완성이다.
6. 접착제가 사용된 경우는 건조시킨다.

응용방법

- 다른 모양의 종이나 반짝이, 색종이 조각, 잡지 조각을 첨가해도 좋으며 컴퓨터 용지나 포장지를 이용해도 된다.
- 조각을 털실로 꿰매거나 스티커나 클립으로 종이 조각을 이어도 좋다.
- 나무판이나 매트판을 선택해도 좋다.

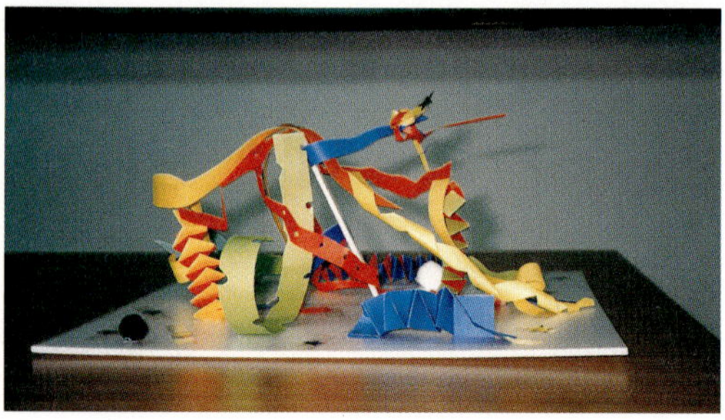

종이 장식

대상 : 3세 이상

준비물

큰 서류봉투, 신문지나 다른 종이 조각, 연필, 스테이플러, 가위, 털실, 스팽글 등의 콜라주 재료, 크레파스 또는 크레용, 포스터컬러와 도구 일체, 쌀포대 종이

활동방법

1. 무엇을 만들지 구상한다.
2. 쌀포대 종이를 오려서 반으로 접는다.
3. 쌀포대 종이 한면에 구상한 사물을 크게 그린다.
4. 반으로 접은 쌀포대 종이를 스테이플러로 찍어서 고정시킨 다음 윤곽선대로 오린다.
5. 그림 주변을 한 면만 놔두고 스테이플러로 찍어서 고정시킨다.
6. 물감이나 크레파스, 크레용으로 그림을 칠하고 털실, 스팽글 등 다른 재료를 사용해서 장식한다.
7. 그림 안쪽에 신문지나 다른 종이 조각을 넣어 불룩하게 한 다음 터진 부분을 스테이플러로 찍어서 닫는다.
8. 건조시킨 후 전시한다.

냉장고

대상 : 5세 이상

준비물

크고 작은 상자, 색상지나 색시트지, 칼과 가위, 크레용, 크레파스, 템페라 물감과 도구 일체, 마스킹테이프 또는 셀로판테이프

활동방법

1. 크고 작은 상자를 냉장고 모양으로 조립한다.
2. 상자 위를 색상지나 색시트지로 붙여서 장식한다.
3. 만들어진 상자 안에 넣을 물건을 준비한다.
4. 역할놀이를 하도록 한다.

응용방법

냉장고 대신에 문이나 창문이 달린 버스, 우주선 등을 만들어 활용해도 좋다.

휴지 속심 목걸이

✔ **대상** : 3세 이상

✔ **준비물**

휴지 속심, 가위, 물감과 도구 일체, 니스나 투명래커, 털실 또는 끈

✔ **활동방법**

1. 휴지 속심을 3등분한 후 자른다.
2. 휴지 속심을 물감으로 칠한 후 말린다.
3. 휴지 속심을 니스나 투명래커로 칠한 후 말린다.
4. 털실이나 끈에 휴지 속심을 꿰어 목걸이로 만든다.

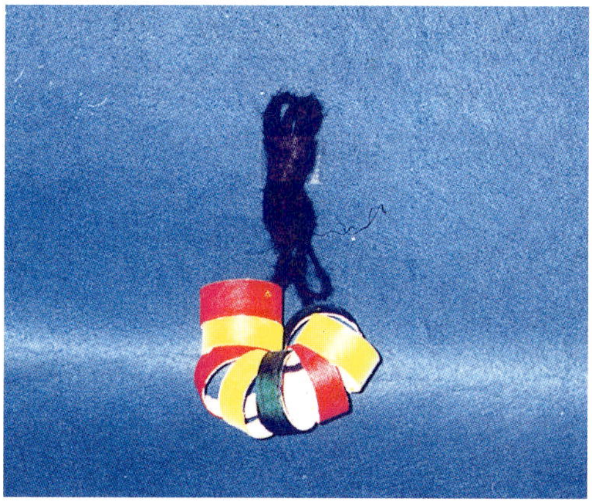

상자 놀이집

대상 : 5세 이상

준비물

작은 상자 여러 개, 무늬가 있는 종이(벽지)나 색시트지, 접착제(셀로판테이프, 접착제, 풀), 가위, 칼, 천조각

활동방법

1. 여러 가지 상자를 벽지나 시트지로 싼다.
2. 1의 상자 중 작은 상자를 이용하여 벽을 만든다.
3. 2의 벽 위에 큰 상자를 올려서 천장을 만든다.
4. 앞부분에 천을 대어 커튼을 붙인다.
5. 놀이집에 들어가서 상상놀이를 한다.

미니 부엌

대상 : 5세 이상

준비물

바닥이 있는 큰 상자, 크고 작은 상자 여러 개, 포장지, 돗자리 또는 장판 조각, 은박지, 색시트지 또는 무늬가 있는 종이(벽지), 접착제(셀로판테이프, 접착제, 풀), 가위, 칼, 천조각

활동방법

1. 큰 상자의 가로와 세로 중 각기 한 면씩 오려내어 L자형의 벽을 만든다.
2. 무늬가 있는 종이나 색시트지로 벽을 붙인다.
3. 장판 조각이나 돗자리로 바닥을 붙인다.
4. 잘라낸 상자 조각이나 여러 가지 상자로 싱크대와 부엌 가구를 만들어 장식한다.
5. 상상놀이를 한다.

응용방법

- 상자 안을 두 개나 네 개로 나누어서 각 방으로 꾸민다.
- 집이나 사무실, 병원 등으로 꾸민다.
- 조그만 액자나 냅킨 등을 장소에 맞게 첨가한다.

테이프 속심 팔찌

대상 : 2세 이상

준비물

지름이 15cm이면서 넓이가 1.5×5cm 테이프 속심(마분지), 신문지, 1.5×5cm 한지 조각, 밀가루 풀, 물감과 도구 일체, 니스

활동방법

1. 테이프 속심에 신문지 조각을 최소한 3겹 정도 붙인다.
2. 1위에 한지를 신문지가 보이지 않을 정도로 붙인다.
3. 며칠 동안 바람이 잘 통하는 그늘에서 말린다.
4. 물감으로 칠해서 꾸민 후 말린다.
5. 4에 니스를 3번 정도 칠해서 건조시킨다.
6. 팔찌로 차고 다니게 한다.

응용방법

만들어진 테이프 속심 팔찌를 낚싯줄로 매달아 모빌로 활용할 수 있다.

골판지 액자

대상 : 3세 이상

준비물

띠골판지, 글루건, 우드락, 주름지, 양면테이프나 풀, 가위

활동방법

1. 우드락을 알맞은 크기로 자른 다음 주름지로 싼다.
2. 주름지를 싼 우드락 주변을 원하는 색의 띠골판지로 꾸민다.
3. 띠골판지를 동그랗게 말아서 네 귀퉁이에 붙인다.
4. 액자 윗면에 띠골판지로 만 동물 얼굴을 붙여서 장식한다.
5. 액자 가운데에 사진을 붙인다.
6. 전시한다.

응용방법

띠골판지 액자 대신 스위치 커버를 만들어도 좋다.

깡통과 필름통 집

대상 : 5세 이상

준비물

깡통 여러 개, 필름통 여러 개, 접착제(풀, 접착제, 셀로판테이프 등), 우드락, 냉장고 상자, 벽지, 색상지, 칼, 가위, 모루, 아크릴 물감과 도구 일체

활동방법

1. 냉장고 상자 앞부분을 오려서 문을 만든다.
2. 상자 윗부분에 우드락을 대어 지붕을 만든다.
3. 빈 깡통을 깨끗이 씻어 말린 다음 아크릴 물감으로 색칠한 후 말린다.
4. 필름통을 아크릴 물감으로 색칠한 후 말린다.
5. 지붕을 제외한 상자 전면에 색칠한 필름통을 붙인다.
6. 지붕에 색칠한 깡통을 붙인다.
7. 상자 안을 벽지와 색상지를 붙여서 꾸민다.
8. 모루로 손잡이를 만들어 문에 단다.
9. 역할놀이 영역에 전시한다.

응용방법

동화의 배경으로 활용한다.

까꿍 패널

대상 : 3세 이상

준비물

칼과 가위, 흰 분필, 큰 납작 붓, 작고 부드러운 붓, 템페라 물감과 도구 일체, 유아 크기만한 골판지 패널(냉장고 상자나 가전제품 상자 오린 것)

활동방법

1. 교사는 유아의 키 높이로 골판지를 세운 다음 골판지의 윗부분 중앙을 반원 형태로 오린다.
2. 골판지를 평평한 곳에 올려놓고 분필을 이용해서 실제 사람 모습이나 재미있는 사람 모습을 그린다. 그린 것을 지우려면 분필을 손으로 문지르면 없어진다.
3. 밑그림이 완성되면 교사는 손이나 팔이 들어갈 자리를 오려준다.
4. 골판지를 평평한 곳에 올려놓고 몸통을 색칠한다. 큰 납작 붓으로 큰 부분을 색칠하고 건조시킨다. 더 세밀한 부분은 작은 붓으로 색칠한다.
5. 세부적인 것을 첨부시킨 후 건조시킨다.
6. 마르면 패널 뒤에 서서 두 구멍에 손을 넣고 턱을 반원 위에 올려놓는다. 거울 앞에 서서 역할놀이를 해보게 한다.

응용방법

작은 골판지 조각을 얼굴 모양으로 오린다. 패널 위에 머리, 모자, 귀, 장신구 또는 다른 것들을 얼굴 위에 첨가시켜서 가면으로 이용할 수 있다.

철사 조립

대상 : 3세 이상

준비물

구부러지기 쉬운 철사, 가위나 펜치, 스티로폼 판(색시트지로 예쁘게 감싸도 좋음), 아크릴 물감과 도구 일체, 할핀, 셀로판테이프, 니스나 투명래커, 막대나 연필, 병

활동방법

1. 철사를 아크릴 물감으로 칠한 후 건조시킨다.
2. 니스나 래커칠을 한 다음 말린다.
3. 막대나 연필, 병, 손가락 위에 감거나 원하는 형태로 철사를 구부리거나 비튼다.
4. 스티로폼 판에 할핀을 여러 개 꽂은 다음 밑면의 나누어진 할핀은 셀로판테이프를 붙여서 다치지 않게 한다.
5. 철사를 할핀 위에 감아서 세운다.
6. 철사를 서로 연결시켜서 스티로폼 위에 자유롭게 세운다.

응용방법

- 스펀지나 플라스틱, 나무, 천 등을 철사 조립에 첨가할 수 있다.
- 스티로폼 판 대신에 나무판을 이용하여 철사 조립을 할 수 있다.

상자 그림

대상 : 3세 이상

준비물

속이 깊은 상자, 도화지 등의 여러 가지 종이, 접착제(고무풀, 셀로판테이프, 접착제 등), 스테이플러, 크레파스나 물감과 도구 일체, 자연물(흙, 모래, 돌, 풀 등), 가위, 비닐랩

활동방법

1. 속이 깊은 상자의 안이 잘 보이도록 세운 다음 윗부분을 오려낸다.
2. 상자 속을 어떻게 꾸밀지 장면이나 이야기 또는 도안을 정한다.
3. 상자 안쪽 밑부분에 들어갈 크기로 도화지를 자른다.
4. 도화지에 배경을 그린 다음 크레파스나 물감으로 색칠한다.
5. 도화지 그림이 완전히 마르면 상자 안쪽 밑부분에 붙인다.
6. 상자 안의 옆면을 배경에 따라 물감으로 칠한 후 말린다.
7. 상자 안에 종이를 이용하여 나무, 집, 사람 등을 만들어 붙인다.
8. 흙, 모래, 돌, 풀 등의 자연물을 첨가시킨다.
9. 상자 앞을 랩으로 싼다.

응용방법

- 상자를 물감으로 칠하거나 콜라주 재료로 꾸며도 좋다.
- 사람, 동물, 집 등을 찰흙으로 만들어 상자 안에 넣어서 주제가 있는 작품을 만든다.

상자 공예

대상 : 2세 이상

준비물

여러 가지 크기의 종이 상자, 휴지 속심, 풀 또는 셀로판테이프, 가위 또는 칼, 아크릴 물감과 도구 일체

활동방법

1. 여러 가지 크기와 형태의 종이 상자를 다양하게 쌓아보면서 만들 형태를 구상한다.
2. 형태에 대한 구상이 끝나면 서로 붙인다.
3. 필요에 따라 상자를 자르기도 한다.
4. 아크릴 물감을 칠한 후 완전히 말린다.

응용방법

아크릴 물감 대신 천이나 포장지, 색시트지로 싸도 된다.

골판지 악어

대상 : 3세 이상

준비물 : 띠골판지, 가위, 글루건이나 접착제(종이공예용 접착제, 풀)

활동방법

1. 두 가지 색의 띠골판지를 선택해서 동그란 밑받침이 될 수 있도록 둘둘 감는다.
2. 악어의 몸통을 만들기 위해 초록색 띠골판지 3개를 연이어 손에 느슨하게 감은 다음 양 끝을 눌러준다.
3. 악어의 입부분을 몸통과 같은 색 띠골판지 1개를 손가락에 느슨하게 감은 다음 양 귀퉁이를 눌러준다.
4. 2에 3의 한쪽 끝을 글루건이나 접착제로 붙인다.
5. 몸통과 같은 색의 1cm 띠골판지를 반으로 잘라 0.5cm로 만든 다음 $\frac{1}{2}$을 동그랗게 느슨하게 만 다음 가운데를 눌러서 튤립 모양으로 만들어서 몸통 양 끝에 발로 붙인다.
6. 몸통과 같은 색의 1cm 띠골판지를 반으로 잘라 0.5cm로 만든 다음 $\frac{1}{3}$을 동그랗게 느슨하게 만 다음 삼각형 모양으로 4~5개 만들어서 악어 몸통 위에 붙인다.
7. 몸통과 같은 색의 1cm 띠골판지를 반으로 잘라 0.5cm로 만든 다음 $\frac{1}{3}$을 동그랗게 촘촘하게 만 다음 입의 양 끝과 꼬리 부분에 붙인다.
8. 전시한다.

응용방법

악어 대신 다양한 다른 동물이나 사물로 대치해서 독창적으로 만들어본다.

벽걸이

대상 : 3세 이상

준비물

광목천(20×30cm), 막대(30cm)와 긴 줄(40cm), 스테이플러, 압정, 유성 컬러매직, 아크릴 물감과 도구 일체 또는 부직포, 털실

활동방법

1. 교사는 광목천을 직사각형으로 잘라놓는다.
2. 천 위에 막대를 놓고 천을 넉넉하게 접는다.
3. 천 위의 막대를 빼고 접혀진 선을 따라 스테이플러로 박는다.
4. 천 아래에 막대를 놓고 천을 넉넉하게 접는다.
5. 천 아래의 막대를 빼고 접혀진 선을 따라 스테이플러로 박는다.
6. 천에 유성 매직으로 밑그림을 그린다.
7. 천에 아크릴 물감으로 색칠하거나 부직포를 오려 꾸민다.
8. 천 아래에 줄을 넣고 나온 부분을 매듭짓는다.
9. 천 위에 막대를 끼우고 털실을 걸어 벽에 매단다.

응용방법

- 물감 대신에 천 크레용이나 천 물감, 천 펜 등을 이용한다.
- 큰 유아는 스테이플러로 박는 대신 바느질을 해도 좋다.

뚜껑 동물

대상 : 4세 이상

준비물

플라스틱 뚜껑, 사진, 할핀, 송곳, 인형 눈알, 접착제나 양면테이프 등의 접착제, 색상지

활동방법

1. 플라스틱 뚜껑에 색상지를 붙인다.
2. 색상지를 붙인 플라스틱 뚜껑에 송곳으로 구멍을 뚫는다.
3. 2를 여러 개 만든 다음 할핀으로 서로 연결한다.
4. 색상지로 동물 얼굴과 다리를 만들어 꾸민다.
5. 동물 얼굴에 인형 눈알을 붙인다.

응용방법

막대 사탕을 여러개 연결해서 만들 수 있다.

계란판 악어

대상 : 5세 이상

준비물

종이 계란판, 스테이플러, 셀로판테이프, 포스터컬러(아크릴 물감)와 도구 일체, 가위 또는 칼, 부직포 또는 양면 색상지

활동방법

1. 계란판을 보고 생각나는 동물의 무늬를 말한다.
2. 원하는 동물의 형태대로 잘라낸다. 이때 여러 조각을 스테이플러 혹은 테이프로 붙여 형태를 완성할 수도 있다.
3. 부분에 따라 부직포나 색상지를 잘라붙여서 세부묘사를 한다.
4. 포스터컬러로 색칠한 후 건조시킨다.

응용방법

도화지 위에 동물원을 그린 다음 만든 동물을 올려놓아 전시한다.

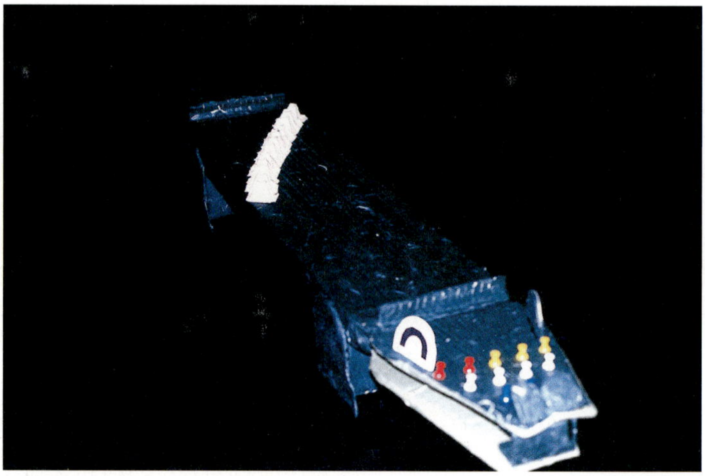

깡통 북

대상 : 2세 이상

준비물

뚜껑이 있으며 크기가 다른 깡통 4개, 접착제(셀로판테이프, 마스킹테이프, 양면테이프), 가위, 색상지, 색시트지, 유성 매직, 부직포, 타악기 채 또는 대용품

활동방법

1. 크기가 다른 깡통 4개를 좋아하는 색시트지로 싼다.
2. 좋아하는 동물 얼굴을 색상지에 유성매직으로 그린 다음 오린다.
3. 2의 동물 얼굴 뒷면에 양면테이프를 붙인 후 1의 깡통에 붙인다.
4. 채로 깡통 북을 치면서 소리의 차이를 느껴본다.

응용방법

동물 가면을 쓰고 그 동물에 해당하는 깡통 북을 연주해도 좋다.

낙하산

- **대상** : 3세 이상

- **준비물**

  색상지, 유성 매직, 얇은 비닐, 나일론 줄, 셀로판테이프, 가위

- **활동방법**

  1. 색상지에 원하는 동물 얼굴을 그린 다음 오린다.
  2. 비닐을 사각 모양으로 오린다.
  3. 비닐 끝에 나일론 줄을 테이프로 고정시킨다.
  4. 비닐 위 중앙부분에서 나일론 줄을 걸어서 3의 나일론 줄과 연결한다.
  5. 각자 만들어 놓은 낙하산이 얼마만큼 잘 나는지 실험한다.

- **응용방법**

  - 동물 대신에 사람 모습을 붙여도 좋다.
  - 낙하산 모양으로 모빌을 만들어서 천장에 매달아도 보기 좋다.

부 채

대상 : 3세 이상

준비물

색습자지나 색셀로판지, 하드보드지나 마분지, 신문지, 가위, 풀, 접착제, 표백제, 면봉, 표백제를 담을 용기, 연필, 지우개, 일회용 숟가락 2개

활동방법

1. 면봉에 표백제를 발라서 색습자지나 색셀로판지 위에 마음껏 그림을 그린다.
2. 그림을 신문지 위에 놓고 말린다.
3. 교사는 하드보드지나 마분지를 부채 모양으로 2장 오려준다.
4. 말린 표백그림을 3의 윗면에 풀로 붙여서 2장을 만든다.
5. 그림이 위로 가게 하여 그림 안쪽에 일회용 숟가락 2개를 자루 모양이 밑으로 가게 하여 접착제로 붙여서 손잡이를 만든다.

응용방법

색습자지나 색셀로판지 대신에 한지를 물감으로 염색해서 사용해도 좋다.

돌탑 쌓기

대상 : 3세 이상

준비물

부드러운 조약돌, 화이트글루, 은박접시, 돌탑 사진, 은박지, 쟁반

활동방법

1. 돌탑 사진을 본다.
2. 돌로 어떻게 탑을 쌓을지 구상한다.
3. 쟁반 위에 화이트글루를 담는다.
4. 가장 큰 돌을 화이트글루에 담갔다가 꺼낸 다음 은박지 위에서 완전히 말린다.
5. 다른 돌들도 화이트글루에 넣었다가 말린다.
6. 가장 큰 돌부터 은박접시 위에 순서대로 쌓아가도록 한다. 접착제를 사용하여 이어붙여도 좋다.
7. 돌을 전부 쌓아올리면 완성이다.

응용방법

돌탑을 아크릴 물감으로 색칠해도 좋다.

성냥갑 배

대상 : 3세 이상

준비물

성냥갑 통, 칼이나 가위, 스티로폼, 접착제(풀, 셀로판테이프, 양면테이프), 마분지, 색시트지, 이쑤시개

활동방법

1. 성냥갑을 그림처럼 오려서 배 모양으로 만든다.
2. 성냥갑에 색시트지를 붙여서 꾸민다.
3. 스티로폼을 배 밑 모양으로 오린 다음 색시트지를 붙인다.
4. 색시트지를 붙인 배 밑 모양 위에 성냥갑 배를 붙인다.
5. 직사각형의 마분지를 말아서 굴뚝 모양으로 만든 다음 성냥갑 배 위에 붙인다.
6. 색시트지로 우리나라 국기를 만들고 이쑤시개에 부착한 후 배 위에 꽂는다.

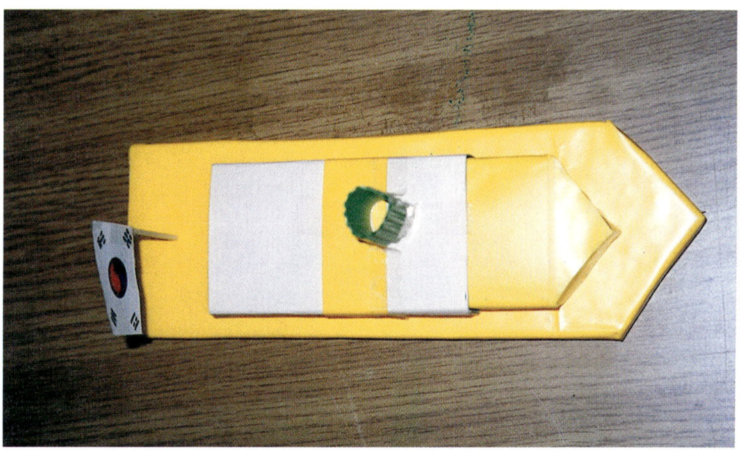

병 장식

대상 : 4세 이상

준비물 : 병과 뚜껑, 연필, 도화지, 색상지, 접착제, 가위, 크레파스 또는 물감과 도구 일체

활동방법

1. 병 안에 세울 수 있는 그림을 도화지 위에 그리고 색칠한다.
2. 색상지 위에 병을 거꾸로 올려놓고 병의 동그라미를 연필로 그린 다음 오려낸다.
3. 동그라미에 그림을 그려서 색칠한다.
4. 1의 그림을 동그라미에 붙여서 세운다.
5. 뚜껑에 동그라미를 붙인다.
6. 병뚜껑을 닫고 뒤집어서 전시한다.

응용방법

1. 동그라미나 병 안에 마른 꽃이나 솔방울, 조개껍데기 등의 자연물을 붙이고 세워서 병에 전시한다.
2. 병에 파란 물감을 섞은 물과 식용유로 채우고 나서 조개나 돌을 넣고 뚜껑을 닫아 전시하면 조개나 돌이 더욱 선명하게 보인다.

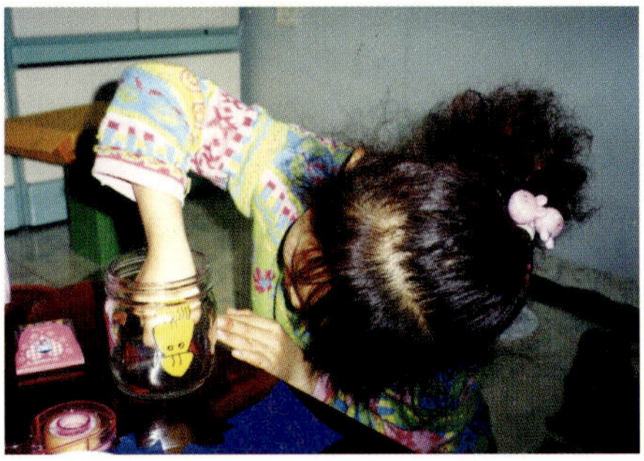

상자 자동차

대상 : 5세 이상

준비물

커다란 상자, 물감과 도구 일체, 큰 종이 접시 4개, 작은 종이 접시 2개, 스테이플러, 두꺼운 끈, 테이프, 은박지, 가위, 융천, 할핀

활동방법

1. 교사는 커다란 상자 밑면과 윗면 중앙에 유아의 엉덩이가 들어갈 정도의 큰 구멍을 뚫어준다.
2. 상자에 그림을 그리고 물감을 칠한 다음 건조시킨다.
3. 교사는 차바퀴가 부착될 위치에 가위로 4개의 구멍을 뚫어준다.
4. 종이 접시 중앙에 할핀을 박고 3의 구멍 4개에 종이 접시 바퀴 4개를 고정시킨다. 상자 속의 둘로 나뉘어진 할핀 부분은 테이프로 붙여서 안전하게 한다.
5. 헤드라이트를 만들기 위해서 작은 종이 접시 2개를 은박지로 싼다. 만들어진 헤드라이트를 붙인다. 단, 할핀으로 부착한 경우는 안에서 할핀의 나뉘어진 부분을 테이프로 안전하게 싼다.
6. 교사는 상자 윗부분의 중앙 양옆에 가위로 구멍을 뚫어서 끈을 달고 유아의 목에 걸 수 있게 한다.
7. 다 만들어진 상자 자동차 안에 유아가 들어가서 끈을 목에 건 다음 교통놀이를 한다.

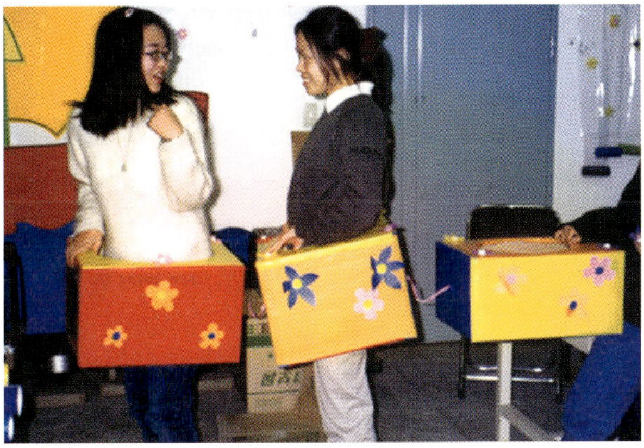

종이 접시장식

대상 : 3세 이상

준비물

종이 접시 2장, 아크릴 물감과 도구 일체, 색셀로판지, 가위, 스테이플러, 풀 또는 양면테이프와 같은 접착제, 털실, 모래, 랩, 우드락, 끈이나 낚싯줄

활동방법

1. 한 장의 종이 접시를 가장자리만 놔두고 가운데를 오려서 도넛 모양으로 만든다.
2. 도넛 모양의 종이 접시에 랩을 붙이고 여분의 랩은 잘라낸다.
3. 우드락으로 물고기나 조개, 불가사리 등의 바다생물 모형과 바위 모양으로 오려놓는다.
4. 오려놓은 바다생물 모형과 바위 모양을 아크릴 물감으로 색칠하거나 색셀로판지로 싸서 꾸민 다음 말린다.
5. 털실로 만든 해초와 우드락으로 만든 바위를 다른 한 장의 종이 접시 밑부분에 양면테이프로 붙인다.
6. 바다생물 모형을 종이 접시 중앙에 알맞게 배열한 다음 양면테이프로 붙인다.
7. 종이 접시 여백에 접착제를 바르고 모래를 알맞게 뿌려서 붙인다.
8. 도넛 모양의 종이 접시를 위로 하여 밑에 다른 종이 접시를 대어 양면테이프로 접착시키면서 종이 접시 위 중앙에 매달 수 있는 고리를 넣어 고정시킨다.
9. 매달아 전시한다.

응용방법

우드락이나 스티로폼 가운데를 오리고 오린 재료로 원하는 모양을 만들고 색칠한 다음 우드락이나 스티로폼 오린 곳에 낚싯줄로 걸어서 매단다.

종이 접시 큰북

대상 : 3세 이상

준비물

큰 종이 접시 2개, 골판지, 양면테이프나 접착제, 물감과 도구 일체, 가위, 연필, 지우개

활동방법

1. 종이 접시로 큰북을 만드는 방법에 대해 생각한다.
2. 2개의 종이 접시 바깥 밑면에 연필로 밑그림을 그리고 물감으로 색칠한 후 말린다.
3. 골판지로 큰북의 바퀴를 만든다.
4. 바퀴 양면에 종이 접시를 붙여서 완성한다.

종이 접시 모자

대상 : 5세 이상

준비물

큰 종이 접시, 리본테이프, 양면테이프, 셀로판테이프, 접착제, 아크릴 물감과 도구 일체, 가위, 연필, 지우개, 골판지, 색종이, 뽕뽕, 빨대 등 꾸미기 재료

활동방법

1. 종이 접시로 모자를 만드는 방법에 대해 생각한다.
2. 종이 접시를 아크릴 물감으로 색칠한 후 말린다.
3. 종이 접시 안쪽 동그라미를 오려서 도넛 모양으로 만든다.
4. 골판지를 말아서 세운 다음 가위밥을 주어서 종이 접시 안쪽 테두리에 붙인다.
5. 세운 골판지 윗부분에 오려놓은 종이 접시 안쪽 원을 크기에 맞게 오려서 붙인다.
6. 종이 접시 테두리 부분에 리본테이프를 안쪽에서 테이프로 붙여서 끈을 단다.
7. 색종이, 뽕뽕, 빨대 등 꾸미기 재료로 장식해서 완성한다.

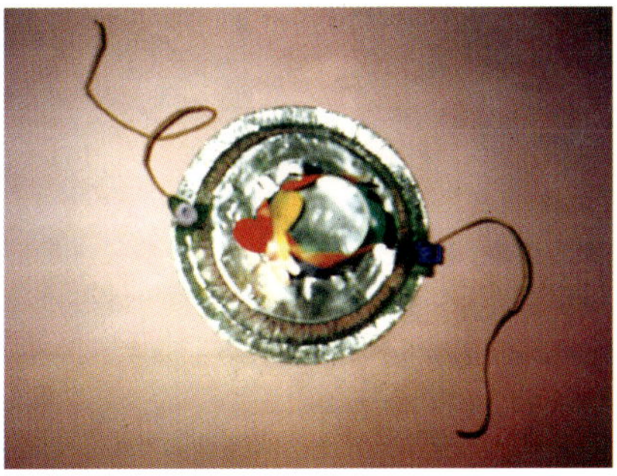

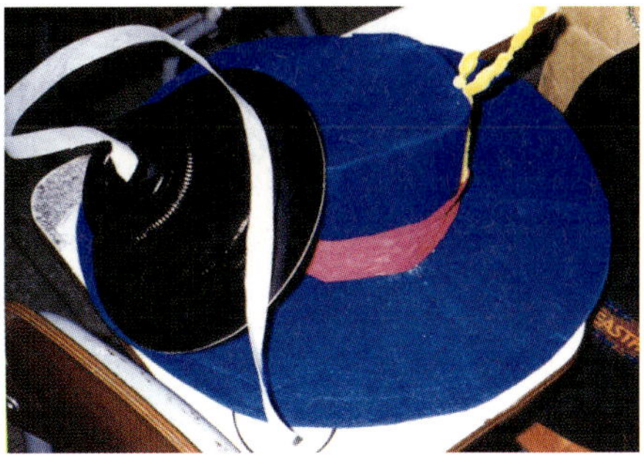

지그재그 병풍

대상 : 3세 이상

준비물

20×25cm의 하드보드지 여러 장, 17×22cm의 한지 여러 장, 마스킹테이프, 금박지, 한국화 채색 물감과 도구 일체

활동방법

1. 한지에 전통문양이나 우리나라를 나타내는 것을 한국화 채색 물감으로 그려서 말린다.
2. 아코디언 모양으로 접을 수 있게끔 하드보드지를 마스킹테이프로 붙인다.
3. 한지 그림을 하드보드지 위에 붙인다.
4. 한지 그림 테두리에 금박지를 붙인다.
5. 탁자나 선반 위에 병풍처럼 전시하거나 지그재그 책처럼 접어놓는다.

응용방법

- 하드보드지 위에 한지 그림 대신 모자이크 그림으로 꾸민다.
- 작품이나 그림을 붙여놓은 지그재그 작품집을 만든다.

장승 만들기

대상 : 5세 이상

준비물

갈색 골판지(2절지), 색상지, 색종이, 가위, 풀, 접착제, 양면테이프, 크레파스, 유성 매직, 아크릴 물감과 도구 일체, 인형 눈알 큰 것, 플라스틱 뚜껑, 병뚜껑, 단추, 클립, 금 · 은색 래커, 신문지, 스팽글, 페트병, 물이나 모래

활동방법

1. 골판지를 기둥 모양으로 둥글게 말아 세운다.
2. 플라스틱 뚜껑, 병뚜껑, 단추, 클립 등에 금 · 은색 래커를 뿌리고 말린다.
3. 색상지나 색종이를 이용하여 남자 장승은 머리에 사모 관대를, 여자 장승은 머리에 족두리를 만들어 붙인다. 족두리에는 스팽글을 붙여 반짝이게 한다.
4. 큰 눈알을 붙이고 유성 매직으로 얼굴의 각 부분을 그린다.
5. 래커칠을 한 뚜껑과 단추, 클립 등을 장승 몸에 알맞게 붙여서 장식한다.
6. 완성된 후 기둥이 잘 안 서면 골판지 안에 물이나 모래가 담긴 페트병을 넣어주어 중심을 잡아준다.

족두리 만들기

대상 : 3세 이상

준비물

마분지, 가위, 풀, 접착제, 스테이플러, 색한지, 물감과 도구 일체, 스팽글, 구슬, 작은 조화, 연필, 지우개, 니스 또는 투명래커

활동방법

1. 교사는 마분지로 족두리 모양을 오려준다.
2. 족두리에 색한지를 찢어 붙인다.
3. 건조시킨 다음 족두리에 연필로 밑그림을 그린다.
4. 물감으로 색칠한 후 건조시킨다.
5. 니스나 투명래커를 칠한 다음 말린다.
6. 스팽글이나 구슬, 작은 조화 등을 족두리에 붙인다.

응용방법

한지를 물감으로 염색한 다음 마분지에 붙여도 좋다.

표주박 꾸미기

대상 : 5세 이상

준비물

표주박, 연필, 지우개, 물감과 도구 일체, 니스 또는 투명래커

활동방법

1. 표주박 위에 무엇을 그릴지 구상한다.
2. 연필로 밑그림을 그린다.
3. 밑그림을 물감으로 색칠한 후 말린다.
4. 니스나 투명래커를 칠한 다음 말린다.
5. 전시한다.

응용방법

그림을 그리는 대신 한지를 찢어 붙여서 꾸미는 것도 좋다.

종이 접시 소고

대상 : 3세 이상

준비물

큰 종이 접시 2개, 나무젓가락, 모루, 종이 노끈이나 털실, 스팽글, 송곳, 양면테이프, 플라스틱 돗바늘, 음료수 뚜껑

활동방법

1. 우리나라 전통악기 그림을 보면서 이야기를 나눈다.
2. 재료를 보면서 소고를 만드는 방법에 대해 알아본다.
3. 나무젓가락에 모루를 감아 꾸민다.
4. 종이 접시 밑부분에 모루를 감은 나무젓가락을 붙인다.
5. 다른 종이 접시 한 개를 나무젓가락을 붙인 종이 접시에 마주 붙인다.
6. 종이 접시 양 귀퉁이에 송곳으로 구멍을 뚫어둔다.
7. 플라스틱 돗바늘에 털실을 꿴 다음 종이 접시에 송곳으로 구멍을 뚫어놓은 곳에 건다.
8. 털실 아랫부분에 음료수 뚜껑을 걸어 완성한다.
9. 소고를 흔들어서 음료수 뚜껑이 붙딪혀서 내는 소리를 들어본다.

재활용품을 이용한 북 만들기

대상 : 3세 이상

준비물

음료수 깡통, 색상지, 접착제, 가위, 풀, 동그랗게 잘라진 하드보드지, 고무줄, 셀로판테이프, 사인펜, 크레파스, 물감 등 그리기 도구, 나무젓가락, 색시트지, 뽕뽕

활동방법

1. 악기에 대해 이야기를 나눈다.
2. 재료를 보면서 악기 중에서 만들고 싶은 악기를 정한다.
3. 작은 깡통을 서로 묶어서 고무줄이나 셀로판테이프로 여러 개를 함께 묶는다. 큰 깡통은 그대로 사용한다.
4. 깡통 옆면에 색상지를 붙여서 꾸민다.
5. 깡통 윗면에 동그랗게 잘라진 하드보드지를 붙인다.
6. 모습을 갖춘 북 모양 위에 그리기 도구로 장식하여 완성한다.
7. 나무젓가락에 색시트지를 감고 밑부분에 뽕뽕을 붙여서 북채를 완성한다.
8. 만들어진 북을 가지고 자유롭게 두드리며 소리를 내어본다.

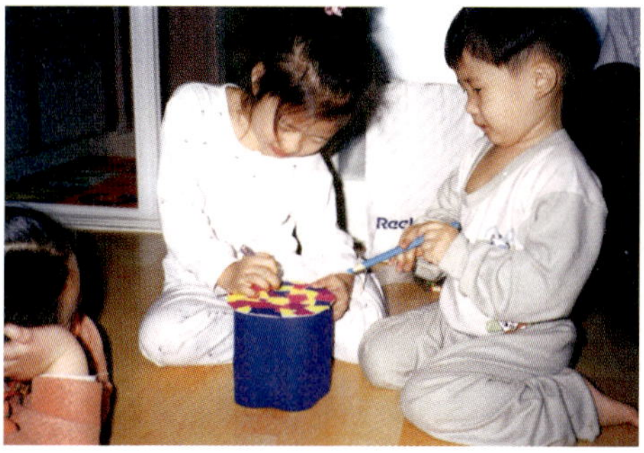

뚜껑 손목시계

대상 : 3세 이상

준비물

주스 병뚜껑, 부직포, 성냥개비, 가위, 아크릴 물감과 도구 일체, 유성 매직, 접착제, 스테이플러, 고무줄

활동방법

1. 주스 병뚜껑을 아크릴 물감으로 칠한 후 말린다.
2. 아크릴 물감으로 칠한 뚜껑에 유성 매직으로 시계 숫자를 쓴다.
3. 부직포를 유아 손목 길이로 잘라놓는다.
4. 부직포 중앙에 시계뚜껑을 붙인다.
5. 부직포 시곗줄 끝 양쪽에 각각 성냥개비와 고무줄을 넣고 부직포를 접어서 접착제로 붙이거나 스테이플러로 고정시킨다.
6. 시계를 찬다.

쌍안경

대상 : 3세 이상

준비물

음료수 통 2개, 비닐 랩, 스티커, 가위, 고무줄 2개, 마스킹테이프, 셀로판테이프, 노끈, 아크릴 물감과 도구 일체, 송곳

활동방법

1. 교사는 음료수 통 2개의 밑부분을 오려준다.
2. 음료수 통 2개를 아크릴 물감으로 칠한 다음 건조시킨다.
3. 오려둔 음료수 통 바닥에 비닐 랩을 씌운 뒤 고무줄로 묶어 고정시킨다.
4. 음료수 통 2개의 간격을 벌여 양미간에 맞게끔 마스킹테이프를 붙여서 조절한다.
5. 음료수 통 위에 스티커를 붙여서 장식한다.
6. 음료수 통 윗부분 양 끝에 구멍을 뚫어서 노끈을 매달거나 셀로판테이프로 붙여서 목에 걸 수 있게 한다.

응용방법

- 색셀로판지로 오려진 음료수 통 바닥을 씌워도 된다.
- 음료수 통 대신에 종이컵이나 휴지 속심을 이용할 수 있다.

쿠션 만들기

대상 : 5세 이상

준비물

천, 스테이플러 또는 접착제, 부직포 또는 물감과 도구 일체, 솜

활동방법

1. 천 두 장을 같은 크기로 오린다.
2. 천 앞 · 뒷면에 그림을 그려서 색칠을 하거나 부직포로 꾸민다.
3. 색칠한 경우에는 물감이 마르면 천 위에 신문지를 깔고 뜨거운 다리미로 다려서 염색이 들게 한다.
4. 꾸며진 천 두 장을 마주대고 세 귀퉁이를 스테이플러로 찍거나 접착제로 붙인다.
5. 4의 열린 부분에 솜을 넣어 완성한다.
6. 서로의 작품을 감상한다.

단추로 꾸미기

대상 : 2세 이상

준비물

다양한 모양과 크기의 단추, 접착제(접착제, 양면테이프 등), 우드락판

활동방법

1. 다양한 모양과 크기의 단추를 준비한다.
2. 우드락판에 다양한 모양과 크기의 단추를 붙여서 꾸민다.

응용방법

병뚜껑으로 꾸밀 수 있다.

크리스마스 화환

대상 : 5세 이상

준비물

색시트지, 리본테이프, 뽕뽕, 신문지, 은박지, 노끈, 가위, 접착제(접착제, 양면테이프 등)

활동방법

1. 크리스마스 화환에 대해 이야기를 나눈다.
2. 재료를 보면서 크리스마스 화환을 만드는 방법에 대해 알아본다.
3. 신문지를 말아 단단하게 만든 다음 동그랗게 만든다.
4. 동그랗게 만든 신문지 위에 호일을 붙이고 노끈으로 고정한다.
5. 색시트지로 포인세티아 꽃 모양과 나뭇잎 모양을 만들어 오린다.
6. 노끈으로 고정한 신문지, 은박지 위에 오린 나뭇잎과 꽃을 붙인다.
7. 뽕뽕과 리본테이프로 꾸민다.
8. 완성되면 문이나 벽에 달아서 전시한다.

백업 조립

대상 : 3세 이상

준비물

백업(3cm 크기로 자른 것), 이쑤시개, 가위

활동방법

1. 어떤 모양으로 만들 것인지 구상한다.
2. 백업에 이쑤시개를 꽂는다.
3. 이쑤시개 끝에 또 다른 백업을 꽂는다.
4. 원하는 모양이 완성될 때까지 계속한다.

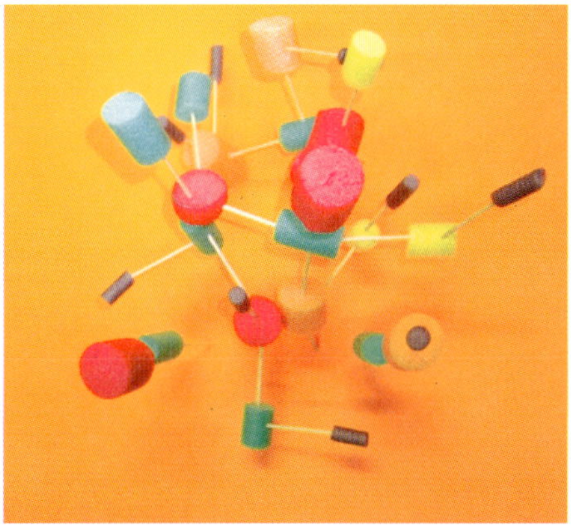

스티로폼 공 구조물

대상 : 3세 이상

준비물

여러 가지 크기와 색의 스티로폼 공(지름 6cm 이하), 이쑤시개, 아크릴 물감과 도구 일체, 오아시스

활동방법

1. 스티로폼 공과 이쑤시개로 연결된 구조물 형태를 구상한다.
2. 스티로폼 공에 이쑤시개를 꽂고 아크릴 물감으로 색칠한 후 오아시스에 꽂아 말린다.
3. 여러 가지 크기와 색의 스티로폼 공으로 서로 연결하여 입체적인 공간물을 만든다.

유의사항

스티로폼 공에 이쑤시개를 깊이 끼워야 튼튼한 구조물이 된다.

상자 우주선

- **대상** : 4세 이상
- **준비물** : 커다란 상자, 템페라 물감과 도구 일체, 페인트 붓, 걸레, 연필, 지우개, 칼, 가위, 헝겊, 색한지, 벽지, 장판
- **활동방법**
  1. 상자에 창문이 있는 우주선 밑그림을 그린다.
  2. 창문을 오려낸다.
  3. 템페라 물감으로 우주선을 화려하게 칠한다.
  4. 건조시킨다.
  5. 헝겊이나 색한지로 커튼을 만들어 붙이거나 벽지를 바르거나 장판을 깔아 장식한다.
- **응용방법**
  - 다양한 상자를 칠한 다음 서로 조립하여 물체를 만들 수 있다.
  - 상자로 다양한 상상놀이용 집을 만들어 활용할 수 있다.

반사 카드

대상 : 3세 이상

준비물

은박지, 15×15cm 검정색 도화지, 접착제(풀, 접착제 등), 가위

활동방법

1. 은박지를 다양한 모양이나 패턴으로 오린다.
2. 15×15cm 검정색 도화지에 반짝이는 면을 위로 하여 오린 은박지를 접착제로 붙인다.
3. 햇빛이 있는 곳으로 나가서 빛을 반사시키면서 논다.

응용방법

밤에 실외에서 반사 카드(은박지 카드) 위에 손전등을 비추면서 벽에 모양을 반사시키는 놀이를 할 수 있다.

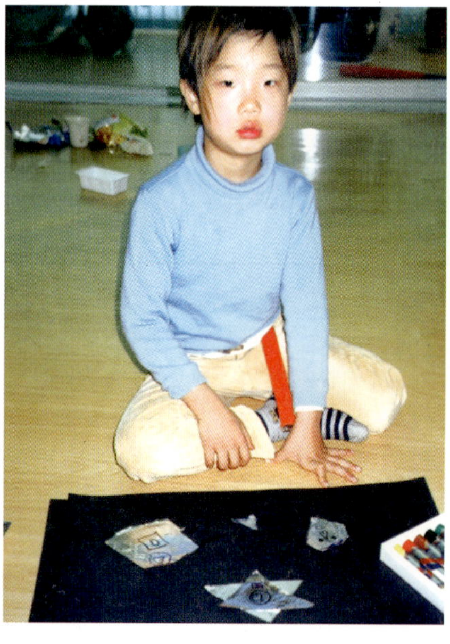

딸랑이

대상 : 3세 이상

준비물

신문지, 방울 3~4개(또는 단추), 여러 가지 색의 모루, 셀로판테이프

활동방법

1. 동생에게 줄 수 있는 선물에 대해 이야기 나눈다.
2. 딸랑이를 보고 어떻게 만들어야 할지 구상한다.
3. 신문지를 동그랗게 말고 셀로판테이프로 고정시킨다.
4. 3을 신문지가 보이지 않을 정도로 두툼하게 모루로 감는다.
5. 모루로 감는 도중에 방울을 모루에 끼어 다시 단단하게 감는다.

응용방법

연령에 따라 정사면체, 정육면체 등 간단한 입체부터 복잡한 형태를 만들도록 한다.

계란 꾸미기

대상 : 3세 이상

준비물

계란이나 타조알, 색종이나 한지, 셀로판지, 가위, 풀, 사인펜 또는 크레파스

활동방법

1. 계란 속을 깨끗이 비우고 말린다.
2. 1을 색종이나 한지, 셀로판지로 꾸미거나 사인펜이나 크레파스로 그림을 그려서 장식한다.
3. 전시한다.

응용방법

계란이나 타조알 대신 조약돌과 같은 자연물을 이용해도 좋다.

OHP액자

대상 : 5세 이상

준비물

OHP, 유성 매직, 은박 가루, 스팽글 줄, 글루건, 우드락, 하드보드지, 양면테이프, 우드락접착제, 가위, 칼

활동방법

1. 우드락을 알맞은 크기로 자른다.
2. OHP 위에 유성 매직으로 엄마, 아빠 그림을 그린다.
3. 1 위에 은박 가루를 약간 뿌린 다음 붙인다.
4. 3 위에 2를 붙인 다음 OHP 테두리를 스팽글 줄로 장식한다.
5. 하드보드지로 삼각대를 만들어서 4에 붙인다.
6. 전시한다.

조개껍질 꾸미기

대상 : 3세 이상

준비물

조개껍질, 유성 매직, 투명 매니큐어, 아크릴 물감과 도구 일체

활동방법

1. 조개껍질을 깨끗이 씻어 말려 놓는다.
2. 1 위에 유성 매직으로 원하는 모양을 그린다.
3. 2의 모양을 아크릴 물감으로 색칠한다.
4. 3을 말린 다음 투명 매니큐어로 덧바른다.
5. 전시한다.

모빌

CD 피에로 모빌

대상 : 3세 이상

준비물

피에로 모양, 못 쓰는 CD, 스티로폼 공, 인형 눈알, 부직포, 우드락접착제, 빵끈, 연필, 부직포, 낚싯줄

활동방법

1. 피에로 모양을 보면서 본 적이 있는지 이야기 나눈다.
2. 재료를 보면서 피에로를 표현하는 방법에 대해 알아본다.
3. 스티로폼 공에 인형 눈알을 붙이고 부직포로 입과 모자를 만들어 붙인다.
4. CD에 만들어진 피에로 얼굴 부분을 칼집을 내어 붙인다.
5. 빵끈을 연필에 감아서 다리와 팔 부분을 만든 다음 다리에 부직포로 만든 신발 모양을 붙인다.
6. CD에 빵끈으로 만든 다리와 팔 부분을 붙인다.
7. 완성된 피에로 인형에 낚싯줄을 붙여서 매단다.

모 루 모 빌

대상 : 2세 이상

준비물

철사 옷걸이, 모루, 단추, 뽕뽕, 리본테이프, 스팽글, 가위, 접착제 또는 실, 바늘, 철사 스프링

활동방법

1. 모루를 구부리고 자르고 비틀어서 여러 가지 모양으로 만든다.
2. 모루의 끝 부분에 단추나 뽕뽕, 리본테이프, 스팽글 등을 덧붙인다.
3. 옷걸이에 모루를 달아 전시한다.
4. 철사 스프링을 같이 달아도 좋다.

응용방법

모루 대신 철사나 스프링 등을 이용해서 모빌을 만들 수 있다.

OHP 모빌

대상 : 2세 이상

준비물

OHP, 유성 매직, 가위, 낚싯줄, 셀로판테이프

활동방법

1. OHP 위에 유성매직으로 그림을 그린다.
2. 그림을 그린 OHP를 가위로 오린다.
3. OHP 그림을 낚싯줄로 서로 연결한다.
4. 천장에 매단다.

개구리 모빌

대상 : 5세 이상

준비물

부직포, 가위, 낚싯줄, 인형 눈알, 접착제, 낚싯줄, 뽕뽕, 모루, 긴 막대

활동방법

1. 하늘색 부직포 위에 구름 모양을 그린 다음 오린다.
2. 연두색 부직포 위에 개구리 그림을 그린 다음 오린다.
3. 초록색 부직포를 연꽃 모양으로 오린 다음 2의 개구리를 붙인다.
4. 구름 밑에 하늘색 모루를 붙이고 맨 끝에 뽕뽕을 붙인다.
5. 긴 막대에 구름과 개구리를 낚싯줄에 연결한다.
6. 천장에 매단다.

완두콩 모빌

대상 : 3세 이상

준비물

인형 눈알, 부직포, 뽕뽕, 모루, 백업, 낚싯줄, 돼지접착제

활동방법

1. 완두콩에 대해 이야기를 나눈다.
2. 재료를 보면서 완두콩을 표현하는 방법에 대해 알아본다.
3. 부직포로 콩깍지를 만든다.
4. 만든 콩깍지에 뽕뽕을 붙인다.
5. 뽕뽕에 인형 눈알을 붙인다.
6. 모루로 줄기를 만들고 두꺼운 백업에 자연스럽게 감고 완두콩도 붙인다.
7. 주황, 초록 부직포로 잎을 만들어 붙인다.

필름통 발

대상 : 5세 이상

준비물

빈 필름통, 색시트지, 양면테이프, 긴 막대, 가위, 셀로판테이프, 낚싯줄

활동방법

1. 빈 필름통을 색시트지로 싸서 여러 개 만든다.
2. 색시트지로 싼 필름통을 양면테이프를 이용해서 길게 이어붙인다.
3. 2의 윗부분에 낚싯줄을 셀로판테이프로 고정시켜서 긴 막대에 매단다.
4. 긴 막대 위에 비닐을 테이프로 고정시킨다.
5. 완성된 발을 현관이나 문 위에 달아놓는다.

응용방법

필름통을 색종이나 스티커를 붙여서 장식할 수 있다.

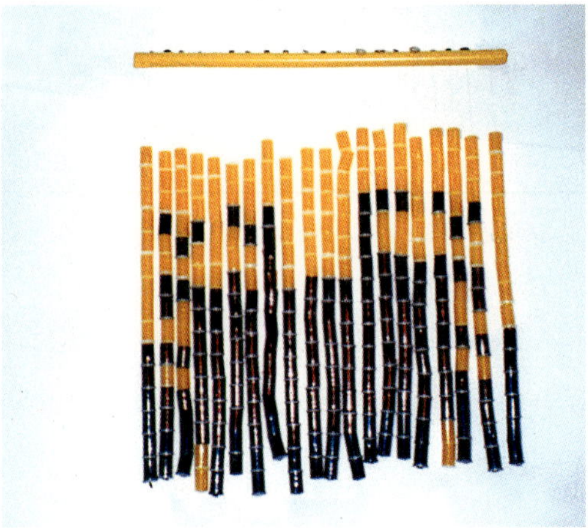

물고기 백업 모빌

대상 : 5세 이상

준비물

다양한 색의 백업, 인형 눈알, 모루, 칼, 가위, 셀로판테이프, 부직포, 우드락, 낚싯줄

활동방법

1. 바닷속에 사는 생물에 대해 이야기를 나눈다.
2. 물고기의 생김새를 자세히 관찰하면서 크기나 모양의 차이점을 알아본다.
3. 재료를 보면서 물고기를 표현하는 방법에 대해 알아본다.
4. 백업을 구부려서 물고기 모양을 만든다.
5. 부직포로 지느러미 모양을 오리고 백업으로 만든 물고기 모양에 칼집을 내어 붙인다.
6. 인형 눈알을 붙여서 물고기 눈을 완성한다.
7. 우드락으로 천장에 붙일 면을 만들고 각 물고기에 낚싯줄을 붙여서 매단다.
8. 구부려서 수초 모양으로 만든 모루를 천장에 붙인 우드락에 고정시켜 완성한다.

우드락 모빌

대상 : 4세 이상

준비물

우드락, 가위, 펀치, 끈, 옷걸이, 볼펜, 컬러 매직, 연필, 아크릴 물감과 도구 일체

활동방법

1. 우드락에 연필로 모양을 그린다.
2. 가위로 모양대로 오린다.
3. 펀치로 우드락 모양 위에 구멍을 뚫는다.
4. 아크릴 물감으로 색칠한다.
5. 볼펜이나 컬러매직으로 세밀하게 그린다.
6. 구멍에 끈을 달고 옷걸이에 매단다.

응용방법

- 우드락 모양에 콜라주재료를 붙이고 건조시킨 다음 끈으로 매단다.
- 잡지의 그림이나 사진을 우드락에 붙이고 매달아서 모빌로 활용한다.

요구르트 발

대상 : 4세 이상

준비물

요구르트 통, 색종이, 빨대, 가위, 낚싯줄, 긴 막대

활동방법

1. 요구르트 통을 깨끗이 씻어 말려둔다.
2. 교사는 요구르트 통에 구멍을 내어 낚싯줄이 쉽게 지나가도록 한다.
3. 색종이를 네모, 세모, 동그라미 모양으로 오린다.
4. 빨대를 일정한 크기로 자른다.
5. 요구르트 통－색종이－빨대－요구르트 통－색종이－빨대 순으로 낚싯줄에 길게 연결한다.
6. 여러 개 만든 5를 긴 막대에 보기 좋게 매단다.

휴지 속심 오징어 모빌

대상 : 3세 이상

준비물

휴지 속심, 색상지, 색종이, 가위, 접착제(셀로판테이프, 접착제, 풀), 낚싯줄, 스팽글, 연필

활동방법

1. 휴지 속심의 밑부분을 가위로 10개 정도 오려놓는다.
2. 오려놓은 부분을 연필로 동그랗게 말아서 다리처럼 만든 다음 스팽글을 붙인다.
3. 색상지로 원뿔형 모자를 만들어 씌워준다.
4. 색종이로 눈, 코, 입을 만들어서 붙인다.
5. 낚싯줄에 매달아 천장에 매단다.

응용방법

휴지 속심 오징어 모빌을 물감으로 색칠하거나 둥근 스티로폼이나 뽕뽕을 붙여 장식할 수 있다.

우유갑 물고기 모빌

대상 : 5세 이상

준비물

우유갑, 색상지, 색종이, 가위, 접착제(셀로판테이프, 접착제, 풀), 낚싯줄, 인형 눈알

활동방법

1. 색상지를 띠종이로 접어놓는다.
2. 띠종이로 접어놓은 색상지를 우유갑의 $\frac{1}{3}$지점에서부터 촘촘히 붙여서 비늘 모양으로 꾸민다.
3. 색종이를 오려서 꼬리와 지느러미를 만들어 붙인다.
4. 인형 눈알을 붙인다.
5. 낚싯줄에 매달아 천장에 건다.

응용방법

우유갑을 이용한 바닷속 다양한 생물을 모빌로 매달거나 게시판에 붙여 환경구성에 활용한다.

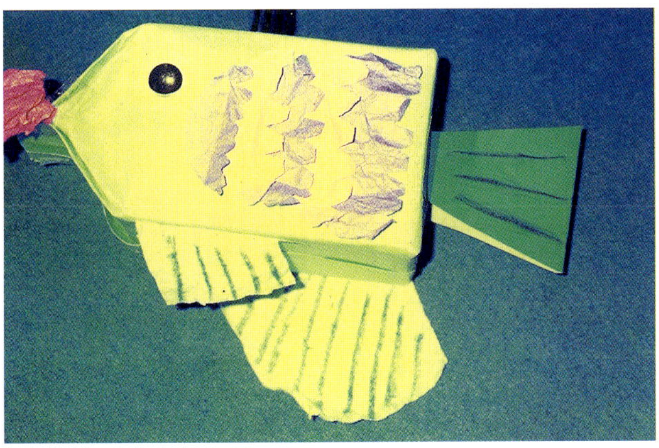

비닐 발

대상 : 3세 이상

준비물

빈 깡통, 색종이, 비닐(무색 또는 파란색), 긴 막대, 뽕뽕, 가위, 풀, 색시트지나 스티커, 셀로판테이프, 아크릴 물감과 도구 일체, 곡식 또는 구슬

활동방법

1. 빈 깡통은 씻은 후 말린다.
2. 말린 깡통을 색시트지나 아크릴 물감으로 장식한 다음 속에 곡식이나 구슬을 담아 뚜껑을 덮는다.
3. 발의 바탕이 되는 비닐을 발을 걸어둘 문 크기에 맞춰 자른다. 이때 깡통을 달 수 있는 수만큼 비닐을 세로로 자른다.
4. 긴 막대 위에 비닐을 테이프로 고정시킨다.
5. 비닐 밑에 장식한 깡통을 말아서 단 다음 테이프로 고정시킨다.
6. 비닐 위를 색시트지나 스티커로 꾸민다.
7. 완성된 발을 현관이나 문 위에 달아놓는다.

응용방법

- 깡통 속에 곡식이나 구슬을 넣을 때 크기에 따른 소리의 차이를 비교해 보도록 한다.
- 구슬과 곡식은 바람이 불면 깡통이 흔들릴 수 있도록 가볍고 소리가 나는 것으로 선택한다.

서류봉투 모빌

대상 : 3세 이상

준비물

서류봉투, 물감과 도구 일체, 크레용, 컬러매직, 가위, 연필, 신문지 또는 종이 조각, 물통, 걸레, 스테이플러, 펀치, 끈 또는 털실

활동방법

1. 서류봉투를 잘라서 같은 크기의 갈색 종이 2장을 준비한다.
2. 종이 한 면에 물고기를 그려서 자른다.
3. 2의 물고기를 패턴으로 사용하여 다른 종이에 대고 똑같이 만든다.
4. 2장의 바깥선을 한 면만 놔두고 스테이플러로 찍는다.
5. 물고기의 양면을 색칠하고 건조시킨다.
6. 물고기의 열린 면에 작은 종이 조각을 넣어 채운다.
7. 스테이플러로 열린 곳을 박는다.
8. 물고기 윗부분 중앙에 구멍을 뚫고 끈을 매단다.
9. 전시용으로 건다.

응용방법

- 새, 괴물, 공룡 등을 만들게 한다.
- 스테이플러로 찍는 대신 바느질을 할 수도 있다.

종이컵 모빌

대상 : 3세 이상

준비물

종이컵 여러 개, 접착제(셀로판테이프, 접착제, 풀), 낚싯줄, 칼, 가위, 색종이 또는 색상지, 크레파스 또는 아크릴 물감과 도구 일체

활동방법

1. 종이컵에 아크릴 물감으로 색칠한 후 말린다.
2. 종이컵의 입구에서 $\frac{2}{3}$ 정도까지 가위로 소용돌이 모양으로 오린다.
3. 종이컵의 윗부분에 색종이로 눈, 코, 입을 만들어 붙인다.
4. 종이컵에 낚싯줄을 붙여 천장에 매단다.

뽕뽕꽃 모빌

대상 : 3세 이상

준비물

우드락, 여러 가지 색의 뽕뽕, 우드락접착제, 셀로판테이프, 낚싯줄, 칼, 가위, 긴 막대

활동방법

1. 교사는 우드락을 동그랗게 오려놓는다.
2. 우드락 위에 뽕뽕을 붙여서 꽃 모양으로 여러 개 만든다.
3. 만들어진 2에 낚싯줄 중간중간 뽕뽕을 매단다.
4. 긴 막대에 3을 매단다.

응용방법

- 띠골판지로 꽃을 만들어 매달아도 좋다.
- 잎과 줄기를 만들어 붙이면 더욱 효과적이다.

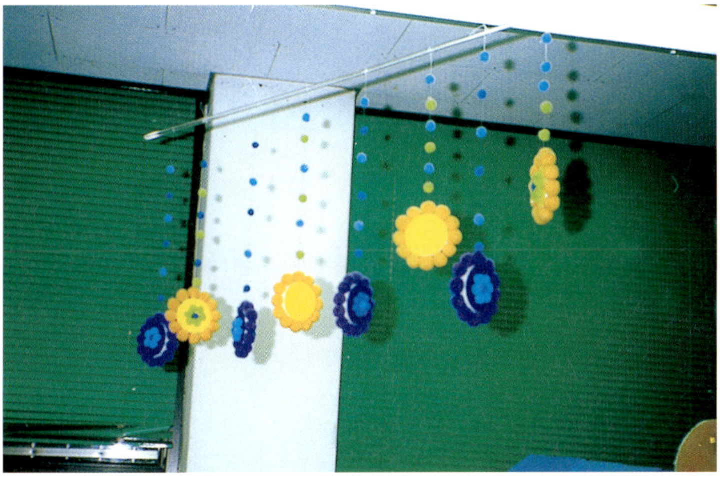

색종이 발

대상 : 3세 이상

준비물

색종이, 가위, 풀, 셀로판테이프, 낚싯줄, 긴 막대

활동방법

1. 색종이에 세로로 가위밥을 준다.
2. 가위밥을 준 색종이 양 끝을 서로 마주 붙인다.
3. 2를 낚싯줄로 길게 연결한다.
4. 다 완성된 낚싯줄을 긴 막대에 일정한 간격으로 단다.
5. 문에 매달아 전시한다.

응용방법

색종이 모빌로 활용한다.

털실 모빌

대상 : 3세 이상

준비물

1m 정도의 털실 여러 개, 휴지, 물풀, 실, 바늘, 옷걸이, 수성물감과 도구 일체, 가위

활동방법

1. 털실을 손에 감은 다음 끝을 묶는다.
2. 털실 뭉치를 물풀에 담가둔다.
3. 물풀에 담가두었던 털실 뭉치 위, 아래에 휴지를 놓는다.
4. 건조시킨다.
5. 털실 뭉치의 바깥의 필요없는 휴지 부위를 가위로 오려낸다.
6. 수성 물감으로 털실 뭉치의 위, 아래의 휴지부분을 색칠한다.
7. 건조시킨 후 끈을 달아 옷걸이에 매단다.
8. 위와 같은 방법으로 털실 뭉치를 여러 가지 모양으로 만들고 색칠해서 모빌로 단다.

응용방법

털실 모빌을 전등불이 켜진 아래에 놓아두면 빛이 투과되어 보인다.

종이컵 꽃 모빌

대상 : 4세 이상

준비물

종이컵, 접착제(셀로판테이프, 접착제, 풀), 낚싯줄, 칼, 가위, 색종이, 인형 눈알, 아크릴 물감과 도구 일체

활동방법

1. 종이컵에 칼집을 내어 꽃 모양으로 만든다.
2. 종이컵 꽃에 아크릴 물감으로 색칠한 후 말린다.
3. 종이컵 꽃을 색종이, 인형 눈알로 장식한다.
4. 종이컵 꽃에 낚싯줄을 단다.
5. 천장이나 출입구 위쪽에 매달아서 전시한다.

색종이 고리 발

대상 : 4세 이상

준비물

긴 막대, 색종이, 가위, 풀

활동방법

1. 여러 가지 색종이를 일정한 간격으로 자른다.
2. 자른 색종이를 둥글게 만 다음 풀칠을 하면서 다음 색종이를 계속해서 연결해서 길게 만든다.
3. 2를 긴 막대에 촘촘하게 매단다.
4. 아이들 눈높이로 벽에 매단다.

응용방법

색종이－빨대－색종이－빨대 순으로 만들어도 좋다.

코스모스 망사 발

대상 : 5세 이상

준비물

꽃 포장용 망사천, 가위, 풀, 글루건, 목공용 접착제, 부직포, 색종이, 뿅뿅

활동방법

1. 코스모스에 대해 이야기를 나눈다.
2. 꽃 포장용 망사천을 가지고 발을 만드는 방법에 대해 알아본다.
3. 부직포와 뿅뿅이를 이용해 코스모스 꽃을 만든다.
4. 부직포로 줄기와 풀을 만들어 망사천에 붙이고 만들어 놓은 코스모스 꽃을 붙인다.
5. 완성된 발을 현관이나 문 위에 달아놓는다.

깡통 모빌

대상 : 3세 이상

준비물

얇은 깡통, 깡통 따개, 신문지, 두꺼운 끈 또는 철사, 마스킹테이프, 작은 스펀지 조각, 행거, 아크릴 물감

활동방법

1. 깡통 위의 라벨을 떼고 깡통 따개로 위아래를 제거한다.
2. 물로 씻고 말린 다음 마스킹테이프로 날카로운 부분을 싼다.
3. 신문지 위에 아크릴 물감을 짠다.
4. 물로 축인 스펀지에 아크릴 물감을 묻혀서 깡통 위에서 두드리듯이 칠한다.
5. 건조시킨다.
6. 각 깡통을 철사나 끈으로 묶은 다음 행거에 단단히 매달거나, 천장 장식으로 두꺼운 줄에 장식한 깡통을 매단다.

응용방법

- 스펀지 그림 대신에 천이나 포장지로 싼다.
- 장식용으로 깡통에 종이꽃이나 마른 꽃을 넣는다.

백업 모빌

대상 : 4세 이상

준비물

여러 가지 색의 백업, 칼, 가위, 부직포, 낚싯줄, 접착제(접착제, 셀로판테이프), 검정 유성 매직

활동방법

1. 여러 가지 색의 백업을 동그랗게 만든다.
2. 부직포 위에 검정 유성 매직으로 그림을 그린 다음 오린다.
3. 오린 부직포 그림을 낚싯줄에 걸고 백업과 연결하여 천장에 매단다.

스티로폼 공 눈사람 모빌

대상 : 5세 이상

준비물

작은 스티로폼 공, 중간 크기의 스티로폼 공, 모루, 뽕뽕, 스팽글, 낚싯줄, 백업

활동방법

1. 눈사람에 대해 이야기를 나눈다.
2. 재료를 보면서 눈사람을 표현하는 방법에 대해 알아본다.
3. 스티로폼 공으로 눈사람 모양을 만든 다음 모루, 뽕뽕, 스팽글 등으로 꾸민다.
4. 만들어진 눈사람에 낚싯줄을 붙이고 중간중간 스팽글로 장식한다.
5. 백업으로 천장에 매달 부분을 구성한다.
6. 낚싯줄을 붙인 완성된 눈사람 모빌을 백업에 매단다.

새 모빌

대상 : 5세 이상

준비물

스티로폼 공, 부직포, 리본테이프, 인형 눈알, 우드락접착제, 뽕뽕, 가위, 낚싯줄, 작은 종, 가위

활동방법

1. 스티로폼 공 위에 인형 눈알과 뽕뽕을 붙여서 얼굴을 만든다.
2. 부직포를 동그랗게 자른 다음 반지름을 가위로 잘라 고깔 모양으로 만든다.
3. 1위에 2를 붙인다.
4. 고깔과 같은 색의 부직포로 큰 동그라미를 오려서 반으로 접는다.
5. 4위에 리본테이프를 붙이고 밑에 작은 종을 단다.
6. 3과 5를 붙인 다음 낚싯줄을 걸어 천장에 매단다.

백업 사람 모빌

대상 : 5세 이상

준비물

백업, 모루, 철사, 은박지, 가위, 스티로폼 공, 낚싯줄, 접착제(접착제, 우드락접착제, 양면테이프)

활동방법

1. 철사를 이용하여 모빌의 지지대를 만든다.
2. 여러 사람이 역할을 분담하여 모루 자르기, 백업 자르기, 은박지 감기 등을 한다.
3. 백업 얼굴과 몸통, 발을 모루로 연결한다.
4. 백업 사람을 낚싯줄로 연결한다.
5. 은박지로 싼 모빌 지지대에 은박지로 싼 스티로폼 공을 모루로 연결한다.
6. 모빌 지지대에 백업 사람을 매단다.

응용방법

백업 대신에 트럼프 카드로 모빌을 만들어도 좋다.

종이컵 사람 모빌

대상 : 5세 이상

준비물

종이컵, 가위, 칼, 색종이 또는 색상지, 크레파스 또는 색사인펜, 접착제(셀로판테이프, 접착제, 풀), 낚싯줄

활동방법

1. 만들 형태를 자유롭게 구상한다.
2. 종이컵을 색종이나 색상지를 붙여서 꾸민 다음 크레파스나 색사인펜으로 얼굴을 세부묘사 한다.
3. 색상지로 아코디언 접기를 하여 팔, 다리를 만들어 붙인다.
4. 종이컵 윗쪽 중앙에 낚싯줄을 붙이고 천장에 매단다.

응용방법

종이컵 대신 성냥갑을 이용하여 사람 모빌을 만들어도 좋다.

환경구성

골판지 구성

대상 : 3세 이상

준비물

띠골판지, 물결무늬 골판지, 글루건과 심, 액자

활동방법

1. 노란색과 녹색 띠골판지를 같이 동그랗게 감는다.
2. 노란색 띠골판지로 느슨하게 동그랗게 감은 다음 가운데 부분을 눌러서 꽃잎을 만든다.
3. 초록색 띠골판지를 느슨하게 동그랗게 감은 다음 가운데 부분을 눌러서 잎을 만든다.
4. 초록색 띠골판지로 줄기를 만든다.
5. 물결무늬 골판지 위에 1, 2, 3, 4를 알맞게 배열한 다음 글루건으로 고정시킨다.
6. 액자에 넣어 전시한다.

주름지 데이지 꽃

대상 : 4세 이상

준비물

주름지, 꽃철사, 꽃테이프, 꽃잎, 골판지, 띠골판지, 글루건과 심 또는 접착제, 송곳, 노끈이나 리본테이프

활동방법

1. 원하는 색의 주름지를 길게 자른 후 가위밥을 잘게 준 다음 꽃철사에 동그랗게 말아서 꽃 수술을 만든다.
2. 원하는 색의 주름지에 크게 가위밥을 준 다음 1위에 동그랗게 감아서 꽃을 만든다.
3. 바닥이 되는 골판지 위에 골판지를 화분 모양으로 만들어 붙인 다음 만들어진 꽃을 꽂는다.
4. 골판지에 구멍을 뚫고 고리를 만들어서 벽에 걸어 전시한다.

엄지공주

대상 : 3세 이상

준비물

초록색 융천, 우드락, 여러 가지 색상지, 할핀, 가위, 풀, 접착제

활동방법

1. 우드락에 초록색 융천을 붙인다.
2. 분홍, 빨강 색상지를 꽃 모양으로 접는다.
3. 노랑색 동그라미를 크고 작게 오린 다음 가장자리에 가위밥을 주고 앞으로 세운다.
4. 만들어 놓은 꽃봉오리에 녹색과 초록색으로 잎과 줄기를 만들어 붙인다.
5. 가운데 꽃 사이에 예쁜 엄지공주를 붙인다.
6. 나비를 만들어 붙인다.

꽃이 피었어요

대상 : 4세 이상

준비물

연한 분홍색 색상지, 우드락, 여러 가지 색상지, 할핀, 가위, 풀, 접착제

활동방법

1. 우드락을 분홍색 색상지로 싼다.
2. 분홍, 노랑 색상지로 크고 작은 동그라미를 오린다.
3. 크고 작게 오린 꽃 모양(동그라미) 가장자리에 가위밥을 주고 앞으로 세운다.
4. 만들어 놓은 꽃봉오리에 녹색과 초록색으로 잎과 줄기를 만들어 붙인다.
5. 나비를 만들어 붙인다.

봄비가 와요

대상 : 4세 이상

준비물

여러 가지 색상지, 우드락, 색상지, 할핀, 가위, 풀, 접착제

활동방법

1. 우드락을 파란색 색상지로 싼다.
2. 분홍, 노랑, 파란색 색상지로 동그라미를 오린 다음 고깔 모자처럼 만들어서 우산을 만들어 붙인다.
3. 우산 밑부분에 가방을 든 아이의 뒷 모습을 붙인다.
4. 흰색 색상지로 물방울 무늬를 만든 다음에 가위집을 주어서 입체적으로 만들어 붙인다.
5. 전시한다.

봄소풍

대상 : 3세 이상

준비물

부직포, 우드락, 한지, 골판지, 색상지, 가위, 접착제(셀로판테이프, 접착제, 풀), 노끈, 할핀, 솜, 상자, 셀로판지, 사인펜, 스펀지, 물감과 도구 일체

활동방법

1. 벽면을 장식할 공동 환경판의 내용을 무엇으로 꾸밀 것인지 구상한다.
2. 우드락 위에 분홍색 한지로 바탕을 붙인다.
3. 연두색과 초록색 색상지로 잎을 만든 다음 사인펜의 잎줄기를 그린다.
4. 2위에 갈색 색상지로 나무를 만들어 붙이고 3의 잎을 붙인다.
5. 배경판 밑부분에 초록색 부직포를 오려서 풀밭을 만들어 붙인다.
6. 색상지로 꽃을 만들어 5위에 붙인다.
7. 스펀지에 파란색 물감을 묻혀서 하늘을 칠한다.
8. 선생님과 유아를 도화지 위에 그린 다음 오려서 환경판 위의 적절한 위치에 붙인다.
9. 환경판을 유아의 눈높이로 걸어서 감상하는 시간을 갖는다.

해바라기 화분

대상 : 5세 이상

준비물

띠골판지, 글루건과 심, 가위, 페트병, 모래, 작은 인조 구슬, 포장지, 리본테이프

활동방법

1. 흰색과 빨간색 띠골판지로 동그랗게 만다.
2. 노란색 띠골판지로 느슨하게 동그랗게 만 다음 가운데 부분을 손으로 눌러서 꽃잎을 여러 장 만든다.
3. 녹색 띠골판지를 여러 장 겹쳐서 줄기를 만든다.
4. 초록색 띠골판지로 느슨하게 동그랗게 만 다음 가운데 부분을 눌러서 잎을 여러 개 만든다.
5. 만들어진 1, 2, 3, 4를 크기를 고려해서 글루건으로 붙인다.
6. 페트병을 눕혀서 $\frac{1}{3}$쯤 자른 다음 포장지와 리본테이프로 장식한다.
7. 6에 모래를 넣고 5를 꽂고 인조구슬로 장식하거나 작은 꽃을 만들어 모래가 보이지 않게 장식한다.
8. 전시한다.

바다환경판

- **대상** : 3세 이상
- **준비물** : 부직포, 우드락, 수수깡, 인형 눈알, 색상지, 가위, 접착제(셀로판테이프, 접착제, 풀), 할핀
- **활동방법**

1. 여름바다에 대해 이야기 나눈다.
2. 우드락 위를 파란색과 하늘색 부직포로 붙여 바탕을 꾸민다.
3. 황토색 부직포를 모래사장 모양으로 오려서 파란색 부직포 위에 붙인다.
4. 흰색 부직포를 구름 모양으로 오려서 하늘색 부직포 위에 붙인다.
5. 노란색, 빨간색, 초록색 부직포로 만든 게의 몸통에 수수깡으로 게의 다리를 만들고 인형 눈알을 붙인다.
6. 색상지로 아이의 얼굴을 오려서 모래사장 가운데에 붙인다.
7. 다 만들어진 환경판을 유아들 눈높이로 건 다음 감상하는 시간을 갖는다.

신나는 기차여행

대상 : 3세 이상

준비물

우드락, 도화지, 골판지, 색상지, 빈 깡통 8개, 가위, 접착제(셀로판테이프, 접착제, 풀), 크레파스 또는 물감과 도구 일체

활동방법

1. 벽면을 장식할 공동 환경판의 내용을 무엇으로 꾸밀 것인지 구상한다.
2. 재미있게 놀고 있는 사람을 도화지 위에 각자 그린다.
3. 우드락 위에 골판지로 바탕을 붙인다.
4. 산, 해, 기차, 파도 등을 색상지로 꾸민다.
5. 빈 깡통을 오려 기차 바퀴로 붙인다.
6. 재미있게 놀고 있는 사람들의 모습을 오려서 기차 객차 위에 붙인다.
7. 다 만들어진 환경판을 유아들 눈높이로 건 다음 감상하는 시간을 갖는다.

교통안전

대상 : 5세 이상

준비물

부직포, 우드락, 한지, 골판지, 색상지, 색종이, 색사인펜, 가위, 접착제(셀로판테이프, 접착제, 풀), 할핀, 나무젓가락

활동방법

1. 벽면을 장식할 공동 환경판의 내용을 무엇으로 꾸밀 것인지 구상한다.
2. 우드락 위에 파란 색상지로 바탕을 붙이고, 그 위에 흰색 부직포로 길 표시를 해서 붙인다.
3. 어린이 두 명을 만들어 붙인다.
4. 안전표시판을 만들어 붙인다.
5. 다 만들어진 환경판을 유아들 눈높이로 건 다음 감상하는 시간을 갖는다.

즐거운 가을 운동회

대상 : 5세 이상

준비물

황토색 부직포, 우드락, 하늘색 한지, 골판지, 전지, 도화지, 색상지, 가위, 접착제(셀로판테이프, 접착제, 풀), 노끈, 할핀, 크레파스, 물감과 도구 일체

활동방법

1. 벽면을 장식할 공동 환경판의 내용을 무엇으로 꾸밀 것인지 구상한다.
2. 여러 나라 국기를 도화지 위에 각자 그린다.
3. 우드락 위에 하늘색 한지로 하늘을 표현하고 바닥은 황토색 부직포로 깐다.
4. 전지에 유아 그림을 여러 명 그린 다음 오려서 황토색 바닥에 보기 좋게 붙인다.
5. 하늘에 노끈을 붙이고 여러 나라 국기를 붙인다.
6. 다 만들어진 환경판을 유아들 눈높이로 건 다음 감상하는 시간을 갖는다.

가을이에요

대상 : 5세 이상

준비물

우드락, 도화지, 물감과 도구 일체, 색상지, 모루, 하얀색 뿅뿅, 가위, 접착제(셀로판테이프, 접착제, 풀), 할핀

활동방법

1. 우드락을 남색 색상지로 싼다.
2. 도화지 위에 여러 가지 색으로 손바닥 찍기를 한 후 말린 다음 오린다.
3. 1위에 갈색 색상지로 나무를 만들어 붙인 후 손바닥 나뭇잎을 붙인다.
4. 흰색과 분홍색 색상지로 꽃잎 모양을 만들어 오린 다음 앞으로 말아서 입체감을 주면서 붙인다.
5. 색상지를 이용해서 기구를 타고 있는 동물 모습을 만들어 붙인다.
6. 색상지로 잠자리 날개를 만들고 모루로 잠자리 몸통을 만들어 붙인다.
7. 뿅뿅으로 공기 방울을 표현하고 꽃과 나무 사이에 색상지로 울타리를 만들어 붙인다.
8. 전시한다.

골판지 스위치 커버

대상 : 3세 이상

준비물

골판지, 띠골판지, 가위, 칼, 글루건과 심 또는 접착제, 마분지, 양면테이프

활동방법

1. 스위치 크기대로 마분지를 오려낸다.
2. 오려낸 마분지를 골판지 위에 대고 오려서 가운데 부분을 만들고 주위 부분을 원하는 모양으로 오려낸다.
3. 2위에 띠골판지로 꽃을 만들어 꾸민다.
4. 3 뒷면에 양면테이프를 붙인다.
5. 스위치 위에 만들어진 커버를 붙인다.

응용방법

다양한 모양의 스위치 커버를 고안해 본다.

주름지 수국

대상 : 4세 이상

준비물

주름지, 꽃철사, 꽃테이프, 가위, 글루건과 심 또는 접착제, 작은 화분, 오아시스

활동방법

1. 원하는 색의 주름지를 길게 자른 후 가위밥을 잘게 준 다음 꽃철사에 동그랗게 말아서 꽃을 만든다.
2. 초록색 주름지로 꽃잎을 만든다.
3. 1의 꽃철사에 꽃테이프를 감으면서 꽃잎을 붙인다.
4. 화분에 오아시스를 넣고 오아시스 위에 만들어진 꽃을 꽂는다.
5. 전시한다.

산타 상자

대상 : 6세 이상

준비물

뚜껑이 있는 상자, 포장지, 색상지, 산타 인형(종이 접기로 대신할 수 있음), 스프링(연습장 스프링 재활용), 접착제(셀로판테이프, 접착제, 풀)

활동방법

1. 상자를 포장지로 예쁘게 싸거나 색상지로 꾸민다.
2. 스프링에 산타할아버지를 붙인다.
3. 산타할아버지 스프링을 상자 밑바닥에 붙이며 이때 뚜껑을 닫았다가 열 때, 산타할아버지가 얼마만큼 튀어 올라오는지 시험해 본 후 스프링의 길이를 결정하고 접착제로 고정시킨다.
4. 뚜껑을 닫은 상태에서 상자와 뚜껑의 고리를 만든다. 뚜껑이 상자와의 닿는 접촉면에 딱 맞도록 고리를 만든다.
5. 고리를 풀었을 때 산타할아버지가 생동감 있게 튀어오르는지 확인한다.
6. 크리스마스 트리 장식 옆에 두어 전시한다.

응용방법

산타할아버지 인형 대신 종이접기나 골판지로 만든 산타를 활용할 수 있다.

골판지 산타

대상 : 5세 이상

준비물

띠골판지, 가위, 글루건과 심 또는 접착제

활동방법

1. 살색 띠골판지를 동그랗게 말아서 얼굴을 만든다.
2. 빨간색 띠골판지를 동그랗게 느슨하게 만 다음 안을 밀어서 고깔 모양으로 만들어 모자를 만든 다음 1 뒤에 붙인다.
3. 빨간색 띠골판지를 동그랗게 느슨하게 만 다음 안을 밀어서 고깔 모양으로 만들고 밑부분에 다시 동그랗게 만 밑부분을 붙여서 몸통을 만든다.
4. 빨간색 띠골판지를 동그랗게 느슨하게 만 다음 안을 밀어서 고깔 모양으로 2개 만들어 팔을 만든 다음 살색 띠골판지로 손을 만들어 팔에 붙인다.
5. 빨간색 띠골판지를 촘촘하게 동그랗게 말아서 하나는 더 크게 두 개 만들어 발을 완성한다.
6. 1, 2, 3, 4, 5를 알맞게 배열하면서 설 수 있도록 만들고 흰색 띠골판지로 장식과 수염을 붙여 완성한다.
7. 크리스마스 장식으로 전시한다.

골판지 상자

대상 : 5세 이상

준비물

골판지, 띠골판지, 상자(하트 모양 등)를 만들기 위한 상자 도안, 연필, 지우개, 가위, 글루건과 심 또는 접착제

활동방법

1. 상자 도안을 골판지 뒷면에 대고 상자 도안을 따라 연필로 그려서 오려낸다(두번 반복).
2. 오려낸 골판지 2개 중에서 하나는 상자 바닥용으로 사용하고 다른 하나는 상자 뚜껑으로 쓸 수 있도록 한다.
3. 상자 바닥용 골판지 테두리 안쪽에 10cm 높이의 골판지를 세워서 붙인다.
4. 상자 뚜껑용 골판지 테두리 바깥쪽에 3cm 높이의 골판지를 세워서 붙인다.
5. 4의 상자 뚜껑이 3의 상자에 잘 닫히는지 본다.
6. 4의 상자 뚜껑 위를 다른 골판지 작품으로 장식한다.
7. 크리스마스 트리에 장식용으로 걸어둔다.

응용방법

다양한 모양의 상자를 고안하여 선물상자로 활용한다.

성탄절

대상 : 5세 이상

준비물

부직포, 우드락, 한지, 골판지, 색상지, 부직포, 가위, 접착제(셀로판테이프, 접착제, 풀), 노끈, 할핀, 솜, 상자, 셀로판지

활동방법

1. 벽면을 장식할 공동 환경판의 내용을 무엇으로 꾸밀 것인지 구상한다.
2. 우드락 위에 한지로 바탕을 붙인다.
3. 남색 색상지를 집 모양으로 오린 다음 창문을 노란색 셀로판지를 이용해 만들고 2의 바탕에 붙인다.
4. 갈색 골판지로 썰매를 만들고 그 위에 산타할아버지를 커다랗게 만들어 붙인다.
5. 선물 주머니를 만들어 붙인다.
6. 색상지로 노랑별을 만들어 붙인다.
7. 다 만들어진 환경판을 유아들 눈높이로 건 다음 감상하는 시간을 갖는다.

설날이에요

대상 : 5세 이상

준비물

부직포, 우드락, 한지, 골판지, 색상지, 색종이, 부직포, 털실, 가위, 접착제(셀로판테이프, 접착제, 풀), 할핀, 솜, 상자, 은색 래커, 은박지

활동방법

1. 설날에 대해 이야기를 나누고 환경판을 구상한다.
2. 우드락 위에 파란색 한지로 하늘을 붙이고 바닥은 갈색으로 붙인다.
3. 초록 골판지로 울타리를 만들어 붙인다.
4. 황토색 골판지로 널뛰기 판을 만들고 털실로 널뛰기 받침을 만들어 붙인다.
5. 한복을 입은 아이를 만들어 붙인다.
6. 솜으로 눈을 만들어 붙이고 은박지로 눈 뭉치를 만들어 붙인다.
7. 다 만들어진 환경판을 유아들 눈높이로 건 다음 감상하는 시간을 갖는다.

종이접기

개구리

대상 : 3세 이상

준비물

색종이, 가위, 풀, 인형 눈알, 접착제, 사인펜

활동방법

1. 개구리 얼굴 만들기

   색종이를 둥글게 자른 후 반으로 접는다 →반으로 접은 색종이에 눈 · 코 · 입을 그리거나 인형 눈알을 붙일 수 있다.

2. 개구리 몸통 만들기

   네모난 색종이를 삼각형 모양이 되도록 접어서 개구리 몸통을 완성한다.

3. 개구리 얼굴과 몸통을 이어붙인다.

올챙이

대상 : 3세 이상

준비물

색종이, 가위, 풀, 인형 눈알, 접착제

활동방법

1. 네모난 색종이를 삼각형이 되도록 먼저 한번 접은 후 펼쳐서 중심선을 중심으로 삼각형이 되도록 양쪽을 접은 후 반대 방향도 같은 방향으로 같은 방법으로 다시 접는다.
2. 마름모 모양의 올챙이 몸통을 삼등분이 되도록 접은 후 맨 위의 삼각형 모퉁이를 아래로 향하도록 접는다.
3. 올챙이의 머리부분이 될 부분을 위, 아래 두 번 접어준다.

꽃

대상 : 2세 이상

준비물

색종이, 가위, 풀, 크레파스, 도화지

활동방법

1. 색종이로 꽃을 접은 다음 도화지에 붙인다.
2. 도화지 위에 크레파스로 그림을 그린다.
3. 친구들 앞에서 그림에 대해 이야기한다.

카네이션

대상 : 3세 이상

준비물

색종이, 풀, 가위, 우드락, 백업, 노란색 머메드지, 빵끈, 이쑤시개

활동방법

1. 우드락을 알맞은 크기로 자른 후 노란색 머메드지로 싼다.
2. 1 주변에 백업을 가늘게 잘라 붙인다.
3. 카네이션 접기로 꽃을 두 송이 접어놓는다.
4. 3을 1위에 붙인다.
5. 1위에 이쑤시개로 구멍을 뚫고 빵끈을 매달아 전시한다.

응용방법

주름종이로 카네이션을 만들거나 카네이션이 붙여진 카드를 만들어도 좋다.

딸기

대상 : 3세 이상

준비물

색종이, 사인펜 또는 볼펜

활동방법

1. 과일에 대해 이야기나눈다.
2. 딸기 접는 순서도를 본다.
3. 순서대로 접는다.
   (순서도 ⑥에서 딸기 접기가 완성되면 사인펜으로 딸기 점을 찍는다.)

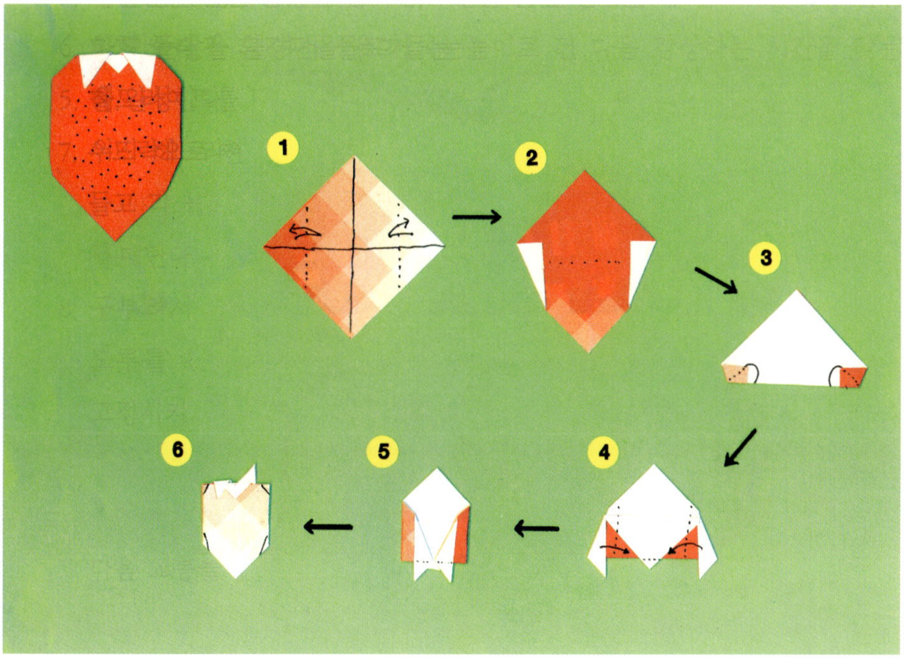

앵두

대상 : 3세 이상

준비물

색종이

활동방법

1. 6월에 볼 수 있는 과일에 대해 이야기 나눈다.
2. 앵두 접는 순서도를 본다.
3. 순서대로 접는다.

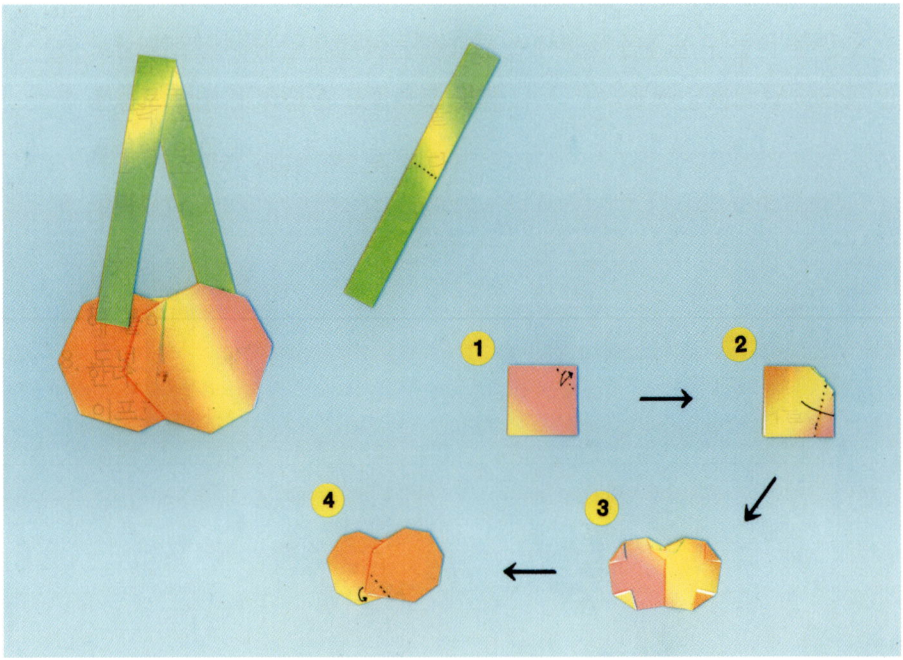

토마토

대상 : 4세 이상

준비물

색종이

활동방법

1. 6월에 볼 수 있는 야채에 대해 이야기 나눈다.
2. 토마토 접는 순서도를 본다.
3. 순서대로 접는다.

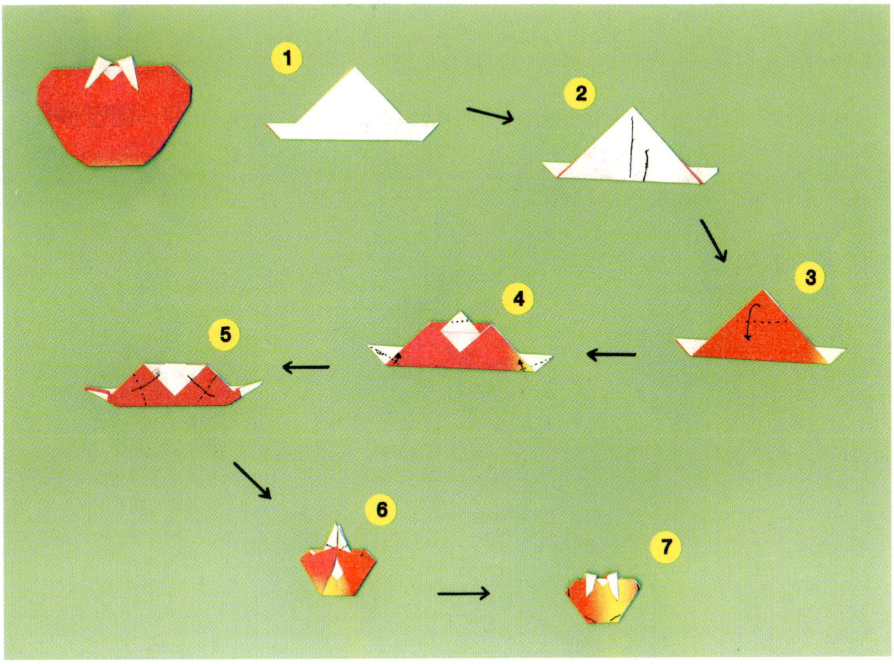

강아지

대상 : 4세 이상

준비물

색종이, 칼, 사인펜

활동방법

1. 집에서 기르는 애완동물에 대해 이야기 나눈다.
2. 강아지 접는 순서도를 본다.
3. 순서도를 보고 접는다.

   (순서도 ④에서 코부분에 칼집을 내어 밑종이를 끼운 다음 사인펜으로 눈을 그린다.)

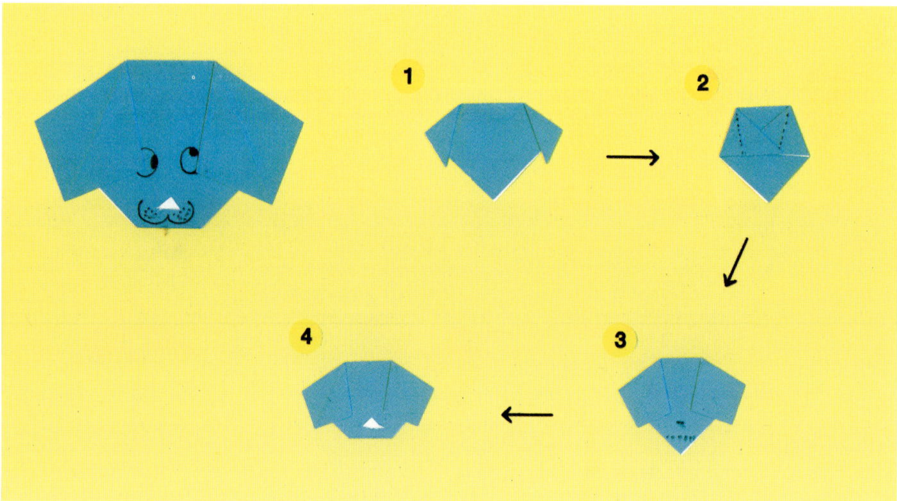

참새

대상 : 3세 이상

준비물

색종이, 사인펜

활동방법

1. 날아 다니는 동물에 대해 이야기 나눈다.
2. 참새 접는 순서도를 본다.
3. 순서도를 보고 접는다.
   (순서도 ④에서 참새 접기가 완성되면 사인펜으로 눈을 그린다.)

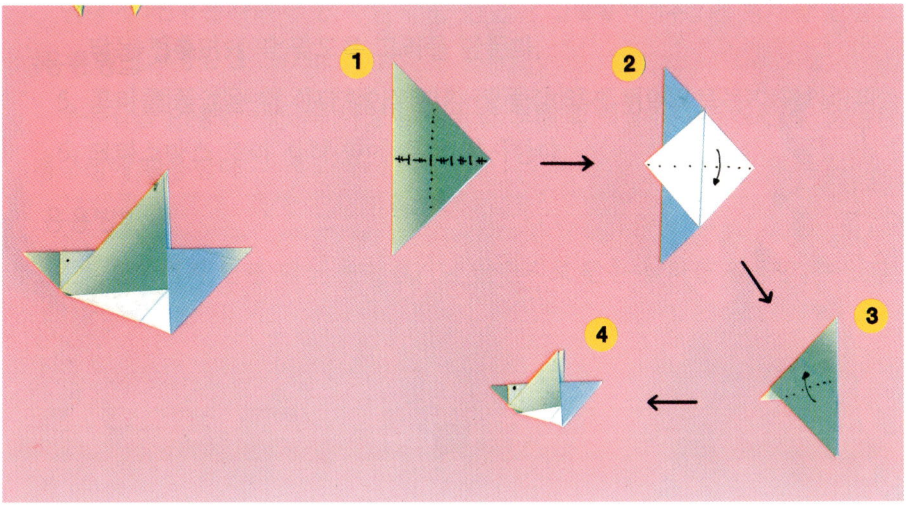

거북이

대상 : 5세 이상

준비물

색종이, 사인펜 또는 볼펜

활동방법

1. 바다에 사는 생물에 대해 이야기 나눈다.
2. 거북이 접는 순서도를 본다.
3. 순서대로 접은 다음 바다환경 구성에 이용한다.
   (순서도 ④에서 거북이 접기가 완성되면 사인펜으로 눈을 그린다.)

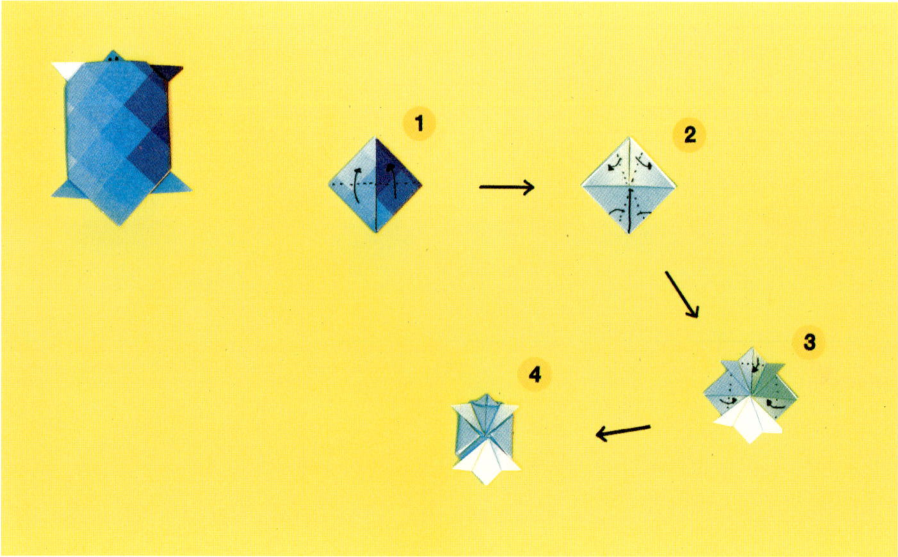

금붕어

- **대상** : 5세 이상
- **준비물**

  색종이, 사인펜
- **활동방법**

  1. 바다에 사는 생물에 대해 이야기 나눈다.
  2. 거북이 접는 순서도를 본다.
  3. 순서대로 접은 다음 바다환경 구성에 이용한다.

     (순서도 ⑤에서 금붕어 접기가 완성되면 사인펜으로 눈을 그린다.)

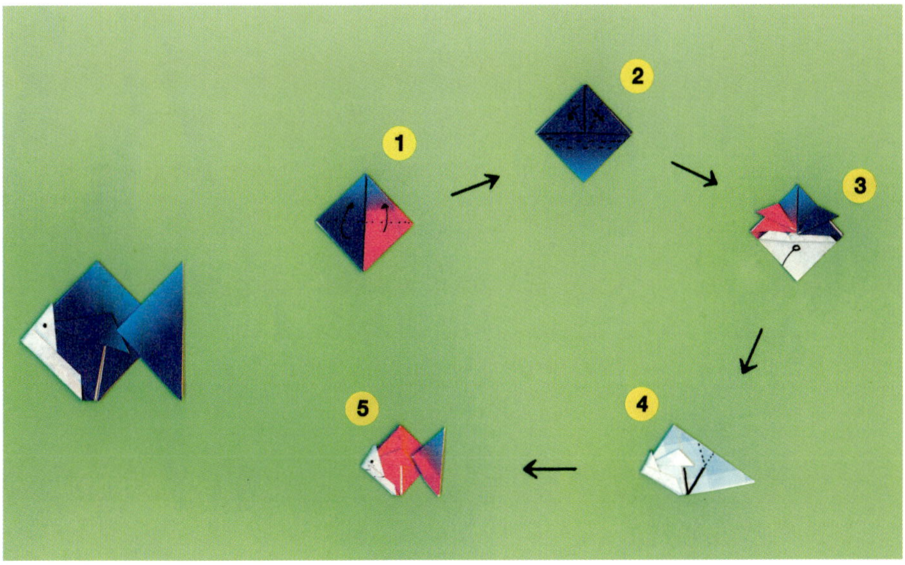

매미

대상 : 5세 이상

준비물

색종이, 사인펜

활동방법

1. 여름에 볼 수 있는 곤충에 대해 이야기 나눈다.
2. 매미 접는 순서도를 본다.
3. 순서대로 접은 다음 여름환경 구성에 이용한다.
   (순서도 ③에서 매미 접기가 완성되면 사인펜으로 눈을 그린다.)

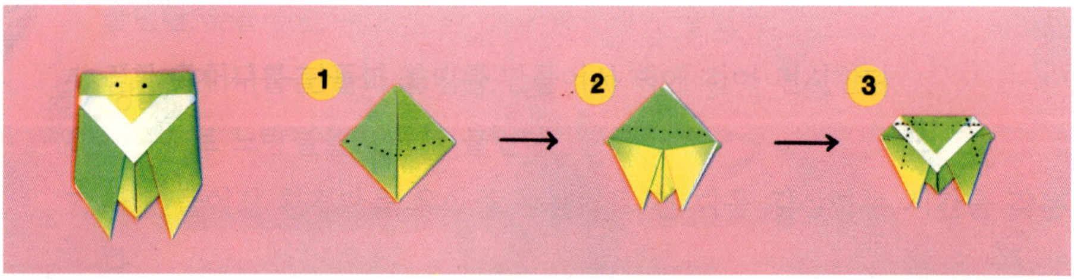

파인애플

대상 : 5세 이상

준비물

색종이

활동방법

1. 여름에 볼 수 있는 과일에 대해 이야기 나눈다.
2. 파인애플 접는 순서도를 본다.
3. 순서대로 접는다.

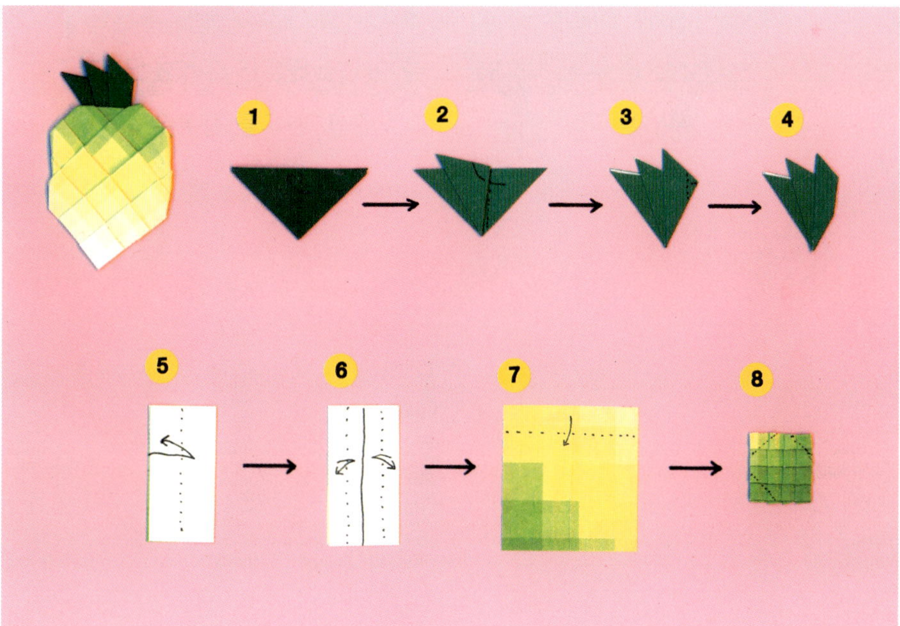

오이

대상 : 5세 이상

준비물

색종이, 사인펜 또는 볼펜

활동방법

1. 오이에 대해 이야기 나눈다.
2. 오이 접는 순서도를 본다.
3. 순서대로 접는다.
(순서도 ⑤에서 오이 접기가 완성되면 사인펜으로 오이 점을 찍는다.)

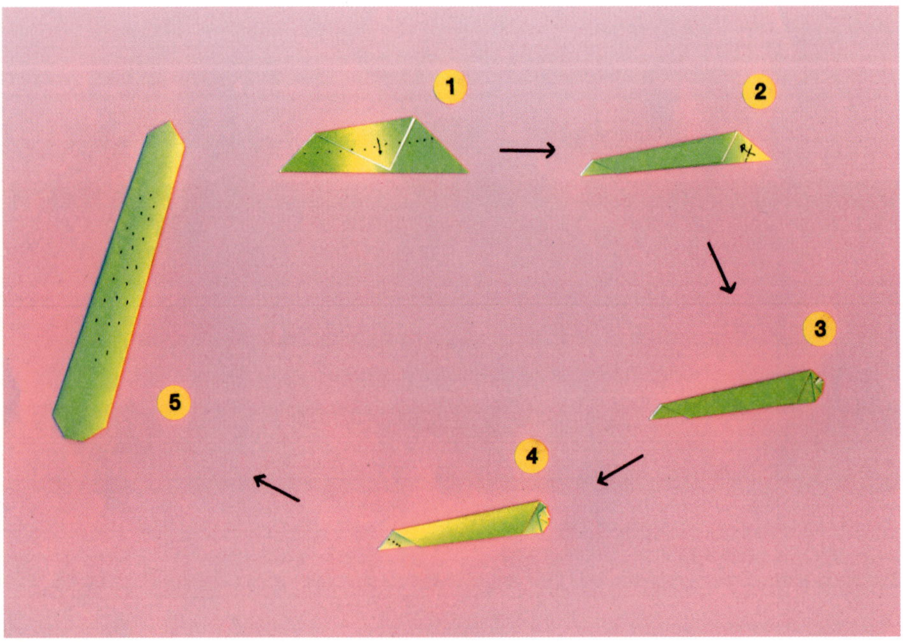

토끼

대상 : 5세 이상

준비물

색종이, 사인펜

활동방법

1. 토끼에 대해 이야기 나눈다.
2. 토끼 접는 순서도를 본다.
3. 순서대로 접는다.
   (순서도 ④에서 토끼 접기가 완성되면 사인펜으로 눈을 그린다.)
4. 환경판에 붙인다.

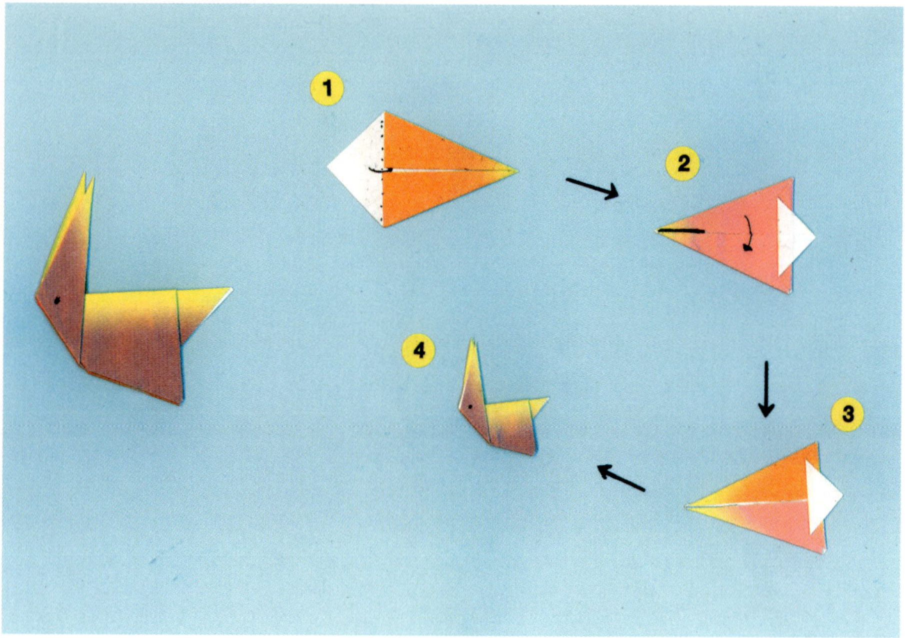

무와 당근

대상 : 5세 이상

준비물

색종이

활동방법

1. 김장에 대해 이야기 나눈다.
2. 무와 당근 접는 순서도를 본다.
3. 순서대로 접는다.
   (①~⑤까지는 무나 당근의 줄기와 잎으로 활용하고, ⑥~⑧은 무의 뿌리이며, ⑨~⑪은 당근의 뿌리이다.)

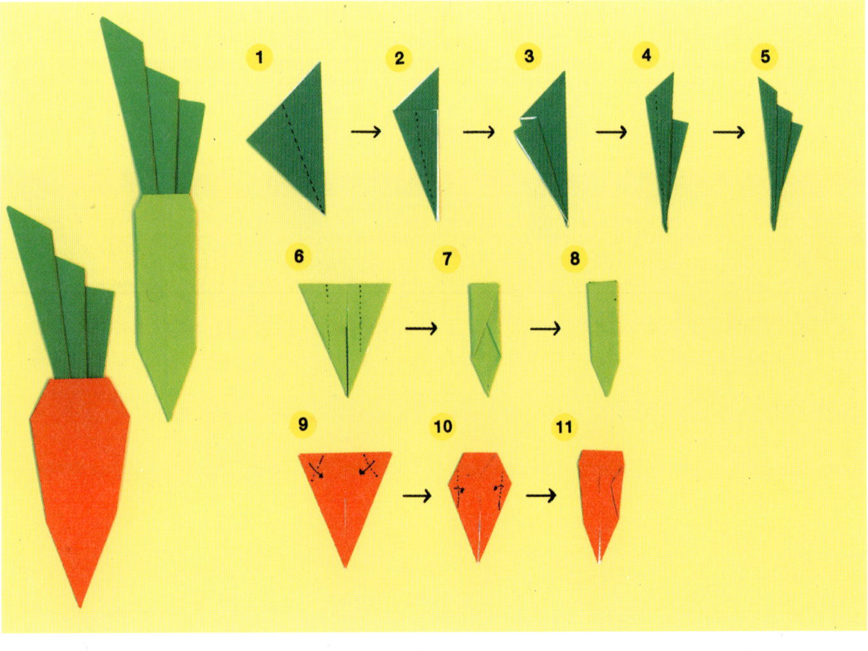

피망

대상 : 5세 이상

준비물

색종이

활동방법

1. 채소에 대해 이야기 나눈다.
2. 피망 접는 순서도를 본다.
3. 순서대로 접는다.

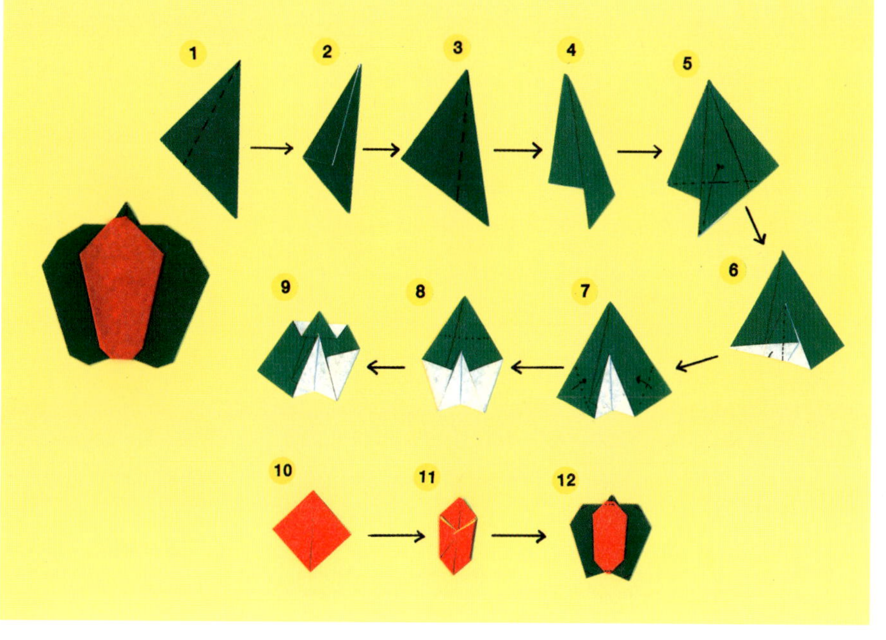

백조

대상 : 5세 이상

준비물

색종이, 사인펜 또는 볼펜

활동방법

1. 백조에 대해 이야기 나눈다.
2. 백조 접는 순서도를 본다.
3. 순서대로 접는다.
   (순서도 ④에서 백조 접기가 완성되면 사인펜으로 눈을 그린다.)

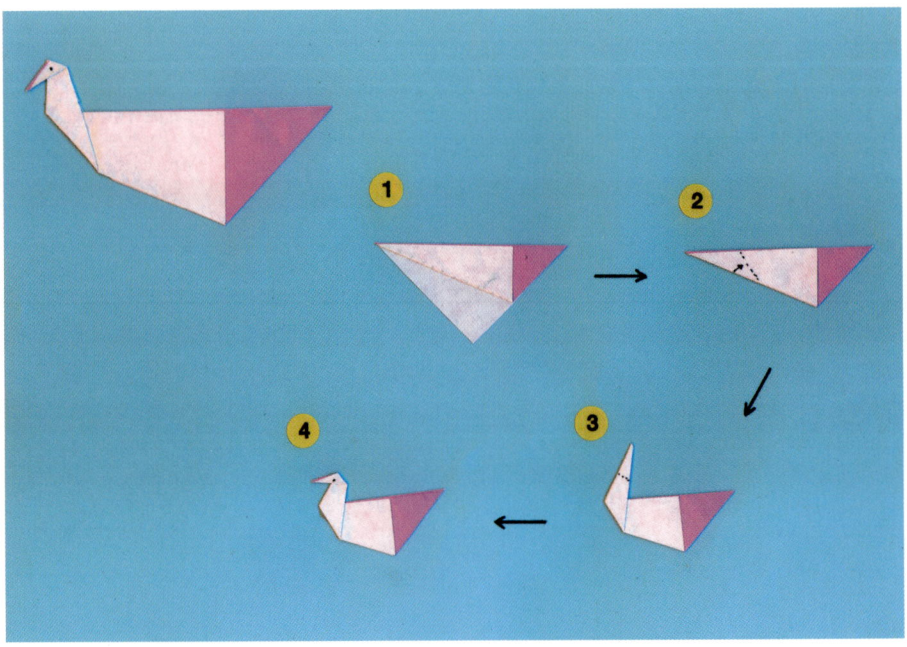

산타할아버지

대상 : 5세 이상

준비물

색종이, 사인펜, 인형 눈알, 풀, 옷걸이, 털실, 셀로판테이프, 풀

활동방법

1. 산타할아버지에 대해 이야기를 나눈다.
2. 산타할아버지 접는 순서도(얼굴, 몸체)를 본다.
3. 순서대로 접어보고 얼굴과 몸체를 붙여 완성한다.
4. 인형 눈알을 얼굴에 붙이고 사인펜으로 세부묘사를 한다.
5. 옷걸이를 색종이로 꾸민다.
6. 색종이로 접은 산타할아버지에 털실을 붙여 옷걸이에 매단다.

응용방법

줄을 달아 모빌로 활용할 수 있다.

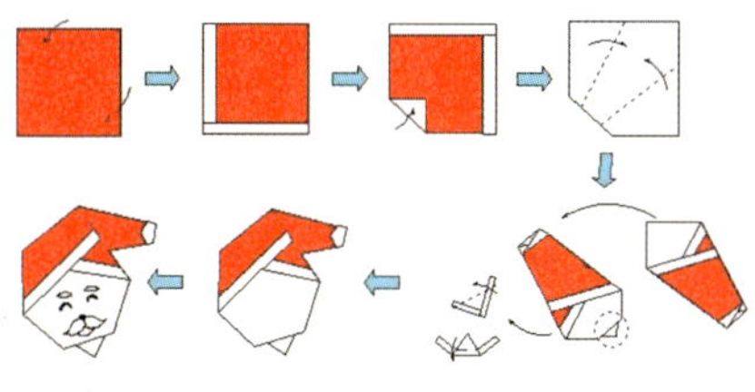

〈산타할아버지 얼굴〉

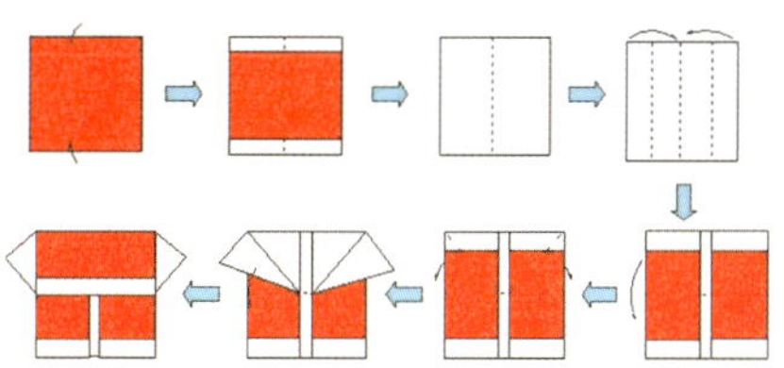

〈산타할아버지 몸통〉

감상

운동경기

대상 : 3세 이상

준비물

감상작품 – 루소의 「경기자」

도화지, 크레파스, 물감, 붓, 물통, 팔레트

활동방법

1. 루소의 「경기자」 그림을 보고 무엇을 하고 있는 그림인지 이야기 나눈다.
2. 자신이 좋아하는 운동경기에 대해 이야기하고 운동하고 있는 그림을 그린다.
3. 무엇을 그렸는지 친구들 앞에서 이야기하고 감상하는 시간을 갖는다.

그림 보고 기억하기

대상 : 3세 이상

준비물

감상작품 – 반 고흐의 「아를르의 반 고흐의 침실」

잡지(생활도구가 주로 있는 것), 풀, 가위, 사인펜, 크레파스, 도화지

활동방법

1. 교실 내 물건이 무엇들이 있는지 살펴보고 말한다.
2. 반 고흐의 「아를르의 반 고흐의 침실」 그림을 보고 자세히 관찰한다.
3. 그림 속에 있는 사물들의 특징을 이름과 함께 말하고 그림에 대한 느낌을 알아본다.
4. 그림을 감추고 자신이 보았던 것을 그림으로 재현해 본다.
5. 그림을 다 그리면 「아를르의 반 고흐의 침실」 그림을 다시 보고 자신의 그림과 무엇이 다른지 비교한다.

확장활동

잡지에 있는 물건을 오려서 자신의 방을 꾸미는 콜라주 작업으로 확장시킨다.

다른 작가 그림 찾기

대상 : 3세 이상

준비물

감상작품–반 고흐의 「아를르의 반 고흐의 침실」, 「별이 빛나는 밤」, 「해바라기」와 르누아르의 「독서하는 소녀」

활동방법

1. 작품의 특징, 많이 사용한 색깔, 느낌 등에 대해 이야기나눈다.
2. 그림 속에 있는 사물들의 특징을 이름과 함께 말하고 느낌을 말해 본다.
3. 세 작품 중 나머지 하나만 다른 작가가 그렸음을 교사에게 듣고 세 개의 그림과 다른 느낌이 나는 것이 무엇인지 이야기한다.

동물원 그림

- **대상** : 3세 이상
- **준비물**

  감상작품 – 마케의 「동물원」

  도화지, 크레파스나 색연필, 물감, 붓, 물통, 팔레트
- **활동방법**

1. 마케의 「동물원」 그림을 보며 마케는 어떤 동물을 그렸는지 이야기한다.
2. 동물원에 갔다와서 가장 인상에 남는 것을 그린다.
3. 자신의 작품과 마케의 작품을 비교하면서 서로 어떤 생각을 그렸는지 이야기한다.

연필로 그리기

대상 : 5세 이상

준비물

감상작품－반 고흐의 「해바라기」

도화지, 4B 연필, 지우개, 수채화 물감, 붓, 물통, 팔레트

활동방법

1. 반 고흐의 「해바라기」 그림을 보면서 어떤 느낌이 나는지 이야기한다.
2. 4B 연필로 그림과 똑같이 그려 본다.
3. 그림을 물감으로 색칠한다.
4. 전시한다.

참고문헌

교육과학기술부(2008). 유치원교육과정 해설. 서울: 교육과학기술부.

길병원(2001). 초등사회과 역사영역의 교육박물관 학습방안 연구. 공주대학교 교육대학원 석사학위 청구논문.

김경철 · 정혜승 · 배연희 · 신윤원(2008). 유아미술평가의 최근 경향 분석. 한국열린유아교육학회 2008년 춘계학술대회, 235-248.

김수영(1995). 재미있는 미술공부. 서울: 교육과학사.

김재은(2001). 종이접기의 교육적 가치: 종이접기와 유아, 아동의 교육. 2001년도 사단법인 한국종이접기협회 학술대회, 7-18.

김정(1982). 아동회화의 이해. 서울: 창지사.

김정규(1995). 유아교육과정. 서울: 동문사.

김춘일(1984). 미술교육. 서울: 홍성사.

______(1985). 아동미술론. 서울: 미진사.

김춘일 · 김성구(1998). 유아를 위한 미술교육. 서울: 미진사.

김혜금(1999). 영유아 창작공예. 서울: 교육아카데미.

______(2000). 영유아 미술교육. 서울: 교육아카데미.

박동수(1992). 미술과 교육에 있어서 감상지도의 문제. 한국미술교육논총, 2, 213~214.

박춘희(2002). 다중지능이론에 기초한 유아미술교육 프로그램 개발. 아동교육, 11(20), 51-69.

서미옥(2003). 문학적 접근법이 유아의 사회적 기술 및 상호협력행동에 미치는 효과. 유아교육연구, 23(2), 91-113.

신화식 · 이진이(1998). 통합적 미술교육 접근법이 유아의 창의적 그림표현에 미치는 영향. 유아교육연구, 18(1), 89-103.

염태진(1989). 유아교육을 위한 창작공예. 서울: 학지사.

오종숙(2001). 유아미술교육의 이론과 실제. 서울: 양서원.

윤은미(2010). 예비유아교사를 위한 유아미술교육 수업 효과 탐색. 아동교육, 19(2), 137-151.

이경선 · 이정화 · 오영숙(2004). 컴퓨터를 활용한 유아 미술교육과정 활동이 유아의 그리기 표상능력에 미치는 영향. 미래유아교육학회지, 11(4), 379-398.

이규선 · 김동영 · 전성수(1994). 미술교육학개론. 서울: 교육과학사.

이길종(1981). 아동 미술에 있어서 소조의 발달 과정. 춘천교육대학 논문집, 21, 95-112.

이영자 · 이정욱 · 유혜숙(1998). 유치원 미술교육 현황 조사. 어린이교육, 16, 107-131.

이정욱 · 임수진(2003). 탐색 · 표현 · 감상의 통합적 유아미술교육. 서울: 정민사.

이주연(2001). DBAE를 활용한 미술 프로그램 연구. 조형연구, 17, 197-208.

이형선(1999). 자유화, 구연동화, 음악감상이 그림표현력에 미치는 효과. 전남대학교 교육대학원 석사학위 청구논문.

임영방(1983). 국민학교 미술과 교육. 서울: 서울대학교 출판부.

정유선(2003). 미술활동이 유아의 정서와 심리에 미치는 효과: 5-7세 유아 대상. 이화여자대학교 교육대학원 석사학위 청구논문.

지경애(2000). 지역 박물관을 활용한 전통미술 감상지도에 관한 연구. 한국교원대학교 교육대학원 석사학위 청구논문.

최민수 · 이형선(2004). 박물관 교육 프로그램이 유아의 전통문화 인지 및 미술활동 능력에 미치는 효과. **미래유아교육학회지**, 11(4), 77-105.

한국미술교육학회(1997). **유아미술교육학**. 서울: 학문사.

Arnheim, R. 김정오 역(1995). **시각적 사고**. 서울: 이화여대 출판부.

Arnheim, R. 김춘일 역(1981). **미술과 시지각**. 서울: 홍성사.

Baker, D. W.(1990). The visual arts in early childhood education. *Design for Arts in Education, 91*(6), 21-25.

Eckhoff, A.(2008). The importance of art viewing experiences in early childhood visual arts: The exploration of a master art teacher's strategies for meaningful early arts experiences. *Early Childhood Education Journal, 35*, 463-472.

Eisner, E. W. 서울교육대학교 미술교육연구회 역(1995). **새로운 눈으로 보는 미술교육**. 서울: 예경.

Feeney, S. E., & Moravick, E.(1987). A Thing of beauty: Aesthetic development. *Young Children, 42*(6), 7-15.

Gardner, H.(1990). *Art education and human development*. Los Angeles, CA: The Getty Center for Education in the Arts.

Genishi, C.(1993, October). Art, portfolios, and assessment. *Scholastic Early Childhood Today, 67*.

Herberholz, B., & Hanson, L.(1995). *Early childhood art*(5th ed.). Dubuque, IA: Wm. C. Brown.

Hohmann, M., & Weikart, D. P.(1995). *Educating young children*. Ypsilanti, MI: High/Scope Press.

Jefferson, B.(1969). *Teaching art to young children*. Boston: Allyn & Bacon.

Judy, H., & Toyce, R.(1996). How art activities can used to enhance the Education of Young Children. Eric Document No. ED 394 937.

Kellogg, R. 이인태 역(1992). **유아미술**. 서울: 보육사.

Koster, J. B.(2001). Growing artists: *Teaching art to young children*(2nd ed.). Albany, NY: Delmar.

Lessen-Firestone, J.(1995, March). The trials of testing. *Scholastic Early Childhood Today, 23*.

Lowenfeld, V., & Brittain, W. L. 서울교육대학교 미술교육연구회 역(1995). **인간을 위한 미술교육**. 서울: 미진사.

Martin, S.(1994). *Observation and portfolio assessment in early childhood*. Don Mills, Ontario: Addison-Wesley.

Mulcahey, C.(2002, January). Take-home art appreciation kits for kindergarten and their families. *Young Children*, 80-87.

National Association for the Education of Young Children(NAEYC).(1991). Guidelines for appropriate curriculum content and assessment in programs serving children ages 3 through 8. *Young Children, 46*, 21-38.

Schiller, M.(1995). An emergent art curriculum that fosters understanding. *Young Children, 50*(3), 33-38.

Schirrmacher, R.(2009). *Art and creative development for young children*(6th ed.). Albany, NY: Delmar.

Torrance, E. P.(1996). *The torrance tests of creative thinking: Technical-norms manual*. Lexington, MA: Personal Press.

Wendy, S., & Ann, V.(1989). An integrated expressive arts program: Drama, dance, art, music. Australian Early Childhood Resource Booklets. No. 4. Eric Document No. ED 375 960.

저자소개

김 혜 금 (金惠金)

학력

- 연세대학교 아동학과 졸업 (학사)
- 연세대학교 대학원 아동학과 졸업 (석사)
- 연세대학교 대학원 아동 · 가족학과 졸업 (박사)

현재

- 동남보건대학 보육과 부교수

주요 경력

- 동남보건대학 평생교육원 아동미술지도자과정 지도교수
- 한국보육진흥원 평가인증국 심의위원
- 평생교육진흥원 학점은행제 현장평가위원
- 경기도아동학대예방센터 사례판정위원
- 중앙보육정보센터 아동상담전문위원

주요 저서 및 논문

- 「입체표현 중심의 영유아 창작공예」 (교육아카데미)
- 「평면활동 중심의 영유아 미술교육」 (교육아카데미)
- 「부모교육론」 (공저, 양서원)
- 취학 전 아동의 읽기-쓰기능력과 가정환경 변인간 관계 연구
- 유아교육현장에서의 어머니의 부모교육 요구도에 관한 연구
- Kamii-DeVries 프로그램의 교육과정 분석
- 유아교육에서의 컴퓨터 테크놀러지 활용방안 연구 외

제3판

입체표현 영유아 창작공예

초　판 1쇄 발행 2002년 8월 14일
　　　 2쇄 발행 2004년 8월 14일
개　정 1쇄 발행 2010년 9월 3일
제3판 1쇄 발행 2015년 1월 26일

지 은 이 | 김혜금
펴 낸 이 | 김기섭
책임편집 | 이윤미
펴 낸 곳 | 창지사 www.changjisa.com
153-802 서울시 금천구 가산디지털 1로 83 파트너스타워1차 (9F, B1F)
전화 (02) 719-2211~3
팩스 (02) 701-9386
등　록 | 1977년 4월 28일 · 제1-421호

ISBN 978-89-426-0816-4 (93370)

값 20,000원